El derecho a no ser pobre en España

El derecho a no ser pobre en España

Las crisis. La reconstrucción. La incertidumbre

Edición de Antonio Giménez Merino

E D I T O R I A L   T R O T T A

Obra financiada a través del PID2020-117627GB-100
Convocatoria 2020 Proyectos de I+D+i

COLECCIÓN ESTRUCTURAS Y PROCESOS
Serie Derecho

Ferraz, 55. 28008 Madrid
Teléfono: 91 543 03 61
E-mail: editorial@trotta.es
http://www.trotta.es

ISBN: 978-84-1364-297-0
Depósito Legal: M-16849-2025

Impresión
Ulzama Digital

CONTENIDO

INTRODUCCIÓN

Antonio Giménez Merino

1. DE LA ESTRATEGIA EUROPA 2020 A LA ESTRATEGIA DE DESARROLLO SOSTENIBLE 2030

El libro que el lector tiene ante sí pretende invitar a la reflexión sobre diversos aspectos centrales del modo en que se han diseñado e implementado las políticas contra la pobreza en España, uno de los países de la Unión Europea (UE) más afectados por este mal enquistado en las sociedades contemporáneas. Se ha tomado como marco de referencia temporal el puesto en marcha con la aprobación de los 17 Objetivos de Desarrollo Sostenible (ODS) que componen la llamada «Agenda 2030», aprobada por la Asamblea General de la ONU en septiembre de 2015. Ello responde a que este documento parece obedecer a la constatación por la comunidad internacional de la insostenibilidad (en términos económicos, medioambientales, de conflictividad social y finalmente políticos) de la pobreza y la exclusión en masa a que dieron lugar varias décadas de hegemonía del neoliberalismo. Los ODS se han convertido desde entonces en un faro al que todos los actores involucrados en la lucha contra la pobreza miran, pero hay que tener en cuenta que se trata solamente de una declaración programática.

Sin embargo, poco después vino un estímulo más apreciable para dar impulso a la agenda de Naciones Unidas: la pandemia de la covid-19 (2020-2023), que golpeó fuertemente a aquellos países muy dependientes del sector servicios, como es el caso de España. Sea por la necesidad de mantener una estructura económica en peligro debido a la paralización general de la producción, sea por la situación de extrema fragilidad a que esta crisis abocó a muchas personas, o por una combinación de ambas cosas, lo cierto es que esta situación —científicamente previsible, pero socialmente imprevista— actuó como palanca de lo que algunos han visto como un renacimiento del *keynesianismo* político.

En el caso de Europa, estas dos circunstancias se han concretado, por un lado, en los principios del Pilar Europeo de Derechos Sociales (2017), que —sobre todo a raíz de la pandemia— se han ido materializando en acciones dirigidas a combatir la pobreza y la precariedad, y a garantizar el acceso a los servicios y bienes esenciales. Por otro lado, en el plan de financiación Next Generation EU para el periodo 2021-2026, que ha permitido la puesta en marcha en España de diversos «proyectos estratégicos» dirigidos a la «recuperación y transformación económica» (PERTE). El fuelle principal de dicho plan es el llamado «Mecanismo de Recuperación y Resiliencia», por el que la Comisión Europea, mediante la emisión de bonos, recauda préstamos en los mercados de capitales que después pone a disposición de los Estados miembros —a través de préstamos, pero también de subvenciones directas, de las que España ha sido la principal perceptora— para que lleven a cabo las reformas e inversiones previstas en el plan. La Comisión establece recomendaciones específicas para cada Estado, que operan como un condicionante de alta intensidad para los presupuestos nacionales y cuyo cumplimiento es objeto de vigilancia a través de los mecanismos europeos de coordinación de las políticas económicas y sociales (el llamado «Semestre Europeo»).

Como se puede ver, el contexto en el que nos encontramos actualmente dista del que hizo fracasar iniciativas europeas anteriores para combatir la pobreza, singularmente la Estrategia Europa 2020, adoptada en el Consejo Europeo en junio de 2010 para reducir el número de personas por debajo del umbral de la pobreza nacional en un 25 % y sacar de él a más de 20 millones[1]. Las muestras más llamativas de esto han sido la congelación temporal del compromiso de alcanzar y mantener un equilibrio presupuestario impuesto por el draconiano Tratado sobre Estabilidad, Cooperación y Gobernanza de 2010, y la reorientación de las ayudas canalizadas desde 2012 a través del Mecanismo Europeo de Estabilidad, que hasta 2020 empujaban con fuerza a los prestatarios hacia el ajuste presupuestario.

1. En un trabajo anterior nos ocupamos específicamente del fracaso de esta estrategia, esencialmente volcada a la contención del gasto público y a la generación de empleo barato sobre todo en aquellos países donde el rescate financiero había elevado exponencialmente su endeudamiento, como España, Portugal y Grecia. *Vid.* A. Giménez Merino (ed.), *La lucha contra la pobreza en el laberinto de la gobernanza*, Bomarzo, Albacete, 2018.

Los cambios impulsados por la crisis del 2020 no parecen meramente coyunturales, si se tiene en cuenta la urgencia de hacer frente a la alarma medioambiental y a la crisis energética acelerada por la guerra de Ucrania, otra de las circunstancias *excepcionales* que parecen confirmar la venida de «un fin del mundo»[2]. Los Estados (con Estados Unidos y China a la cabeza) compiten actualmente por la transición energética, cuya implementación requiere de enormes estímulos para la inversión, y están llamados a seguir teniendo un papel interventor importante[3]. Pero todo esto —al lado de las medidas necesarias para mitigar la pobreza— va a dificultar también la rebaja de los niveles de endeudamiento de los Estados, que la pandemia no ha hecho más que acrecentar, *sin que hayan cambiado las reglas financieras de la Unión Europea*. En su afán cortoplacista de lucro, y desde su posición de fuerza, los mercados financieros van a seguir presionando por su mantenimiento, lo que nos acerca a tensiones políticas importantes y nos aleja de otras soluciones posibles, como una fiscalidad más progresiva o quitas pactadas de la deuda.

La actual etapa de transformaciones, envuelta en la incertidumbre, llama a hacer balance y análisis prospectivos.

2. OBJETIVOS GENERALES Y CONTENIDO DEL LIBRO

Lo que nos preguntamos aquí, por tanto, es en qué medida los nuevos instrumentos de intervención pública puestos en marcha a raíz de la crisis de la covid-19 suponen una reversión de las políticas con que se gestionó la gran crisis financiera de 2008, y cuál es el futuro de este *neointervencionismo*.

La crisis del 2008 dio lugar a un ensanchamiento espectacular de la desigualdad. Esto sumió en un bucle descendente a las llamadas *clases medias*, pujantes en la época precedente a través del crédito fácil, y arrojó directamente a la pobreza y la marginación a las personas peor situadas socioeconómicamente, mientras que las grandes fortunas veían aumentar sus posibilidades de prosperar dentro de una espiral sin fin aparente[4].

2. Juan-Ramón Capella, *Un fin del mundo. Constitución y democracia en el cambio de época*, Trotta, Madrid, 2019.

3. Más modestamente, España y Portugal pueden anotarse el tanto de haber conseguido institucionalizar en Europa la llamada «excepción ibérica» sobre el cálculo del coste del suministro de energía en el mercado eléctrico.

4. Un buen análisis de esto en Mario Barcellona, *Entre pueblo e Imperio. Estado agonizante e izquierda en ruinas*, trad. de J.-R. Capella, A. Giménez Merino, J. L. Gordillo y J. Ramos Toledano, Trotta, Madrid, 2021, cap. 3.

En consecuencia, el escenario actual suscita numerosos interrogantes. Los que esta investigación propone, coincidiendo con sus objetivos, son básicamente tres.

En primer lugar, hasta qué punto el marco actual está condicionando positivamente un «desarrollo sostenible» —ya presente como meta en la fallida Estrategia Europa 2020— que sirva para sacar realmente a personas de la pobreza. Se ha entrecomillado la expresión porque hay serias dudas de que el «desarrollo», en el actual estado de la tecnología, de los recursos disponibles y de la arquitectura jurídica mundial[5], pueda ser «sostenible», ni social ni medioambientalmente.

La segunda pregunta que nos formulamos es hasta qué punto se está contando con la participación de los actores de base envueltos directamente en la mitigación de la pobreza para superar la desconexión entre políticas públicas y movimientos sociales que viene caracterizando el llamado «periodo posfordista». En la UE esto queda bien reflejado en el criterio del *nothing but consultation* aplicado a dichos actores desde la Estrategia de Lisboa de 2000, dentro del Método Abierto de Coordinación que rige para las políticas sociales bajo los objetivos fijados por el Consejo[6].

Por fin, nos preguntamos hasta qué punto las nuevas medidas puestas en juego por la Agenda 2030 y el Pilar Europeo de Derechos Sociales, relanzadas a través del Plan de Recuperación y Resiliencia, están teniendo un impacto positivo en la reducción de la pobreza y de la desigualdad entre hombres y mujeres, una de las llamadas «políticas palanca» de la Agenda 2030 dirigidas a combatir el importante componente femenino de las sociedades pauperizadas.

Para responder a estas preguntas, los primeros capítulos tratan de arrojar luz sobre una serie de cuestiones básicas.

En «El enfoque de las capacidades como herramienta hermenéutica para comprender los ODS», José Antonio Estévez Araújo brinda un marco conceptual útil para acercarse a la Agenda 2030, a partir de las elaboraciones teoréticas de Amartya Sen centradas en el ser humano como modo de tomar distancia de la visión meramente economicista del desarrollo. Algo a lo que el documento de Naciones Unidas también aspira.

5. Sobre la arquitectura jurídica de la globalización neoliberal y la perplejidad en que ha sumido a los juristas se remite a J. A. Estévez Araújo (ed.), *El derecho ya no es lo que era. Las transformaciones jurídicas en la globalización neoliberal*, Trotta, Madrid, 2021, espec. las pp. 69-122. Sobre su funcionalidad devastadora para el medio ambiente, *vid.* pp. 145-170.

6. De nuevo se remite a *La lucha contra la pobreza en el laberinto de la gobernanza*, cit.

El capítulo de Antonio Madrid Pérez («El carácter normativo de los sistemas de medición de la pobreza») aclara una importante cuestión de método que planea sobre los problemas particulares examinados en el libro: cómo medir la pobreza. La selección de factores a la hora de establecer cuándo y en qué grado las personas se convierten en «pobres» es importante por cuanto determina la radiografía del problema, la percepción social que se va a tener del mismo y el tipo de medidas que deben ponerse en juego. Una cuestión que queda bien ilustrada en el baile de cifras que el lector encontrará en los sucesivos textos, las cuales varían en función de la fuente de procedencia. Para salvar este problema, hemos optado por contrastar constantemente los datos (y visiones) oficiales con otros recabados a partir de la práctica de los agentes envueltos en la lucha contra la pobreza.

En «El impacto de la perspectiva de género en el diseño e implementación de las políticas contra la pobreza», Antonio Giménez Merino aborda el problema de la afectación de la pobreza sobre un número mayor de mujeres que de hombres. En ello no solo interviene la resistente estructura social patriarcal. El capítulo muestra cómo, mientras que la crisis financiera de 2008 afectó más a los varones, igualándolos *por abajo* con las mujeres, la crisis de la covid-19 ha tenido un efecto peor para ellas (especialmente para quienes se hallan en situación irregular). Y ello a pesar de haber alumbrado muchas medidas, tanto específicas como indirectas, para combatir esta otra cara de la pobreza.

El jurista italiano Giovanni Messina, especialista en la gobernanza europea[7], ofrece en el cuarto capítulo un marco histórico y filosófico en el que encuadrar los problemas generales del libro. Su explicación gira en torno al proceso que llevó, primero, al fracaso de la arquitectura jurídica de la globalización y, ya con la Agenda 2030 y las alteraciones introducidas por la respuesta pública a la pandemia, a su reconfiguración actual sin romper con la línea neoliberal primigenia.

Por fin, el filósofo Fabio Ciaramelli nos trae una reflexión cargada de profundidad sobre la vida en las ciudades contemporáneas. Su planteamiento alarga, mediante la asociación con los ODS, su tesis sobre el agotamiento de la capacidad inclusiva de las metrópolis recogida en un ensayo reciente publicado en esta misma editorial[8].

7. *Vid.*, entre otros trabajos, «De la gobernabilidad a la gobernanza: los caminos del vaciamiento de la democracia», en J. A. Estévez Araújo y G. Messina (eds.), *La democracia en bancarrota*, Trotta, Madrid, 2015, pp. 89-105.

8. *La ciudad de los excluidos. La invivible vida urbana en la globalización neoliberal*, trad. de J.-R. Capella, Trotta, Madrid, 2023.

Los últimos capítulos del libro analizan —entre otros posibles— cuatro problemas que nos parecen centrales para facilitar el aterrizaje del análisis anterior en la situación concreta de las personas sumidas en situaciones de pobreza.

En primer lugar, en «Afrontar la pobreza energética en la era del decrecimiento», José Luis Gordillo aborda el problema de la pobreza energética, especialmente intensa en periodos inflacionistas como el que preside el tiempo en que está escrito este libro. Lo problematiza desde el enfoque de la transición energética impulsada —no menos problemáticamente— a través de los fondos Next Generation y en el marco del Acuerdo de París de 2015, así como, internamente, desde los grandes ejes propuestos por la Estrategia Nacional contra la Pobreza Energética (2019-2024), que en realidad no plantean grandes limitaciones al *pool* de las empresas del sector.

Por su lado, Joan Ramos Toledano («Vivienda, especulación y pobreza: las insuficiencias del modelo de vivienda en España a la luz de los ODS») examina las dificultades para disponer de un hogar en un país como España, donde la vivienda constituye una fuente primaria de negocio y, por tanto, es objeto de una tensión especulativa constante. La propietarización y la financiarización del mercado inmobiliario constituyen dos problemas de fondo que se enfrentan radicalmente al ODS 11 (lograr que las ciudades sean inclusivas), dentro del cual se enmarca también el capítulo anterior.

El economista Juan Antonio Alujas («Análisis del impacto del salario mínimo como instrumento de reducción de la pobreza laboral») plantea dos cuestiones importantes: una de método (la necesidad de medir las políticas de lucha contra la pobreza desde variables complementarias a las transferencias directas, como sería el caso del salario mínimo) y otra política (cierto cambio de orientación de la política neoliberal europea en relación con el empleo). En este sentido, la pujante creación de puestos de trabajo en España parece haber dejado atrás la inobservancia sobre su calidad que había caracterizado las políticas posteriores a la crisis de 2008, fundamentalmente al alinearse de nuevo los salarios con la evolución de la productividad. Teniendo en cuenta que esta es una recomendación europea cuya internalización depende de los Estados, España parece ser uno de los casos en que mejor ha funcionado y ello podría explicar en buena medida la recuperación del consumo, a pesar de la devaluación de los salarios por la inflación.

En el último capítulo («Cuando la realidad supera a la virtualidad: brechas normativas en la asignación de ayudas sociales mediante sistemas algorítmicos»), Javiera Farías aborda un problema específico que explica la ineficacia de varios instrumentos de lucha contra la pobreza: la dificultad técnica para acceder a ellos[9]. Pero más allá de esto, que equivaldría a una dificultad salvable, la autora pone de manifiesto un asunto de mayor calado: los efectos nocivos que puede tener la tecnología cuando se aplica desconectadamente de los contextos sociales sobre los que opera.

Para abordar este conjunto de cosas, como cuestión de método, era preciso partir de las respuestas regulatorias internacionales y comunitarias puestas en marcha en el periodo actual, poniéndolas en relación tanto con su desarrollo interno en España como con las demandas elaboradas por las organizaciones envueltas en la lucha contra la exclusión, y por tanto en diálogo con ellas. En cuanto a lo primero, el tema general del libro se proyecta sobre un escenario multinivel: desde la actividad regulatoria de organismos internacionales como la ONU y sus organizaciones satélites (singularmente la OIT, la OMS y el Consejo de Derechos Humanos), así como de la UE, hasta la actuación de las administraciones locales de los Estados, pasando por las administraciones intermedias. El enorme y laberíntico acervo normativo que resulta de las regulaciones internacionales es tratado en el libro, por simplificar, bajo el paraguas conceptual de los «condicionantes regulatorios internacionales» de las políticas contra la pobreza: aspectos jurídicos supraestatales susceptibles de condicionar positiva o negativamente la actividad interna de los Estados.

Como ya se ha señalado, la información que se maneja aquí parte de fuentes oficiales y de datos procedentes de instituciones independientes. El cotejo entre ambas se ha realizado a través de encuestas y de seminarios en torno a las cuestiones examinadas.

3. LUCES Y SOMBRAS DE LA LUCHA CONTRA LA POBREZA

A primera vista, es posible identificar algunas diferencias substanciales en el modo como se han afrontado las crisis de 2008 y 2020, en términos tanto de modelos de gestión como de impacto social. La puesta en marcha del Plan de Acción del Pilar Europeo de Derechos sociales y, sobre todo, de los préstamos y subvenciones directas articuladas a través del Mecanismo de Recuperación y Resiliencia va en la dirección redistributiva marcada por los ODS (protección social, renta mínima, aumento del salario mínimo y de las pensiones, atención a los cuidados, combate con-

9. Un caso singular a este respecto es el del ingreso mínimo vital, sobre el que se remite a los trabajos de Pepa Burriel-Rodríguez Diosdado.

tra la feminización de la pobreza, mejora en el acceso a servicios esenciales, etc.). Y, si se parte de que la pata social comunitaria ha de ser desarrollada por los Estados conforme a sus prioridades específicas, se puede decir que, comparativamente con los países de su entorno, España está aprovechando bastante bien esta oportunidad.

Sin embargo, en cuanto a su eficacia, los datos disponibles sobre pobreza y exclusión que aparecen a lo largo del libro nos alejan de los objetivos trazados por Naciones Unidas. Y tampoco se puede pasar por alto la relación global entre la pobreza y la seguridad internacional y estatal, donde los vientos europeos no parecen soplar precisamente en la dirección de la integración de extranjeros extracomunitarios, a pesar del peso de la migración en la actual pujanza del empleo en países como España, del envejecimiento de la población del continente y de la composición cada vez más mestiza de su población. Nuestro país es un caso particularmente significativo a este respecto, dado el encontronazo entre el aprovechamiento intensivo de población migrada en varios sectores y una política de extranjería efectivamente restrictiva.

La impresión es, pues, que los ODS han dado pie a la inserción de la pobreza como un aspecto relevante, pero no central, de los parámetros de la gobernanza global. Por los intereses económicos que mueve y va a mover en el futuro, la transición a una economía menos contaminante parece estar en boca de todos, pero sin conectarse con la dimensión social que reclama, por ejemplo, la OIT en sus «Directrices de política para una transición justa hacia economías y sociedades ambientalmente sostenibles para todos» de 2015.

La Agenda 2030 choca con la falta de interrelación entre el derecho internacional económico, el derecho internacional del medio ambiente y el derecho internacional de los derechos humanos, lo que mantiene el campo abonado para que los actores privados con más peso económico sigan negociando estos aspectos con los Estados y las organizaciones supraestatales, según el modelo neoliberal de gobernanza asentado en los años precedentes. Sin embargo, el entramado institucional europeo tiene también espacios donde es posible reclamar acciones efectivas contra la pobreza, que hay que aprovechar. Por mencionar algunos, en el marco del Consejo de Europa: el Tribunal Europeo de Derechos Humanos, con su doctrina sobre la obligación de los Estados de evitar que una persona pueda quedar en una situación socioeconómica grave que atente contra su dignidad; la Carta Social Europea Revisada de 1996 (de la que España es parte desde 2021), que obliga a proteger a las personas contra la pobreza y la exclusión social, y que ha permitido al Comité Europeo de Derechos Sociales fijar en el 60 % del salario medio del Estado el límite por debajo del cual un trabajador es pobre; o la posibilidad de presentar ante este mismo organismo reclamaciones colectivas, como la que denunció la conocida situación en la Cañada Real.

La suma de estos factores hace difícil un pronóstico de futuro. Pero para que las luces se abran camino entre las sombras, es preciso despejar los principales aspectos que obstaculizan las medidas contra la pobreza puestas en juego hasta ahora, entre los que cabe mencionar, por lo menos: la no derogación del Semestre Europeo ni del Tratado de Estabilidad, que, al darse por cerrada la crisis más inminente, ha sido retomado en las negociaciones del Consejo —en medio de fuertes presiones para la recuperación de la senda del ajuste presupuestario—; las dificultades de los gobiernos para imponer medidas redistributivas al sector productivo, pero sobre todo al financiero; la insostenibilidad social y medioambiental de las actuales metrópolis; la situación de extrema debilidad del tejido social asociativo que está al lado de los pobres, cuya labor sigue siendo insuficientemente atendida por las instituciones; y la resistencia sociocultural a los cambios necesarios para la transición hacia una sociedad más justa y sostenible, en sociedades cada vez más derechizadas[10].

Este último factor no parece meramente coyuntural, ya que expresa un malestar social difuso en torno a las condiciones de vida de las personas (poder adquisitivo, explotación laboral, indisponibilidad del tiempo libre, desigualdad en progresión). Pero, más allá de eso, abre también un interrogante sobre la autopercepción social de la pobreza. El paso a mejor vida de la ilusión generada en los tiempos del crédito fácil, el ensanchamiento del *precariado* y de los excluidos, los trabajos *líquidos* en información, tecnología o servicios, la normalización del teletrabajo acelerada por la pandemia y la mayor movilidad de los trabajadores han mutado profundamente la inserción de estos en la estructura social. Las personas trabajadoras, con o sin cualificación profesional, son muchas, pero aquellas que se perciben como clase trabajadora, y por tanto como parte constitutiva de las luchas por el trabajo, cada vez menos.

Sin embargo, pese a sus costes humanos, la pandemia trajo consigo también algunos signos esperanzadores, como la valorización del tiempo de la vida observable en la proliferación de numerosos actos altruistas entre las personas o en el respaldo masivo a las protestas del personal sanitario. A lo que hay que sumar que, pese a sus reveses, el mundo del trabajo no ha dicho su última palabra, como nos recuerdan las luchas

10. Como parecen confirmar los resultados de las recientes elecciones europeas, de junio de 2024, con un auge importante de las fuerzas de extrema derecha que pone en jaque las políticas revisadas hasta aquí.

sindicales en los sectores de la automoción y del acero, en el de las empresas distribuidoras o en el de las precarizadas trabajadoras de los cuidados.

De cómo evolucionen todos estos procesos depende el futuro de todos.

AGRADECIMIENTO

Vaya por delante nuestro agradecimiento a todas las personas e instituciones que se han prestado a compartir con nosotros sus saberes, así como al Ministerio de Ciencia e Innovación por haber financiado el proyecto de investigación del que surge este libro: «Condicionantes regulatorios internacionales y comunitarios en un marco de gobernanza multinivel para la formulación de estrategias contra la pobreza en España» (PID2020-117627GB-100, Convocatoria 2020 Proyectos de I+D+i), ejecutado al alimón entre los grupos Didue e Isocratía de la Universidad de Barcelona. Este paraguas nos ha permitido discutir con personas, organizaciones y organismos públicos relacionados directamente con el ámbito de nuestro estudio, lo que ha sido especialmente útil para no perderse entre el laberinto de normas, agendas, pilares, planes, proyectos, programas, estrategias e informes por el que circulan actualmente las políticas sociales europeas.

EL ENFOQUE DE LAS CAPACIDADES COMO HERRAMIENTA HERMENÉUTICA PARA COMPRENDER LOS ODS

José Antonio Estévez Araújo

1. INTRODUCCIÓN

Los Objetivos de Desarrollo Sostenible (ODS), adoptados por las Naciones Unidas en 2015 como parte de la Agenda 2030, constituyen un marco muy complejo diseñado para abordar los retos mundiales en varias dimensiones. En 2017, las Naciones Unidas perfeccionaron este marco adoptando metas e indicadores específicos para cada objetivo con el fin de hacerlos más concretos y mensurables. A pesar de estas aclaraciones, la complejidad inherente a los ODS se mantiene, principalmente debido a su naturaleza integrada e interconectada. El progreso en un área no debe socavar los avances en otra, lo que hace necesario un planteamiento holístico para alcanzar estos objetivos.

El enfoque de las capacidades de Amartya Sen ofrece un marco robusto para entender y aplicar los ODS de forma cohesionada. Este planteamiento hace hincapié en la calidad de vida, centrándose en lo que los individuos son capaces de hacer y ser, yendo así más allá de las medidas tradicionales de desarrollo que se basan en gran parte en indicadores económicos. Al dar prioridad a las capacidades humanas, el enfoque de Sen se alinea estrechamente con el espíritu de los ODS, que abogan por mejoras de base amplia en el bienestar humano. Los planteamientos del pensador indio pueden ser considerados, pues, como un criterio hermenéutico adecuado para la interpretación de los Objetivos de Desarrollo Sostenible.

La elección del enfoque de las capacidades como instrumento para interpretar los ODS está respaldada por conexiones históricas y teóricas. Esta vinculación no es una mera coincidencia, sino que hunde sus raíces en la evolución de la teoría del desarrollo a lo largo de varias décadas. El enfoque de las capacidades ha influido significativamente en el cambio de los modelos que priorizan el crecimiento económico a los que se basan en el desarrollo centrado en el ser humano.

El Índice de Desarrollo Humano, una aplicación directa de las teorías de Sen, ha sido determinante a la hora de dar forma a las políticas internacionales de desarrollo, incluida la formulación de los ODS. El marco creado por Sen ha sido fundamental para redefinir el desarrollo, presentándolo como un proceso que mejora las libertades y capacidades individuales.

Así pues, emplear el enfoque de las capacidades como lente a través de la cual interpretar y aplicar los ODS proporciona una sólida base metodológica. Garantiza que las iniciativas de desarrollo se mantengan alineadas con el objetivo último de enriquecer la vida humana, reflejando una comprensión integral y multidimensional del progreso.

En las secciones siguientes, se presentará al lector un análisis detallado del enfoque de las capacidades. Inicialmente, se explorarán los fundamentos filosóficos de este marco, principalmente a partir de las explicaciones proporcionadas por el propio Sen. En segundo lugar, se examina y aclara detalladamente el concepto de «capacidades», que plantea algunas dificultades de comprensión. A continuación, el texto aborda los retos asociados a la medición de las capacidades como indicador de desarrollo. Además, se estudia la interpretación de la pobreza en el marco del enfoque de las capacidades. El documento también destaca elementos de la perspectiva de género en la obra de Sen. Hacia el final, el texto identifica algunas áreas que el académico indio ha abordado con menos frecuencia. El capítulo concluye profundizando en cómo el enfoque de las capacidades ha influido en la Agenda 2030 y ha dado forma a los Objetivos de Desarrollo Sostenible.

2. LOS FUNDAMENTOS FILOSÓFICOS DEL ENFOQUE DE LAS CAPACIDADES

Amartya Sen es un economista, filósofo y científico social indio nacido en 1933. Ha realizado contribuciones de gran trascendencia al campo de la economía del desarrollo. Una de sus aportaciones más importantes es, como ya se ha señalado, el enfoque de las capacidades, que elaboró a finales de la década de 1980. Esta teoría es un elemento central del pensamiento económico y social contemporáneo.

¿Qué es el desarrollo? y ¿cómo se mide? son dos preguntas centrales para la economía del desarrollo y otras disciplinas que se ocupan de la lucha contra la pobreza y la mejora de las condiciones de vida de las personas. La importancia del enfoque de las capacidades de Sen radica en que constituye una respuesta a esas preguntas: la más completa de todas las que se han propuesto.

2.1. *La antropología filosófica de Amartya Sen*

La concepción que Amartya Sen tiene de los seres humanos puede inferirse a partir de su enfoque de las capacidades. Este se sustenta en una visión optimista de la naturaleza humana. Sen es un gran defensor de la libertad individual, pero, a la vez, concibe a las personas como seres inherentemente sociales.

2.1.1. Una visión optimista y social del ser humano

Amartya Sen no suscribiría nunca la afirmación de que «el hombre es un lobo para el hombre», pero eso no significa que debamos ir por la vida confiando ciegamente en todo el mundo. Su optimismo respecto del ser humano se cifra en su potencial. Las personas son capaces de desarrollar una racionalidad sustantiva que les permita elegir una «vida buena» de forma fundamentada. Para ello es preciso que se les proporcionen las oportunidades y libertades necesarias. Como veremos detalladamente más adelante, esas oportunidades, libertades y las facultades que los seres humanos pueden llegar a adquirir son las «capacidades» que constituyen el núcleo de su teoría.

Sen tampoco suscribiría la afirmación de que las personas son como setas que nacen y se desarrollan aisladas unas de otras[1]. Su concepción del ser humano está profundamente arraigada en la interdependencia social y la importancia de las relaciones sociales. El bienestar humano no

1. La metáfora que compara a los hombres con setas que crecen aisladas fue formulada por Hobbes en este pasaje de *De Cive*: «[...] consideremos a los hombres como si estos hubieran brotado de la tierra y repentinamente, como si fueran hongos, hubiesen llegado a la madurez sin ningún tipo de contacto entre ellos» (Thomas Hobbes, *De Cive*, Alianza, Madrid, 2000, p. 157). Respecto a este pasaje hay que señalar dos cosas: la primera es que los hongos y las setas son entidades distintas (en la versión original en latín Hobbes utiliza el término *fungus*). Las setas pueden considerarse como estructuras parecidas a flores de los hongos, pero no todos los hongos producen setas. Además, como me ha señalado mi buen amigo Camilo Diconca, las setas no son organismos autónomos, sino que están interconectadas a través de sus sistemas radiculares subterráneos conocidos como «micelios». Estas redes miceliales tienen la capacidad de abarcar vastas zonas, que llegan a tener varias hectáreas de extensión. Por tanto, Mr. Hobbes, ni hongos ni aislados.

es únicamente una cuestión individual, sino que viene determinado por las interacciones sociales, las instituciones y el funcionamiento general de la sociedad. Los seres humanos con una clara conciencia de sí mismos y de sus circunstancias se consideran criaturas profundamente influidas por sus contextos sociales y culturales.

Hay que subrayar que Sen no especula en abstracto sobre la naturaleza humana, sino que defiende la concepción del ser humano que considera más adecuada para la economía del desarrollo. Está tratando acerca de los presupuestos antropológicos de esta disciplina. Lo hace de forma polémica, criticando la concepción del ser humano de la economía del desarrollo de raíz neoclásica, que considera profundamente inadecuada: la visión del hombre como un *homo oeconomicus*.

2.1.2. Crítica del *homo oeconomicus*

El *homo oeconomicus* es un ser calculador, evaluador e inventivo que persigue únicamente la satisfacción de sus propios intereses. Busca su provecho personal y se ocupa solo de sí mismo. Este tipo de individuo ha de ser capaz de evaluar las posibilidades que tiene de conseguir lo que quiere y calcular los medios más eficientes y eficaces, así como hacer una ponderación de los costes y beneficios. El *homo oeconomicus* se mueve en un ambiente en el que los demás individuos son igualmente egoístas y actúan guiados por una racionalidad inventiva, de cara a idear nuevas «jugadas» que les permitan ganar la competición.

Sen se opone frontalmente a esa antropología filosófica, calificando a los individuos concebidos de ese modo como «tontos racionales»[2]. Dicho en términos de la teoría crítica, la concepción del *homo oeconomicus* como el individuo racional por excelencia significa reducir la razón a la mera racionalidad instrumental.

El pensador indio formula toda una batería de argumentos en contra de la antropología basada en el *homo oeconomicus*.

En primer lugar, señala que la conducta del *homo oeconomicus* no describe cómo se comporta realmente la gente, pues ignora muchas motivaciones humanas. Por ejemplo, no presta atención a las decisiones que se adoptan por consideraciones éticas[3]. Esta visión del comportamiento humano hace que todas las elecciones que realizan las perso-

2. Amartya K. Sen, «Rational Fools: A Critique of the Behavioral Foundations of Economic Theory»: *Philosophy & Public Affairs*, 1977, pp. 317-344.

3. «Justice», en J. Eatwell, M. Milgate y P. Newman (eds.), *The New Palgrave: a dictionary of economics*, vol. 2, Macmillan, Londres, 1987, pp. 1039-1043.

nas se parezcan a la de qué marca de cereales vamos a comprar en el supermercado.

Se trata de una antropología individualista que no toma en consideración la empatía con los demás y otras interrelaciones sociales que son decisivas para comprender el comportamiento humano y que constituyen componentes muy importantes de la calidad de vida.

La visión del ser humano como un ser que persigue de forma egoísta sus propios intereses y objetivos no se plantea la cuestión del proceso de elección de sus metas. Las condiciones como la educación que se ha recibido, o las tradiciones a las que se ha estado expuesto pueden condicionar de forma determinante los objetivos que las personas deciden perseguir. Estas pueden estar limitadas en cuanto a las opciones que son capaces de tomar en consideración y al valor que estas tienen. Como dijo con bastante crudeza John Stuart Mill: «Es mejor ser un ser humano insatisfecho que un cerdo satisfecho; mejor ser un Sócrates insatisfecho que un necio satisfecho»[4].

2.2. *Una economía ética*

Amartya Sen aboga por una «economía ética». El pensador indio defiende que la economía debe dar prioridad a la expansión de la libertad de las personas, reducir las desigualdades y promover la justicia social.

2.2.1. La libertad

El concepto de libertad de Amartya Sen va más allá de la comprensión estrecha del liberalismo clásico. No concibe la libertad únicamente como ausencia de coacción o amenaza. Ser libre significa tener las oportunidades y la capacidad real para tomar decisiones y perseguir los propios objetivos. La libertad comprende los bienes materiales con los que hacer efectivas las propias opciones y también la información y el espíritu crítico adecuados para decidir de forma razonada. Considerada en toda su amplitud, la libertad es la capacidad de los individuos de llevar una vida que tienen razones para valorar.

Como se verá más detalladamente en el próximo apartado, las capacidades se refieren a las diversas oportunidades y habilidades que pueden tener o adquirir los individuos para operar eficazmente en las diferentes dimensiones de la vida. La libertad de los individuos aumenta cuando se incrementan las capacidades necesarias para elegir y lograr operar en estas distintas dimensiones.

4. John Stuart Mill, *El Utilitarismo*, Alianza, Madrid, 2014, p. 66.

El desarrollo consiste en el incremento de la libertad. Por tanto, para Sen, la libertad no es un concepto abstracto, sino una realidad práctica y tangible que puede medirse. La libertad debe ser evaluada en base a las oportunidades y opciones reales que las personas tienen en sus vidas.

Sen destaca la importancia de abordar las disparidades en el acceso a los recursos, las oportunidades y el poder que impiden a las personas ejercer plenamente sus capacidades. Una economía ética debe dar prioridad a las políticas que mejoren las redes de seguridad social, proporcionen asistencia sanitaria básica y educación, y garanticen la igualdad de oportunidades para todos, independientemente de su origen social, económico (e, incluso, nacional).

Los individuos deben tener también libertad para expresar sus preocupaciones y participar en los procesos de toma de decisiones que afectan a sus vidas. Esto incluye la necesidad de instituciones transparentes y responsables que promuevan la equidad, la justicia y la inclusión.

En definitiva, la concepción de Sen de una economía ética se centra en la promoción de las capacidades humanas, la lucha contra las desigualdades, la promoción de la justicia social, el fomento de la participación democrática y la adopción de una comprensión multidimensional del bienestar.

2.2.2. Crítica del utilitarismo

El hecho de que Amartya Sen abogue por una economía «ética» no quiere decir que esté acusando a los economistas del bienestar de ser amorales. La economía del desarrollo de raíz neoclásica defiende unos principios éticos acerca de lo que es justo y sobre qué es el bien común. Pero el pensador indio considera inadecuados estos presupuestos éticos.

Se trata de planteamientos extraídos de la tradición utilitarista, que la economía del desarrollo combina con la concepción del ser humano como *homo oeconomicus*, que examinamos en el apartado anterior. La articulación de estos dos elementos da como resultado un tipo de economía del desarrollo que tiene una visión muy estrecha del bienestar y cuya concepción del bien común es compatible con los grados más extremos de injusticia social.

Amartya Sen critica el enfoque utilitarista del desarrollo en su libro *Development as Freedom*[5]. Este libro se tradujo al castellano con el título *Desarrollo y libertad*[6], pero hubiera sido más acertado mantener el ori-

5. *Development as Freedom*, Anchor Books, Nueva York, 1999.
6. *Desarrollo y libertad*, Planeta, Barcelona, 2000.

ginal: «El desarrollo como libertad». Este expresa mejor la idea central de Sen de que la medida más adecuada del grado de desarrollo alcanzado es el incremento de la libertad que se consigue[7].

Los presupuestos utilitaristas de la economía neoclásica del desarrollo consisten, por un lado, en la identificación del bienestar con la utilidad y, por otro lado, en la concepción del bien común como la maximización de la utilidad de los individuos.

El concepto de «utilidad» plantea problemas de definición. No parece algo definitivo, sino que nos incita a preguntarnos «Utilidad ¿para qué?». Si decimos que algo es útil debemos aclarar para qué sirve, en qué consiste esa utilidad.

El utilitarismo se ha servido de diferentes conceptos para dar contenido al concepto de utilidad, entre ellos, el deseo y la felicidad. De acuerdo con este último criterio la felicidad sería la medida de la utilidad. O quizá sería mejor decir que el grado de utilidad se determina en función del nivel de felicidad que proporciona. El mismo razonamiento puede aplicarse al criterio del deseo: el grado de satisfacción de nuestros deseos que algo nos proporciona es la medida de su utilidad.

Estos dos criterios plantean serios problemas en el contexto de las políticas de desarrollo. Aquí no nos encontramos con un marco académico en el que se discute acerca de diferentes doctrinas éticas. Lo que se está debatiendo es cuáles son las políticas de desarrollo que deben propiciar o perseguir organizaciones internacionales como la ONU, la OIT o el Banco Mundial. Por tanto, los economistas no pueden limitarse a reflexionar abstractamente acerca de qué sea el bien. Tienen que proporcionar indicadores, señalar fuentes de información relevantes, realizar cálculos cuantitativos para poder «medir» el desarrollo y, con ello, el grado de éxito o fracaso de las políticas destinadas a fomentarlo.

La felicidad o el deseo plantean el problema de que son absolutamente subjetivos. No solo en el sentido de que diferentes personas desean cosas distintas o las hacen felices cosas diferentes. Sino también por el hecho de que el deseo y la felicidad son estados mentales que no son susceptibles de observación empírica directa. Por otro lado, los estados mentales de diferentes personas no pueden compararse entre sí. No se puede determinar si una persona es más feliz que otra y en qué medida lo es. Por tanto, no hay fuentes de información precisas que nos permitan medir el progreso o el grado de desarrollo.

7. El análisis crítico del utilitarismo se encuentra en las páginas 86-105 de la edición castellana. Sen trata este tema también en otros textos como, por ejemplo, *Commodities and Capabilities*, Oxford University Press, Oxford, 1999.

Para solucionar estos problemas derivados de la imposibilidad de acceder al mundo mental de las personas, los utilitaristas pasaron a usar el criterio de las preferencias. A primera vista, una preferencia parece algo tan subjetivo como un deseo. Pero esto se pretendió solucionar identificando las preferencias con las elecciones efectivamente realizadas por los individuos en el mercado. Es decir, el análisis se centra en las elecciones reales, a las que se considera como preferencias «reveladas»[8]. Este planteamiento considera que lo que una persona realmente compra cuando va al supermercado es lo que esa persona prefiere. De esta forma se da a la preferencia una dimensión objetiva y medible, pero a costa de forzar mucho las cosas.

Establecer que lo que una persona decide adquirir responde a sus preferencias deja de lado la cuestión de su libertad de elección. Quizás esa persona hubiera preferido un bien de mayor calidad, pero no tuvo opción de comprarlo. Resulta, por consiguiente, un tanto falaz decir que lo que uno compra es lo que prefiere. Por otro lado, este planteamiento presupone que, cuando la persona acude al mercado, tiene ya sus preferencias perfectamente definidas. Esto es algo que no responde a la realidad. Los consumidores generalmente no tienen esa claridad de ideas. Se deja de lado el análisis de cómo se han formado esas preferencias, en qué medida responden a criterios autónomos o a manipulaciones publicitarias, por ejemplo.

Lo único que importa para la teoría económica del bienestar de corte neoclásico es el conjunto de bienes y servicios que puede consumir un individuo. Esto limita el alcance de la economía e impide que la economía del bienestar se ocupe del bienestar humano en sentido amplio. Hay muchas cosas que proporcionan utilidad y que no pueden comprarse y venderse en el mercado: por ejemplo, una hermosa puesta de sol o una charla con los amigos. Sen subraya «el limitado alcance de los datos sobre compras en el mercado a la hora de reflejar aspectos importantes del bienestar»[9].

El utilitarismo hace hincapié en la maximización de la utilidad general. Pero este criterio de lo que es el bien común resulta compatible con formas de desigualdad extrema. Como señala Amartya Sen, el cálculo utilitarista tiende a no tener en cuenta las desigualdades de la distribución de la utilidad. Solo cuenta la suma total, con independencia de lo desigualmente o no que esté distribuida[10].

8. *Desarrollo y libertad*, cit., p. 105.
9. *Commodities and Capabilities*, Oxford University Press, Oxford, 1999, p. 26.
10. *Desarrollo y libertad*, cit., p. 85.

En resumen, las críticas de Sen al utilitarismo giran en torno a la falta de atención a la justicia distributiva, la ausencia de un análisis de cómo se forman las preferencias de las personas y la incapacidad para dar cuenta de los aspectos no monetarizables del bienestar. Sen defiende un enfoque más amplio y matizado de la ética y la economía del bienestar que tenga en cuenta estas preocupaciones. Se trata del enfoque de las capacidades que analizaremos con más atención en el siguiente apartado.

3. ¿QUÉ SON LAS CAPACIDADES?

Sen caracteriza las capacidades como la libertad y las oportunidades que tienen los individuos para llevar vidas que valoran. Sostiene que el bienestar de una persona no debe medirse únicamente por su riqueza o recursos materiales, sino por las posibilidades que tiene para funcionar en diferentes ámbitos y lograr lo que valora en la vida.

3.1. *Los factores determinantes de la vida*

A lo largo de la vida, las diferentes personas se encuentran en las más diversas circunstancias y se les ofrecen muchos tipos de oportunidades (o se las priva de ellas).

Al nacer traemos con nosotros una carga genética que puede ser una bendición o, por el contrario, una especie de maldición. Puede, por ejemplo, que nos veamos afectados por una enfermedad de transmisión hereditaria que merme las actividades que podemos realizar.

Venimos al mundo en un país y una época determinados. Si nacemos en Nigeria, el desarrollo de nuestra vida será muy diferente al que tendríamos si viéramos la luz, por ejemplo, en Noruega. Nacemos en el seno de una familia que tiene un determinado estatus en la sociedad. Nuestros padres pueden tener las más diversas profesiones, o estar en paro, trabajar los dos o solo uno de ellos, vivir juntos o separados, podemos tener más hermanos y/o hermanas o ser hijos únicos. Podemos, en fin, ser varones o hembras. Todas esas circunstancias y muchas más que podríamos enumerar condicionarán enormemente el curso que seguirán nuestras vidas.

Los seres humanos nos socializamos en una determinada cultura. En ese proceso, interiorizamos conocimientos, valores, concepciones del mundo, todo ello junto con y por medio de la adquisición de un lenguaje, de un idioma específico. Hay sociedades y culturas que son más cerradas y otras que son más abiertas.

En la Edad Media el destino de las personas venía determinado por su nacimiento. Si un niño venía al mundo en una familia de campesinos que fuesen siervos de un señor feudal, su futuro estaba predestinado: sería toda su vida un campesino siervo sujeto a las obligaciones que le vincularan a su señor.

En las sociedades de hoy en día el género de una persona sigue siendo un condicionante muy poderoso en relación con su trayectoria de vida. Hay sociedades muy cerradas en las que las mujeres tienen vedado el acceso a la educación, al mundo laboral, o a determinados trabajos y en las que están sometidas a la tutela de los hombres, bien como hijas, bien como esposas.

Hay Estados donde las personas gozan de derechos civiles y políticos, como la libertad de expresión y de movimiento, la inviolabilidad de domicilio o la facultad de participar en elecciones para designar a los dirigentes políticos. Otras están regidas por regímenes autoritarios, que no permiten la disidencia y encarcelan a las personas por expresar sus opiniones.

Existen países, especialmente entre las naciones más ricas, que cuentan con unos sistemas de seguridad social que proporcionan a la población servicios básicos. La atención sanitaria y el seguro de desempleo ayudan a las personas a sobrellevar los periodos en que carecen de trabajo. Estos sistemas constituyen una red fundamental de protección en situaciones difíciles, como son las que se derivan de la enfermedad, el paro o la vejez.

El acceso a una educación de calidad es necesario para que podamos adquirir y desarrollar nuestras facultades cognitivas y también las físicas, emocionales o sociales. Con independencia del componente genético que puedan tener los diferentes tipos de inteligencia, la destreza para las matemáticas, la facilidad para aprender idiomas o las facultades para la lógica y el pensamiento abstracto no se desarrollarán si la persona no recibe una educación adecuada. Una persona analfabeta puede que ni siquiera llegue a ser consciente de las habilidades potenciales que posee.

Si yo repaso mi propia vida teniendo en cuenta todas las variables señaladas anteriormente, me doy cuenta enseguida de que mi trayectoria existencial habría sido muy diferente si mis circunstancias hubiesen sido otras. Si yo hubiese nacido en el seno de una familia de campesinos pobres en Marruecos, habría sido imposible que llegase a ser profesor en una universidad. Habría carecido de una educación básica o esta habría sido muy insuficiente, habría tenido que ayudar a mis padres desde pequeño en las tareas del campo, no habría contado con una asistencia médica adecuada y mis propias expectativas vitales habrían tenido un horizonte muy reducido. Tendría que haber ocurrido un auténtico milagro que compensase todas esas carencias y privaciones para que yo hubiese podido siquiera plantearme estudiar en la universidad. En cambio, nací en un país relativamente rico, en una familia de clase media, con un sistema público de educación que me permitió acceder a la enseñanza superior y con unos padres para los que mis estudios universitarios eran algo valioso que merecía la pena costear.

Cuando Amartya Sen habla de «capacidades», se refiere a todo ese conjunto de circunstancias, de oportunidades, de facultades, de carencias y de privaciones que condicionan o, incluso, determinan nuestra trayectoria vital. Sen analiza y evalúa todas esas variables desde una perspectiva específica: ¿hasta qué punto las personas tienen la posibilidad de elegir la vida que quieren llevar y de hacerlo con la información necesaria y con criterios adecuados?

Como hemos visto en el apartado anterior, Sen identifica el desarrollo con el aumento de las capacidades. Progresar significa incrementar las posibilidades y las oportunidades que las personas tienen para elegir su propio destino. Mejorar la alimentación, la asistencia sanitaria, la educación, los servicios públicos, la protección de los derechos y libertades de hombres y mujeres o ampliar sus horizontes de expectativas son cambios en las condiciones de vida que hacen más libres a las personas. Incrementan sus capacidades y, con ello, se potencian sus posibilidades de elegir la vida que van a llevar.

Nosotros no podemos modificar individualmente la mayoría de las circunstancias que condicionan nuestra existencia. Pero con un esfuerzo social conjunto sí que es posible moldear esos factores, hacerlos menos dependientes del azar, del nivel económico de la familia en la que una persona nace o, incluso, del país en el que un individuo viene al mundo. Los programas de desarrollo deben tener precisamente ese objetivo y a eso es a lo que Amartya Sen ha dedicado todos sus esfuerzos a lo largo de su vida.

3.2. *Enfoque de las capacidades* versus *meritocracia*

El enfoque de las capacidades de Amartya Sen se contrapone radicalmente a la «meritocracia» tan en boga hoy en día[11].

En principio, la idea de que las posiciones sociales, los puestos de trabajo o las responsabilidades de mando deben asignarse en base al mé-

11. Sen tuvo ocasión de ocuparse de la relación entre mérito y justicia en el capítulo de un libro editado, entre otros, por Arrow: «Merit and justice», en K. Arrow, S. Bowles y S. N. Durlauf, *Meritocracy and economic inequality*, Princeton University Press, Priceton, 2000, pp. 5-16.

rito de las personas no parece objetable. Es especialmente convincente si la defensa del mérito como criterio distributivo se basa en una crítica a que las personas obtengan esas posiciones por medio de sus relaciones personales, por lazos de parentesco o en base a su riqueza. No obstante, según veremos, la consideración del mérito individual como criterio dominante de la distribución social plantea importantes problemas.

La defensa del mérito individual como criterio de distribución social es antigua. La podemos encontrar en Stuart Mill o en Weber. En los años cincuenta del pasado siglo el sociólogo británico Michael Young acuñó el término «meritocracia» en su libro *El auge de la meritocracia*[12]. Desde entonces, se ha utilizado esa palabra para referirse a un sistema en el que los individuos son recompensados y nombrados en función de sus capacidades y méritos.

La meritocracia es una ideología que defiende fundamentalmente dos tesis, una normativa y otra descriptiva: Son las siguientes: *a*) que en la sociedad, el poder, los recursos y las oportunidades se deben distribuir en función del mérito individual; *b*) que en algunas sociedades, el poder, los recursos y las oportunidades son alcanzados efectivamente en virtud del mérito individual.

Desde el punto de vista prescriptivo, la meritocracia considera, pues, que los individuos deben ser recompensados y reconocidos en función de sus propios esfuerzos y capacidades, creando una sociedad en la que los puestos de poder e influencia sean ocupados por quienes se consideran más merecedores. El concepto de meritocracia sostiene, en definitiva, que se puede lograr una sociedad justa y equitativa recompensando a los individuos en función de su mérito, talento y/o esfuerzo.

Desde el punto de vista descriptivo, la meritocracia sostiene que en países como los Estados Unidos el éxito y el ascenso están determinados por las capacidades, el talento y los logros de los individuos, más que por factores como el estatus social, la riqueza familiar o las conexiones personales (el capital social, en términos de Bourdieu)[13]. De hecho, en la cultura popular estadounidense que se transmite por medio de las películas y las series frecuentemente se clasifica a las personas en «ganadores» o «perdedores» (*loosers*).

12. *The rise of the meritocracy*, Thames and Hudson, Londres, 1958.

13. Según Bourdieu, el capital social se refiere a las relaciones que tienen las personas y que permiten acceder y beneficiarse de recursos como el conocimiento, la información, el apoyo y las oportunidades. Generalmente, está desigualmente distribuido y las personas con un sólido capital social tienen mayor acceso a oportunidades de empleo, educación o promoción (*Vid.*, por ejemplo, Pierre Bourdieu, «Le capital social»: *Actes de la recherche en sciences sociales*, 31 [1980], pp. 2-3).

Esta ideología ha cobrado especial fuerza con la implantación del pensamiento y las políticas neoliberales, que tienen una fuerte impronta individualista y competitiva. No obstante, en la actualidad, existen numerosos detractores de la meritocracia, tanto en su vertiente prescriptiva como en la descriptiva[14]. Una de las críticas que se hacen a la ideología meritocrática es que pone un énfasis excesivo en la responsabilidad individual: hace recaer la carga tanto del éxito como del fracaso exclusivamente en el individuo. No tiene en cuenta los factores sistémicos más amplios que contribuyen a los logros que alcanza una persona. Pasa por alto circunstancias sociales como las desigualdades estructurales, la discriminación o la falta de acceso a los recursos[15].

La meritocracia presupone una igualdad de condiciones o de situaciones de partida que no existe en la realidad. Factores como el origen socioeconómico, los privilegios heredados y el acceso a una educación de calidad desempeñan un papel determinante en el «éxito» individual. Estas consideraciones críticas se refieren sobre todo a la vertiente fáctica de la ideología meritocrática. Es decir, a la idea de que efectivamente existen sociedades en las que el éxito es producto del esfuerzo y de las facultades individuales.

Pero tampoco está claro que una sociedad organizada exclusivamente sobre la base de un criterio distributivo respaldado en el mérito individual fuese deseable.

Por un lado, muchas de las facultades que pueden llegar a desarrollar las personas tienen una base genética. Una sociedad basada en la recompensa de esas facultades se fundaría en la lotería que representan los genes que heredamos de nuestros padres. O, en el peor de los casos, conduciría a prácticas eugenésicas, de manipulación genética o de otro tipo.

Por otro lado, los sistemas basados en el mérito pueden dar lugar a que un pequeño grupo de personas con grandes logros se consolide en una posición dominante que le permita controlar los recursos y las oportunidades, dejando a los demás marginados.

Asimismo, habría que plantearse qué es lo que se entiende por «mérito». En su texto sobre mérito y justicia, Amartya Sen señala que «mérito» es un concepto por lo general mal definido y que, cuando se define de forma adecuada, es necesariamente un concepto normativo. Es decir,

14. Ver, por ejemplo, Michel J. Sandel, *La tiranía del mérito: ¿qué ha sido del bien común?*, Debate, Madrid, 2020.

15. Sobre el balance entre la responsabilidad individual y la injusticia estructural puede verse el libro póstumo de Iris Marion Young *Responsabilidad por la justicia*, Morata, Madrid, 2013.

que no describe lo que es el mérito, sino qué debería considerarse como un mérito[16].

La meritocracia suele ir asociada a una concepción restrictiva de las facultades «valiosas». Da prioridad a determinadas aptitudes o cualidades, como los logros académicos o los conocimientos técnicos, e infravalora otras facultades importantes como la empatía, la capacidad de cuidado, las habilidades ligadas a los trabajos manuales, o la colaboración generosa con los demás para atender necesidades colectivas.

El enfoque de las capacidades de Sen y la meritocracia tienen puntos de vista opuestos sobre cómo evaluar y asignar recursos y oportunidades en la sociedad. El pensador indio parte de la base de que, de hecho, las personas pueden tener diferentes puntos de partida y verse afectadas por circunstancias que repercuten en sus capacidades y oportunidades. Por ello, el enfoque de las capacidades de Sen se centra en la creación de una sociedad en la que todos tengan la libertad y la capacidad de perseguir su propia concepción de una buena vida, independientemente de sus ventajas o desventajas iniciales o de las circunstancias desfavorables sobrevenidas.

3.3. *Funcionamientos, agencia y libertad sustantiva*

Amartya Sen sitúa la libertad en el núcleo de su concepción de la justicia[17]. Como vimos en el apartado anterior, la libertad no consiste únicamente en la ausencia de amenaza o coacción, sino que el pensador indio la concibe en sentido sustantivo o material. Es decir, considera que para hablar de libertad en sentido pleno, las personas deben disponer de los medios y oportunidades para llevar a la práctica sus opciones vitales.

La libertad material no se limita exclusivamente a disponer de bienes. Sen critica en diferentes contextos el «fetichismo» de los bienes o de las mercancías. Cuestiona los planteamientos del desarrollo que acaban traduciéndose en una enumeración de las cosas que deben ponerse al alcance de las personas para satisfacer sus necesidades, porque esto omite lo que los seres humanos hacen o pueden hacer con esos bienes. Por ejemplo, una bicicleta es un vehículo que sirve para desplazarse, pero una persona paralítica no puede utilizarla. Por eso el enfoque de las capacidades centra su atención en los «funcionamientos» de las personas y no en los bienes que poseen.

16. «Merit and justice», cit.

17. Esto es lo que se desprende de la concepción de la justicia que desarrolla en su libro *La idea de la justicia*, Taurus, Madrid, 2010.

Así, en la introducción a un libro titulado *La calidad de vida*, escrito por Amartya K. Sen y Marta Nussbaum, se dice:

> La vida que lleva una persona puede verse como una combinación de varias actividades y estados, que pueden llamarse genéricamente «funcionamientos». Estos funcionamientos varían desde cuestiones tan elementales como estar bien alimentado y libre de enfermedades hasta actividades o estados más complejos, como tener respeto por uno mismo, preservar la dignidad humana, participar en la vida de la comunidad, etc. La capacidad de una persona se refiere a las diversas combinaciones alternativas de funcionamientos, entre las cuales puede elegir esa persona. En este sentido, la capacidad de una persona se corresponde con la libertad que tiene para llevar un tipo de vida u otro[18].

La palabra «funcionamientos» es la traducción que se suele escoger para el término inglés *functionings* que utiliza Sen. Los funcionamientos son el conjunto de actividades y estados que los individuos pueden emprender o en los que pueden encontrarse, tal como señalan Sen y Nussbaum en la cita anteriormente transcrita. Aparte de los allí señalados, lo serían también tener acceso a la educación, tener derechos políticos y civiles, contar con oportunidades laborales y experimentar satisfacción emocional, entre otros.

Las capacidades son las habilidades o potencialidades que poseen los individuos, las cuales les permiten perseguir y lograr funcionamientos específicos. Se refieren al abanico de oportunidades y libertades que tienen los individuos para elegir y alcanzar diferentes funcionamientos, es decir, para alcanzar determinados estados o para poder actuar en determinados ámbitos según sus propios valores y preferencias. Aunque la distinción entre funcionamientos y capacidades no resulta del todo nítida, podría decirse que las capacidades son las libertades u oportunidades reales que tienen las personas, y los funcionamientos representan las actividades y estados reales que las personas eligen o alcanzan.

Sen no considera los funcionamientos aisladamente, sino agrupados en conjuntos, formando diversas combinaciones. El objetivo último del desarrollo de las capacidades es dotar de libertad a las personas para elegir entre una amplia gama de funcionamientos y poder alcanzarlos. La

18. Martha Nussbaum y Amartya Sen, «Introduction», en *The Quality of Life*, Clarendon Press, 1993, p. 3. El enfoque de las capacidades de Sen se diferencia del de Nussbaum. Por consiguiente, no hay que atribuir a Sen planteamientos o consideraciones acerca del enfoque de las capacidades desarrolladas por Nussbaum, quien se muestra explícitamente crítica con él en algunos puntos. *Vid.*, por ejemplo, Martha Nussbaum, *Crear capacidades*, Paidós, Madrid, 2012.

posibilidad de llevar una vida que la persona tiene razones para considerar valiosa equivale, así, a poder elegir entre diferentes conjuntos o combinaciones de funcionamientos, o, como lo expresa Marta Pedrajas, tener un amplio «repertorio de funcionamientos a nuestro alcance»[19].

Sen considera que, para determinar la calidad de la vida de una persona, no es suficiente examinar los funcionamientos que haya alcanzado, es decir, lo que es y hace. Es necesario también determinar las oportunidades que ha tenido para elegir ser como es y hacer lo que hace. Por ejemplo, una persona puede estar pasando hambre por ser pobre porque la cosecha ha sido mala. En este caso no ha tenido la oportunidad de elegir si pasa hambre o no. En cambio, una persona que está realizando una huelga de hambre sí está haciendo algo que tiene razón para valorar. Ha tenido la posibilidad de elegir. El funcionamiento de ambas puede ser similar (el hecho de que las dos pasan hambre). La diferencia sustancial es que una ha tenido la oportunidad de decidir y la otra no[20].

La agencia es el tercer componente que Sen articula con los funcionamientos y la libertad sustantiva para configurar el enfoque de las capacidades.

El término «agencia» se refiere generalmente a la capacidad interna de un individuo para ejercer control sobre sus acciones y decisiones, es decir, para decidir y actuar de forma autónoma. Sen considera que la «agencia» (o «libertad de agencia» como a veces la denomina)[21] debe incluir la capacidad de reflexionar y deliberar antes de elegir entre distintos cursos de acción.

Sen insiste reiteradamente en que los fines que elegimos han de ser «razonados»[22]. El sentido que queremos dar a nuestra existencia y nuestra concepción de lo que sea una buena vida debe estar fundamentado racionalmente. En última instancia, el desarrollo de las capacidades tiene como objetivo que podamos vivir una vida que tenemos razones para considerar valiosa.

Si la «libertad de agencia» de una persona consiste en la facultad de autodeterminación, entonces hay unas capacidades que son imprescindibles para poder alcanzar ese grado de autonomía. En particular, es fundamental el acceso a la educación y el desarrollo de un sentido crítico respecto de las tradiciones y valores sociales. Sen presta una especial

19. *El desarrollo humano en la economía ética de Amartya Sen*, Universidad de Valencia, Valencia, 2005, p. 16.

20. *Vid.*, por ejemplo, A. K. Sen, *La idea de justicia*, cit., p. 267.

21. «Well-Being, Agency and Freedom»: *The Journal of Philosophy*, 82 (1985), p. 169.

22. *La idea de justicia*, cit., p. 256.

atención a esas capacidades y cuestiona los enfoques que no se preocupan de analizar la forma como se generan las «preferencias» de los individuos, y las consideran como algo que ya viene dado.

En conclusión, el enfoque de las capacidades consta de tres componentes principales: funcionamientos, libertades y agencia. Los funcionamientos se refieren a los estados que las personas pueden alcanzar —por ejemplo, estar sanas o tener vivienda— y las actividades que pueden realizar. Las libertades se refieren a las oportunidades reales de que disponen —es decir, la posibilidad efectiva de elegir entre distintas combinaciones de funcionamientos—. La agencia consiste en la facultad de autodeterminación de las personas para elegir y actuar razonadamente con el fin de alcanzar los funcionamientos deseados.

4. CAPACIDADES Y DESARROLLO

Como hemos señalado repetidamente, el enfoque de las capacidades es la respuesta que da Sen a la pregunta «¿Qué es el desarrollo?». De acuerdo con el planteamiento del pensador indio, el desarrollo consiste en la expansión de las capacidades y se traduce en una mayor libertad de las personas.

4.1. *La medida de las capacidades*

El enfoque de las capacidades resulta muy atractivo desde el punto de vista teórico y moral. Pero si ha de ser un instrumento útil para la economía del desarrollo es necesario operacionalizarlo. «Operacionalizar» significa aquí traducir ese enfoque a categorías mensurables (lo que no quiere decir necesariamente cuantificables). Para ello es preciso desarrollar métodos, indicadores y herramientas que puedan utilizarse para evaluar la situación y el progreso (o regresión) de las capacidades en contextos concretos. Esta tarea es singularmente compleja por diversas razones[23].

Un primer problema que encontramos a la hora de aplicar este enfoque es determinar qué valor relativo vamos a atribuir a las diferentes capacidades. Estas son cualitativamente distintas e incluso tienen una naturaleza diferente. ¿Cómo podemos establecer, por ejemplo, si el acceso a la educación vale más o menos que la libertad de expresión?

23. El pensador indio se ocupa de este problema en *Desarrollo y libertad*, cit., pp. 101-113.

Esta heterogeneidad llevó a los economistas más tradicionales a rechazar este enfoque en favor de las ventajas de evaluar el desarrollo en base a la renta, que proporciona una medida homogénea y comparable. Amartya Sen critica irónicamente esta postura cuando dice: «Es como tratar de facilitarle la vida al chef encontrando algo —y solo una cosa— que a todos nos guste (como el salmón ahumado o quizá incluso las patatas fritas)»[24].

Desde la perspectiva del enfoque de las capacidades, la renta de las personas es un indicador insatisfactorio, pues no permite percibir importantes componentes del bienestar y de la calidad de vida. Una persona que tiene una discapacidad puede necesitar un nivel más alto de ingresos para disfrutar de la misma calidad de vida que otra persona que no tiene ninguna. Hay, además, numerosos factores que determinan el bienestar de las personas y que no son susceptibles de ser comprados en el mercado. Las libertades y los derechos reconocidos no reciben valoración alguna en los enfoques que solo toman en consideración la renta como medida del desarrollo.

Amartya Sen propone varias soluciones prácticas para resolver algunos de los problemas que plantea la evaluación de las capacidades.

En su libro *Desarrollo y libertad* sugiere utilizar una estrategia consistente en partir de los niveles de renta e ir introduciendo correcciones que permitan tomar en consideración las diferencias entre las circunstancias de los individuos o de los grupos. Señala, por ejemplo, que «se podrían ajustar a la baja los niveles de renta de las familias si son analfabetas y al alza si tienen un elevado nivel de estudios, etc., para que sean equivalentes desde el punto de vista del logro de capacidades»[25].

Este tipo de soluciones prácticas propuestas por Sen ayudan a resolver dificultades relacionadas con la evaluación de los funcionamientos, es decir, acerca de lo que las personas son realmente capaces de ser y de hacer. Pero hay que tener en cuenta también los otros dos componentes que aparecen entretejidos con las capacidades: la libertad sustantiva y la agencia.

Como ya se ha señalado, la libertad de elección tiene un valor intrínseco. Un funcionamiento concreto merece una mayor valoración si la persona ha tenido la posibilidad de elegirlo entre otras opciones posibles. Recordemos el ejemplo de la persona que pasa hambre por necesidad y la que lo hace por elección, como medio de protesta.

Determinar si una persona ha tenido la oportunidad de elegir o no un funcionamiento concreto, qué abanico de oportunidades ha podido

24. *Ibid.*, p. 102.
25. *Ibid.*, p. 109.

contemplar y con qué medios ha podido contar resulta una tarea muy complicada. Sen es consciente de ello y señaló en una ocasión que «el conjunto de capacidades no es directamente observable, y debe construirse a partir de presunciones»[26]. En este contexto, lo que Sen quiere decir es que las capacidades deben inferirse tomando como punto de partida los funcionamientos, que sí son directamente observables, y utilizando los datos relevantes y útiles para formular las presunciones relativas a la libertad (que eventualmente pueden llegar a ser contrastadas con la realidad).

El enfoque de las capacidades contempla asimismo la libertad de agencia, entendida como la autodeterminación de las personas a la hora de decidir qué opciones consideran valiosas. Evaluar en qué medida alguien está en condiciones de decidir por sí mismo es una cuestión especialmente delicada cuando se trata de personas adultas. No obstante, el enfoque de las capacidades exige analizar, por ejemplo, si la cultura en la que se han socializado las personas ha sido lo suficientemente abierta como para presentarles un horizonte de expectativas suficientemente amplio.

Sen manifiesta una especial preocupación por lo que algunos autores denominan «preferencias adaptativas». Se trata de un fenómeno que acontece, por ejemplo, cuando una persona oprimida acepta su situación por resignación o porque viene respaldada por la costumbre en su sociedad. Este caso sería una forma de «arbitrariedad subjetiva», especialmente en el supuesto de que la persona en cuestión pudiese disponer de los medios necesarios para combatir la situación de opresión en que se encuentra[27].

La pretensión de saber mejor que la propia persona qué es lo que le conviene (o, al menos, qué es lo que no le conviene) puede resultar muy delicada y cuestionable y tiene el peligro de caer en el paternalismo. No obstante, Sen considera que podrían especificarse con carácter general formas de inexperiencia o características que restringen el razonamiento, las cuales ayudasen a realizar escrutinios acerca del carácter arbitrario de determinadas decisiones individuales y de los prejuicios sistemáticos compartidos por determinadas comunidades[28].

Sen atribuye una gran importancia al debate público y a la deliberación democrática a la hora de seleccionar, priorizar y especificar las capacidades. Las personas y las poblaciones no son concebidas como beneficiarios pasivos de planes de desarrollo establecidos desde arriba y desde

26. *Inequality re-examined*, Oxford University Press, Oxford, 1992, p. 52.
27. Amartya Sen, «Positional objectivity»: *Philosophy & public affairs*, 1993, p. 137.
28. *Ibid.*

fuera, sino que deben decidir conjuntamente los fines que quieren perseguir. De este modo, el pensador indio puede remitir a la discusión colectiva la tarea de decidir cuestiones de calidad de vida y justicia. Este proceder solventa algunas de las dificultades que plantea la operacionalización del enfoque de las capacidades.

La remisión al debate colectivo se adecúa muy bien a un enfoque que valora por encima de todo la libertad de las personas para elegir sus modos de vida, y que considera especialmente importantes las capacidades relacionadas con las libertades públicas y la participación en las decisiones colectivas.

La participación pública y el diálogo en la formación de los valores de las personas y de su identidad pueden ser utilizados asimismo para abordar el problema de las preferencias adaptativas[29]. Las discusiones y los debates públicos, permitidos por las libertades políticas y por los derechos humanos, también pueden desempeñar un importante papel en la formación de los valores. De hecho, la naturaleza de la participación y el diálogo públicos influye inevitablemente incluso en la identificación de las necesidades.

En definitiva, Sen sustenta una actitud a la vez pragmática y de principio en relación con el tema de la operacionalización del enfoque de las capacidades. Por un lado, considera que la insuficiencia de los datos disponibles puede obligarnos a ofrecer resultados que no representen en toda su extensión las capacidades de las personas en un contexto concreto. Pero, por otro, considera que nunca hay que renunciar al interés más ambicioso que subyace al enfoque de las capacidades e indagar qué datos podrían ser relevantes y útiles, aunque no podamos obtenerlos en ese momento. Dicho con sus propias palabras:

> Incluso cuando la aceptación pragmática de las limitaciones de la disponibilidad de datos nos obligue a fijar nuestras miras por debajo de la representación completa de los conjuntos de capacidades, es importante mantener las motivaciones subyacentes y ver los compromisos prácticos como lo mejor que podemos hacer dadas las circunstancias[30].

4.2. *La visión de la pobreza*

A lo largo de su vida, Amartya Sen ha dedicado gran atención al problema de la pobreza, algo sobre lo que está profundamente influido por su

29. *Desarrollo y libertad*, cit., pp. 197-198.
30. *Inequality re-examined*, cit., p. 53.

origen indio. Especialmente impactantes fueron sus experiencias personales durante la grave hambruna de Calcuta en su infancia, experiencias que dejaron en él una huella indeleble.

4.2.1. ¿Qué significa «pobreza»?

¿Qué significa «pobreza»? ¿Quién es pobre y quién no? Se trata de dos preguntas que a primera vista parecen fáciles de contestar. El hombre que duerme por las noches en uno de los bancos de mi calle y arrastra todas sus pertenencias en un carrito de supermercado es, indudablemente, una persona pobre. Yo no lo soy. Tengo casa, un salario más que suficiente para atender a mis necesidades e, incluso, satisfacer caprichos, y soy beneficiario de un sistema de salud que me proporciona asistencia sanitaria y medicinas.

Comparando estos dos casos se ve con claridad cuál de esas personas es pobre y cuál no. Los problemas empiezan a surgir cuando queremos afinar más y establecer algún tipo de criterio general para determinar quién es pobre en el ámbito de nuestra ciudad o en nuestro país. ¿Qué circunstancias o condiciones consideraremos relevantes para distinguir a quienes están en situación de pobreza de los que no lo están?

Una de las primeras cosas que se nos puede ocurrir es definir la pobreza en función del nivel de ingresos de una persona (o de una familia). Es lo que hace, por ejemplo, el Banco Mundial para caracterizar la «pobreza extrema». Según esta institución, la línea mundial que determina quiénes se encuentran en una situación de pobreza extrema es la siguiente: comprende a las personas que perciben unos ingresos de menos de 2,5 dólares diarios. Esta cantidad se actualizó el año 2022, sustituyendo a la fijada en 2015, que era de 1,9 dólares[31].

Pero este criterio del Banco Mundial plantea serios problemas a poco que reflexionemos. Solo tiene en cuenta los ingresos dinerarios de la persona, pero un individuo puede disponer también de recursos no monetarios para satisfacer sus necesidades. Así, no está en la misma situación alguien que perciba unos ingresos diarios de 2,4 dólares teniendo una casa en propiedad y un huerto donde cultivar alimentos, y un *homeless* que viva de limosnas en los suburbios de una gran ciudad y consiga recaudar diariamente esa misma cantidad.

La línea de la pobreza extrema pone demasiado énfasis en el dinero. Hay otros indicadores no monetarios muy relevantes para determinar si

31. https://www.bancomundial.org/es/news/factsheet/2022/05/02/fact-sheet-an-adjustment-to-global-poverty-lines.

una persona es pobre o no: la posibilidad de acceso a los servicios de salud o a la educación, disponer de agua potable, tener electricidad, etc. La pobreza en general (no solo la pobreza extrema) tiene muchas facetas. Por ello, hoy en día se utilizan generalmente caracterizaciones multidimensionales de la pobreza en lugar de enfoques unidimensionales centrados en los niveles de renta.

Otro problema que plantean los baremos mundiales como la línea de pobreza extrema es que no es lo mismo vivir en un país que en otro. Satisfacer las necesidades básicas en una metrópoli cara como Barcelona puede resultar mucho más costoso que vivir en una pequeña ciudad de Colombia. Por ello, generalmente, la línea de la pobreza se delimita también con carácter relativo dependiendo de la riqueza de cada país. Por ejemplo, puede establecerse una línea de la pobreza en un Estado determinado fijando como criterio un nivel específico de renta en relación con los ingresos medios de la población en general. Esa sería una forma de delimitar la línea de la pobreza algo más precisamente, pero solo en relación con un país y un tiempo específicos.

4.2.2. Capacidades y pobreza

Amartya Sen sustenta una concepción multidimensional de la pobreza, como no podría ser de otra manera si se parte del enfoque de las capacidades. De acuerdo con este autor, la pobreza ha de entenderse como la privación de unas capacidades que se consideran básicas.

Los problemas que plantea la evaluación de las capacidades se simplifican en el caso del tratamiento de la pobreza, especialmente de la pobreza extrema. Sen considera que se pueden identificar una serie de funcionamientos que tienen una importancia central. A partir de ahí se pueden inferir las capacidades básicas correspondientes[32]. Entre ellas se encuentran la capacidad de estar bien alimentado y abrigado, la capacidad de escapar de la morbilidad evitable y la mortalidad prematura (lo que implica, entre otras cosas, la posibilidad de obtener una adecuada atención sanitaria), o la capacidad de acceder a una educación de calidad.

Sen no elaboró una lista exhaustiva de las capacidades básicas, pues es perfectamente consciente de que la privación de las capacidades que puede considerarse como pobreza varía en las diferentes sociedades. Pero sí se puede afirmar que la privación de las capacidades señaladas en el párrafo anterior siempre es indicativa de un Estado de pobreza.

32. *Inequality re-examined*, cit., pp. 44-45.

Es importante subrayar que Sen caracteriza la pobreza como la consecuencia de una serie de privaciones. Utiliza siempre el término «privación». Eso incita a pensar que el hecho de ser pobre no es simplemente un estado en el que alguien «se encuentra». Es el resultado de un proceso que activamente elimina o ha eliminado la posibilidad de que esa persona tenga acceso a una o varias capacidades básicas.

En lo atinente a las políticas de lucha contra la pobreza, Sen considera que los servicios necesarios para garantizar capacidades básicas, como la enseñanza o la atención sanitaria, deben tener preferiblemente carácter público.

Desde la perspectiva de los enfoques que caracterizan unidimensionalmente la pobreza en función del nivel de renta, resulta indiferente que esos servicios se presten por el Estado o se adquieran en el mercado. Podría decirse, incluso, que el enfoque de la pobreza basado exclusivamente en el nivel de renta propicia su privatización: si el nivel de renta de una persona o familia es insuficiente para costearlos, el Estado le concederá subsidios para poder pagarlos.

Pero las políticas basadas en ayudas monetarias tienen el defecto, según Sen, de no asegurar que los subsidios lleguen realmente a quienes los necesitan, o que estos los destinen a fines educativos o sanitarios. Una razón es que no existen prácticamente incentivos para utilizar los servicios de salud si uno no los necesita. Otra es que una transferencia de renta para costearse el servicio adquiriéndolo en el mercado puede ser desviada hacia otros fines o, al menos, existe la posibilidad de hacerlo. Por otro lado, los niveles reales de renta se pueden ocultar o falsear, especialmente en países con sistemas insuficientes de inspección fiscal. Con ello, el camino hacia el fraude queda expedito.

En definitiva, los costes del control del uso de los recursos son más elevados en un sistema de subsidio y las posibilidades de que las transferencias de renta no cumplan su función son más elevadas que en el caso de los servicios públicos.

4.3. *La perspectiva de género*

La perspectiva de género consiste en analizar todas las cuestiones y prácticas sociales considerando la variable de género. Es decir, el estudio de cualquier problema debe examinar si este afecta de manera diferente a hombres y mujeres. Por ejemplo, un análisis de las consecuencias del cambio climático desde la perspectiva de género ha de estudiar en qué casos y circunstancias ese fenómeno afecta de manera distinta a las mujeres y a los hombres.

La perspectiva de género tiene como finalidad descubrir y cuestionar las formas de poder y opresión que experimentan las mujeres. Los análisis resultantes han de servir para promover políticas inclusivas y sensibles al género, que empoderen a los géneros marginados.

Sen descubrió en sus análisis la importancia de estudiar cómo se distribuyen los ingresos y los recursos dentro de las familias. Demostró que en muchos países en desarrollo las mujeres no tienen el mismo acceso que los varones a la asistencia sanitaria y a los alimentos nutritivos. Los enfoques más tradicionales habían sido ciegos al fenómeno de la discriminación intrafamiliar, porque consideraban cada familia como una unidad sin entrar a considerar las relaciones de poder y la distribución de los recursos que se daban en su interior.

La discriminación de las mujeres dentro de la familia puede llegar a ser una cuestión de vida o muerte. Es el caso del misterio de las «mujeres desaparecidas» al que Sen se refiere en *Desarrollo y libertad*[33]. Sen documentó en diversos estudios el hecho de que en determinados países de África y Asia la proporción de mujeres era inferior a la de hombres, cuando lo normal en los países desarrollados es que haya 105 mujeres por cada 100 hombres. De acuerdo con los cálculos de sus estudios de los años ochenta del siglo pasado, la cifra de mujeres «desaparecidas» como consecuencia de la discriminación dentro de la familia ascendía a 100 millones[34].

Sen ha señalado repetidamente que, en los hogares en los que un varón es el perceptor principal de ingresos, este tiene un gran poder sobre los demás miembros de la familia a la hora de distribuir los recursos. A la inversa, en los países en los que las mujeres tienen mayor independencia, no se produce el tipo de «desapariciones» que el autor indio detectó.

En definitiva, puede afirmarse que los estudios de Amartya Sen contribuyeron decisivamente a que la perspectiva de género se convirtiera en un componente fundamental de los análisis del desarrollo y de la evaluación del progreso.

4.4. *El Índice de Desarrollo Humano*

La operacionalización del enfoque de las capacidades que ha tenido mayor difusión y trascendencia ha sido el Índice de Desarrollo Humano (IDH).

33. *Desarrollo y libertad*, cit., p. 37. Ver también «The economics of life and death»: *Scientific American*, 268/5 (1993), pp. 40-47, espec. pp. 46-47.

34. «More than 100 million women are missing»: *New York Review of Books*, 37/20 (1990), pp. 61-66.

El IDH es un índice compuesto que contempla indicadores de esperanza de vida, educación e ingresos. Fue incorporado a los Informes de Desarrollo Humano elaborados por el Programa de las Naciones Unidas para el Desarrollo (PNUD). Estos informes empezaron a realizarse en 1990 y siguen elaborándose en la actualidad. En el momento de escribir estas páginas, el último corresponde al bienio 2021-2022. El IDH se utiliza para comparar los niveles de desarrollo de los diferentes países y también para evaluar la evolución de cada país a lo largo del tiempo.

El IDH mide la salud por la esperanza de vida al nacer. La educación se evalúa en base a los años de escolarización de los adultos mayores de veinticinco años, junto con los años de escolarización previstos para los niños en edad escolar. Por último, el nivel de vida se calcula por la renta nacional bruta (RNB) per cápita, ajustada a la paridad del poder adquisitivo[35].

Para calcular el IDH, se asigna un valor entre 0 y 1 a cada una de las variables y se multiplican los resultados entre sí. El valor resultante del IDH oscila entre 0 y 1, siendo 1 el nivel más alto de desarrollo humano. Los países se clasifican en los informes en función de sus valores de IDH[36].

Quien acuñó el concepto de «desarrollo humano» y elaboró la fórmula del IDH fue el pakistaní Mahbub Ul Haq. En un texto titulado «Diez años de desarrollo humano»[37], Amartya Sen subraya la capacidad de Mahbub ul Haq para integrar una gran variedad de preocupaciones en sus formulaciones. El hecho de que Ul Haq no partiera de unos presupuestos inamovibles facilitó que adoptase un método participativo para la elaboración de los diferentes criterios e índices. Estaba abierto a cual-

35. La paridad del poder adquisitivo (PPA) es una medida que tiene en cuenta las diferencias de precios y costes de los bienes y servicios entre países, así como la paridad de las monedas. Permite calcular la cantidad de bienes y servicios que se puede comprar con una determinada divisa en cada país en concreto.

36. Hoy en día, los índices que publica el PNUD tienen en cuenta otras variables, como el género y la desigualdad. Junto a la clasificación de los países en base a su IDH, aparece en la siguiente columna el «IDH ajustado por la desigualdad». En ocasiones, la diferencia entre uno y otro valor es considerable y consiguientemente también es distinto el puesto que ocupa cada país en cada una de las dos columnas. Por ejemplo, España tiene un IDH de 0,905 en el informe de 2021-2022 y ocupa el puesto 27 en el *ranking*. Pero si se le aplica el ajuste por desigualdad, el índice desciende a 0,788 y nuestro país baja 12 puestos en la clasificación. Además del IDH y del IDH ajustado, los informes incluyen también un Índice de Desarrollo de Género, un Índice de Desigualdad de Género y un Índice de Pobreza Multidimensional.

37. «A decade of human development»: *Journal of Human Development*, 1 (2000), pp. 17-23. Amartya Sen conoció a Mahbub ul Haq en 1953 al poco de llegar a Cambridge, tal como cuenta en sus memorias: *Home in the world: A memoir*, Liveright Publishing, Nueva York, 2021, p. 264 (trad. cast.: *Un hogar en el mundo: Memorias*, Taurus, Madrid, 2021).

quier sugerencia: «si quiere que algo sea incluido, venga y explíquenos por qué»[38]. Esa es la representación de su carácter abierto, tal como lo caracteriza Sen en el artículo citado.

No sin cierta ironía, Sen atribuye en parte la disposición receptiva de Ul Haq a su impaciencia con las cuestiones teóricas. Ese fue un tema de discusión frecuente entre ellos después de que el pakistaní le reclutase para el objetivo de configurar un nuevo modelo de desarrollo «humano» en 1989. Sen estuvo vinculado a ese proyecto desde sus orígenes y participó activamente en la creación y elaboración de los Informes de Desarrollo Humano del PNUD.

5. DIMENSIONES POCO EXPLORADAS POR AMARTYA SEN

La amplia obra de Amartya Sen abarca un vasto abanico de temas, aunque no le ha sido posible ahondar por igual en todas las cuestiones relacionadas con el desarrollo. Sin embargo, esto no implica que las cuestiones que no ha explorado en profundidad no puedan abordarse utilizando sus planteamientos como base.

5.1. *Protesta y acción colectiva*

El enfoque de las capacidades elaborado por Amartya Sen constituye, como hemos visto, una respuesta a las preguntas «¿Qué es el desarrollo y cómo se evalúa?». La expansión de las capacidades, que no es otra cosa, para Sen, que el aumento de la libertad, debe ser considerada como el objetivo y la medida del desarrollo.

Sen se muestra especialmente preocupado por la desigualdad social y por las privaciones que sufren los más desfavorecidos. Pero no parece tener suficientemente en cuenta las estructuras y relaciones de poder que crean y sustentan esa desigualdad. La supresión de las privaciones que sufren las personas no va a ser algo que caiga del cielo. Quienes ostentan los privilegios en el seno de una sociedad no van a renunciar voluntariamente a ellos. La historia demuestra que los avances en materia de derechos y oportunidades han sido el resultado de luchas políticas llevadas a cabo por los más desfavorecidos.

Sen utiliza frecuentemente, a modo de idea regulativa, una visión de la realidad social como un conjunto de seres racionales en el sentido más profundo del término. Esos individuos que fundamentan y someten al

38. *Ibid.*, p. 22.

debate público sus planteamientos parece que debieran llegar a consensuar cuáles son las prioridades y el valor relativo de las diferentes capacidades. También habrían de reconocer que el desarrollo de las capacidades de los otros redunda en beneficio de uno mismo.

Sin embargo, las sociedades contemporáneas son inherentemente conflictivas. La globalización ha creado unas estructuras de dominio extraordinariamente poderosas para defender los privilegios de una exigua minoría. Por tanto, no puede eludirse que la acción política contestataria es y será necesaria para promover el desarrollo tal como Sen lo entiende. No se puede confiar únicamente en las políticas promovidas desde arriba por los gobiernos o en la ayuda internacional como motores del desarrollo. En definitiva, no puede obviarse que la expansión de las capacidades provocaría enfrentamientos y conflictos de forma inevitable.

Si la superación de las privaciones ha resultado históricamente de la lucha política y social, las capacidades relacionadas con el activismo social y político deberían ser tomadas en consideración en los análisis del desarrollo. Sin embargo, el enfoque de las capacidades, tal como Sen lo desglosa, no analiza de forma sistemática los mecanismos y la dinámica de la acción colectiva.

Los análisis del conflicto social llevados a cabo por un autor que ha dedicado toda la vida a su estudio, Sidney Tarrow, ponen de manifiesto la complejidad de los saberes y de los mecanismos organizativos necesarios para llevar a cabo una campaña de protesta exitosa[39]. En determinadas circunstancias se abren ventanas de oportunidad para la movilización social, pero es necesario saber aprovecharlas. Para ello es preciso que existan ya organizaciones que puedan sacar partido de la situación.

Tarrow subraya también la importancia del *framing*. Las campañas de protesta tienen que ser capaces de «encuadrar» los problemas ofreciendo una perspectiva diferente a la de los grupos dominantes. La actuación de la Plataforma de Afectadas por la Hipoteca (PAH) constituye, desde mi punto de vista, un ejemplo excelente de esta capacidad de *framing* alternativo. El discurso oficial español culpaba a las personas hipotecadas por su irresponsabilidad a la hora de contraer deudas insostenibles. La PAH mostró que los verdaderos irresponsables fueron los bancos. Estos actuaron impulsados por el afán especulativo que se produjo en el contexto de una burbuja inmobiliaria y por la posibilidad de trasladar los riesgos a terceros mediante la titulización de las hipotecas.

39. Sidney Tarrow, *Power in movement: Social movements and contentious politics*, Cambridge University Press, Cambridge, 1994 (hay varias ediciones posteriores revisadas y ampliadas, así como una traducción castellana).

Ni siquiera las campañas de protesta que han utilizado las redes sociales como mecanismo de movilización habrían sido posibles si no hubieran existido previamente organizaciones de base que las activasen. Los estudios que se han realizado en torno a la Primavera Árabe, el movimiento Occupy Wall Street o los indignados han puesto de manifiesto que la conectividad digital por sí sola no habría sido suficiente para generar y sustentar estas protestas. Las convocatorias que utilizaron los recursos de Internet cayeron sobre un terreno abonado por mucho tiempo de esfuerzo organizativo, de concienciación social y de activismo digital[40].

Todo esto no quiere decir, sin embargo, que las capacidades colectivas, el activismo político y la protesta no puedan incluirse en el enfoque de las capacidades. Este es intrínsecamente expansivo, pues incita continuamente a la búsqueda de nuevos factores que puedan incidir en el desarrollo de la libertad. Algún autor considera incluso que las dimensiones colectivas de la acción humana se encuentran implícitas en el análisis de Sen, aunque él no se haya ocupado de investigarlas sistemáticamente[41].

Todo el conjunto de saberes, facultades, experiencias o medios materiales que hacen posible el activismo social son elementos que tienen valor en sí mismos y no solo carácter instrumental. Forman parte de un conjunto de capacidades que hacen posible que las personas cooperen entre sí. También facilitan que los seres humanos puedan compartir con otros sus preocupaciones, deseos y objetivos. Ello les permite dialogar con los demás acerca de qué entienden por una vida que tienen razones para considerar como valiosa. Poder elegir ese tipo de vida es precisamente el objeto de la libertad que preconiza Amartya Sen.

En ese sentido, las capacidades «colectivas» deberían ser tenidas en cuenta a la hora de «medir» el desarrollo de un país. A igualdad de condiciones en todos los demás aspectos, una sociedad en la que existan tradiciones y condiciones de movilización social, especialmente entre los sectores subalternos, debería ser considerada más desarrollada. Ciertamente, sería preciso encontrar la información y los indicadores necesarios para calibrar estas capacidades. Pero, como ya vimos, la actitud de Sen en relación con los problemas de operacionalización de su enfoque es la de no renunciar al objetivo de obtener una base de información relevante lo más amplia posible. Si en el momento y las circunstancias

40. Engin Fahri Isin y Evelyn Sharon Ruppert, *Being digital citizens*, Rowman & Littlefield Publishers, Lanham, 2020, pp. 35-36.

41. Sobre esta cuestión véase Peter Evans, «Collective capabilities, culture, and Amartya Sen's Development as Freedom»: *Studies in Comparative International Development*, 37 (2002), pp. 54-60.

concretas en las que se realiza el estudio no es posible conseguir todos los datos necesarios, hay al menos que imaginar cuáles serían estos.

Un obstáculo añadido para la adecuada valoración de las capacidades relacionadas con la movilización social es que Sen generalmente sustenta una visión estrecha de la política, reduciéndola al ámbito institucional y al ejercicio de los derechos de ciudadanía. Sus remisiones al debate público como mecanismo para evaluar las diferentes capacidades y establecer prioridades resultan excesivamente abstractas. No tienen en cuenta las características de la esfera pública ni las relaciones de poder que la atraviesan.

Una excepción la constituye un libro muy crítico con el modelo de crecimiento que estaba siguiendo el Gobierno indio tras el cambio de siglo. Este texto fue publicado en 2013 y traducido al castellano al año siguiente[42]. En él, los autores se hacen eco del pensamiento de Bhimrao Ramji Ambedkar, uno de los padres de la Constitución india. Ambedkar había nacido en una comunidad dalit (es decir, un grupo de personas consideradas «intocables») y siempre luchó contra la discriminación que estos sufrían. Uno de los lemas de esta figura de la historia india, que Sen y Drèze recogen, era «educar, agitar y organizar». De esta frase se desprende que la agitación y la organización son necesarias para mantener viva la democracia, incluso en los regímenes que reconocen las libertades y los derechos políticos.

En otro apartado del texto, los autores señalan la necesidad de que florezcan los movimientos sociales para combatir la concentración de poder económico que está teniendo lugar en la India. También hacen referencia a la importancia de la acción de las mujeres en Bangladés como factor explicativo de que en ese país se hayan conseguido alcanzar mejores objetivos en materia de desarrollo humano que en la India. Por tanto, de la lectura de este libro parece desprenderse que Sen es perfectamente consciente de la importancia de la movilización y la acción colectiva, aunque no se haya dedicado a integrar estas capacidades de forma sistemática en su enfoque del desarrollo.

5.2. *«La sostenibilidad»*

Amartya Sen ha manifestado una preocupación durante toda su vida por las cuestiones ecológicas. Ya en los desarrollos iniciales del enfoque de

42. Jean Drèze y Amartya Sen, *An uncertain glory: India and its contradictions*, Princeton University Press, Princeton, 2013 (trad. cast.: *Una gloria incierta: India y sus contradicciones*, Taurus, Madrid, 2014).

las capacidades incluía entre estas la de disfrutar de un medio ambiente sano. Sin embargo, puede afirmarse también que Sen no ha dedicado igual atención al carácter sostenible del desarrollo que a otros de sus aspectos.

Amartya Sen ha centrado su trabajo principalmente en las dimensiones sociales y económicas del desarrollo, como la mitigación de la pobreza y la justicia social. Es verdad que, en los últimos años, el pensador indio ha insistido cada vez más en la importancia de incorporar las preocupaciones ambientales a las políticas de desarrollo. Pero en sus trabajos no ha tenido ocasión de desarrollar de forma detallada un enfoque integrado que comprendiese las exigencias sociales y económicas junto con las de carácter ecológico.

No obstante, en el texto de una conferencia que dictó el año 2000, Sen sí señaló algunas cuestiones de principio que servirían de orientación para integrar diversos aspectos y problemas del desarrollo sostenible en el enfoque de las capacidades[43]. En este escrito Sen es claramente consciente de que nos encontramos ante un problema de especie que tiene una dimensión global. Su preocupación va más allá de garantizar que las personas gocen de un medio ambiente adecuado en su entorno inmediato. Señala que nos enfrentamos a retos muy graves de distinto tipo y que se potencian entre sí: el crecimiento demográfico, la explosión del consumo material, la proliferación de residuos no biodegradables y —añadiríamos hoy en día—, el cambio climático y sus desastrosas consecuencias.

La humanidad ha alcanzado el poder de destruir la naturaleza, un poder que Hans Jonas identificaba como la fuente de nuestra responsabilidad moral en tanto especie[44]. El reconocimiento de que nuestro entorno se ha vuelto vulnerable frente a las fuerzas que los seres humanos hemos desarrollado hace que la propia vida humana esté en una situación precaria y su supervivencia en peligro.

Partiendo de la conciencia de que la crisis ecológica es un problema global que afecta a toda la especie, la tesis central del texto de Sen consiste en una modificación del enfoque de la sostenibilidad contenido en el Informe de la Comisión Bruntland de 1987. De acuerdo con este documento pionero, el desarrollo sostenible es el «que satisface las necesi-

43. «The ends and means of sustainability»: *Journal of Human development and Capabilities*, 14/1 (2013), pp. 6-20. Texto del discurso de apertura de la Conferencia Internacional sobre la Transición a la Sostenibilidad (del Panel Interacadémico sobre Cuestiones Internacionales), celebrada en Tokio el 15 de mayo de 2000.

44. *El principio de responsabilidad: ensayo de una ética para la civilización tecnológica*, Herder, Barcelona, 2014.

dades del presente sin comprometer la capacidad de las generaciones futuras para satisfacer sus propias necesidades»[45]. A esta formulación, Sen contrapone otra que afirma lo siguiente: «podemos ver el desarrollo sostenible como un desarrollo que fomenta las capacidades de las personas actuales sin comprometer las capacidades de las generaciones futuras». Como veremos a continuación, la sustitución de las «necesidades» por las «capacidades» tiene importantes consecuencias antropológicas, políticas y económicas.

Sen subraya la novedad del planteamiento del Informe Bruntland considerándolo como un hallazgo enormemente significativo. Este consiste en que el concepto de desarrollo sostenible debe incluir necesariamente la consideración de la justicia intergeneracional. Y el documento de 1987 no solo tiene el mérito de haber incluido a las generaciones futuras en el círculo de la justicia, sino el de haber sabido articular la consideración de la justicia intergeneracional con la preocupación por los pobres de cada generación.

La diferencia con el planteamiento del Informe Bruntland la plantea Sen formulando la siguiente pregunta: «¿Por qué esta preocupación exclusiva por las necesidades humanas, en lugar de, por ejemplo, por la libertad humana?»[46]. Esta cuestión tiene un trasfondo enormemente relevante. En un caso, los seres humanos son vistos como sujetos pasivos que tienen unas necesidades «objetivas» o identificadas desde arriba por los expertos. En el otro caso, las personas aparecen como agentes que pueden pensar, decidir y actuar por sí mismos. La concepción de los seres humanos como personas capaces de fundamentar sus decisiones constituye una garantía de que el desarrollo centrado en la libertad incluirá la satisfacción de las necesidades de las personas. Dicho de otro modo, permite sustentar la expectativa de que los seres humanos confieran una prioridad relativa a la satisfacción de lo que pueden considerarse sus necesidades básicas.

Desde la perspectiva de las generaciones futuras, el planteamiento de Sen encaja mejor con el enfoque de las capacidades. El fin último del desarrollo es que las personas puedan elegir el modo de vida que quieran según sus razones. Centrarnos en la protección de la libertad de las generaciones futuras parece un mejor medio para alcanzar este fin que encorsetar sus vidas en función de lo que nosotros consideremos como necesidades en el tiempo y lugar presentes.

45. World Commission on Environment and Development, *Our Common Future*, 1987, cap. 2, p. 1.

46. «The ends and means of sustainability», cit., p. 9.

6. EL ENFOQUE DE LAS CAPACIDADES EN LA AGENDA 2030

Como ya hemos visto, el enfoque de las capacidades se abrió camino en el marco de la ONU a través de los informes anuales sobre desarrollo humano del Programa de las Naciones Unidas para el Desarrollo iniciados en los años noventa. El concepto de «desarrollo humano» surgió como una perspectiva alternativa a la noción neoliberal de desarrollo esbozada en el Consenso de Washington. Desde entonces, la ONU ha incorporado el enfoque de las capacidades en todas las declaraciones significativas sobre el desarrollo y, en particular, en la formulación de los Objetivos de Desarrollo Sostenible incluidos en la Agenda 2030.

6.1. *La influencia del enfoque de las capacidades en los planteamientos generales de la Agenda*

En el texto de la Resolución que aprueba la Agenda[47] puede detectarse la influencia del enfoque de las capacidades. Al principio del documento, en los inicios del Preámbulo, se señala que uno de los principios que subyacen a la Agenda es un «concepto más amplio de la libertad». Este planteamiento está directamente relacionado con las tesis de Sen, quien concibe el desarrollo como libertad, y entiende que una persona es libre en la medida en que disponga de los medios y las oportunidades para elegir una vida que tenga razones para considerar como valiosa.

En la Resolución de la ONU se habla repetidamente de las «personas», de que sus planteamientos están «centrados en las personas» (puntos 2 y 7 de la Introducción) o de que tiene en cuenta las «condiciones de vida de todas las personas» (Preámbulo, punto 2). Eso se corresponde con el enfoque de Sen, que incita a una concreción creciente: hay que conocer cómo viven las personas su vida, qué es lo que sienten, y cómo las afecta concretamente su entorno social y material. Se trata de una postura opuesta a la de considerar a los «sujetos» como meros datos o fuentes de datos estadísticos. Es necesario aproximarse a sus vivencias reales y a sus circunstancias concretas.

El propio término «capacidad» o «capacidades» aparece varias veces en el documento. Se habla de que las personas puedan alcanzar la «plena realización de sus derechos y capacidades» (punto 25 de la Introducción), de la «creación de capacidad» (punto 32 de la Introducción), de la existencia de «diferentes realidades y capacidades» (punto 5 de la Introducción).

47. Se trata de la Resolución aprobada por la Asamblea General el 25 de septiembre de 2015: «Transformar nuestro mundo: la Agenda 2030 para el Desarrollo Sostenible».

En el texto de la Resolución, encontramos asimismo una serie de conceptos relacionados con el enfoque de las capacidades. Por ejemplo, se señala que es preciso que las personas «puedan realizar su potencial» y «disfrutar de una vida próspera y plena» (Preámbulo, punto 2), que «todas las formas de vida puedan prosperar» (punto 7 de la Introducción), que se adquieran los conocimientos y aptitudes necesarias para «aprovechar las oportunidades» (punto 25 de la Introducción), o que se pueda conseguir un trabajo «gratificante» (punto 27 de la Introducción).

Estas ideas están íntimamente relacionadas con la «vida buena», que es un componente fundamental de la ética de Sen. Si uno preguntase a Sen «Libertad ¿para qué?», la respuesta sería: «Para elegir razonadamente el tipo de vida que se quiere vivir». La idea de «vida plena» o de «trabajo gratificante» parecen hacer referencia a una vida rica, multidimensional y, sobre todo, elegida. La posibilidad de elegir el tipo de vida que se quiere llevar requiere que «todas las formas de vida puedan prosperar», es decir, que exista un abanico de posibilidades, una flexibilidad que no nos mantenga encorsetados en un destino predeterminado.

6.2. *La influencia del enfoque de las capacidades en la formulación de los Objetivos de Desarrollo Sostenible*

Más allá de su presencia en los documentos iniciales, la formulación de los Objetivos de Desarrollo Sostenible está evidentemente influida por el enfoque de las capacidades.

Los ODS abarcan muchas dimensiones que son fundamentales para la generación de capacidades. Los objetivos hacen hincapié en la importancia de proporcionar a las personas las oportunidades, los recursos y las libertades necesarios para desempeñar funciones valiosas y llevar una vida que tengan motivos para valorar. Subrayan la importancia de mejorar las capacidades y libertades de las personas en ámbitos como la reducción de la pobreza, la educación, la salud, la igualdad de género y las oportunidades económicas. Abordan, por consiguiente, varias dimensiones que coinciden con el concepto de capacidades desarrollado por Amartya Sen.

Así, el objetivo 1 (no a la pobreza) pretende erradicar la pobreza extrema y reducir todas las formas de pobreza, lo que se alinea con la capacidad de tener un nivel de vida adecuado y acceder a los recursos necesarios para el bienestar. El objetivo 2 (hambre cero) pretende acabar con el hambre, lograr la seguridad alimentaria y promover la agricultura sostenible, lo que se corresponde con la capacidad de tener acceso a alimentos nutritivos y suficientes. El objetivo 3 (buena salud y bienestar) pretende garantizar una vida sana y promover el bienestar para todos, lo que se corresponde con la capacidad de gozar de buena salud y tener acceso a la atención sanitaria. El objetivo 4 (educación de calidad) pretende garantizar una educación de calidad inclusiva y equitativa para todos, lo que se corresponde con la capacidad de ser educado y tener acceso a conocimientos y competencias. Y el objetivo 5 (igualdad de género) pretende empoderar a todas las mujeres y niñas, lo que se corresponde con la capacidad de tener igualdad de oportunidades y no sufrir discriminación.

La influencia del enfoque de las capacidades de Amartya Sen en la formulación de los ODS ha sido señalada por diversos autores. Valga como muestra la siguiente cita:

> Los Objetivos de Desarrollo del Milenio (ODM) ya superaron previamente la concepción mono-dimensional —«economicista»— apostando por otra más amplia de «desarrollo humano» basada en el enfoque de «capacidades» de Amartya Sen, y los ODS continúan esta (r)evolución[48].

De todo lo dicho se infiere que el enfoque de Amartya Sen proporciona un marco valioso para interpretar y aplicar los ODS al hacer hincapié en la importancia de las capacidades y libertades humanas en la consecución del desarrollo sostenible. Este planteamiento resulta útil para orientar las políticas e intervenciones que se esfuerzan por alcanzar los objetivos esbozados en la Agenda 2030. Al subrayar la importancia de potenciar las capacidades de las personas, el planteamiento de Sen quiere hacer posible que los individuos experimenten vidas más enriquecedoras y plenas.

48. Sergio Tezanos, «Agenda 2030 para el Desarrollo Sostenible: 7 riesgos, 7 oportunidades»: *Somos Iberoamérica. El portal de la cooperación iberoamericana*, 28.03.2017, p. 2.

EL CARÁCTER NORMATIVO DE LOS SISTEMAS DE MEDICIÓN DE LA POBREZA

Antonio Madrid Pérez

1. INTRODUCCIÓN

La lucha contra la pobreza y la exclusión social es un objetivo establecido a nivel internacional y a nivel estatal[1]. Los Estados, al asumir este objetivo, se comprometen a desarrollar políticas públicas que ayuden a erradicar la pobreza y la exclusión social. Para alcanzar este objetivo, los sistemas legales estatales han incorporado definiciones, sistemas de medición y evaluación de la pobreza e instrumentos de intervención pública. Como veremos, tanto a nivel internacional como a nivel estatal una

1. *Vid.*, por ejemplo, en el marco de la Agenda 2030 de la ONU, el Objetivo de Desarrollo Sostenible 1: «Poner fin a la pobreza en todas sus formas en todo el mundo», el ODS 2: «Poner fin al hambre», o el ODS 10: «Reducir la desigualdad en y entre los países», disponible en https://www.un.org/sustainabledevelopment/es/objetivos-de-desarrollo-sostenible/. En el marco del Consejo de Europa, la Carta Social Europea, en su art. 30, establece el derecho a la «protección contra la pobreza y la exclusión social». Para la UE, rige la Carta de los Derechos Fundamentales de la Unión Europea (Niza, 07.12.2000), cuyo art. 34 «Seguridad social y ayuda social», en su apartado 3 establece como objetivo combatir la exclusión y la pobreza; el mismo objetivo se asume en el Pilar Europeo de Derechos Sociales (Gotemburgo, 17.11.2017), que en su art. 14 establece el derecho a una renta mínima que garantice una vida digna a lo largo de todas las etapas de la vida para toda persona que carezca de recursos suficientes. Y como referente normativo español podemos mencionar la Ley 19/2021 por la que se establece el Ingreso Mínimo Vital, que en su art. 1 se expresa en estos términos: «La presente Ley tiene por objeto la creación y regulación del ingreso mínimo vital como prestación dirigida a prevenir el riesgo de pobreza y exclusión social de las personas que vivan solas o integradas en una unidad de convivencia, cuando se encuentren en una situación de vulnerabilidad por carecer de recursos económicos suficientes para la cobertura de sus necesidades básicas».

constelación de métricas, indicadores, bases de datos y modelos estadísticos son utilizados como fuentes de información en las que se apoya el diseño y la evaluación de las políticas públicas contra la pobreza.

Aquí se utiliza el término 'estadísticas' para hacer referencia a «la información cuantitativa y cualitativa, agregada y representativa que caracteriza un fenómeno colectivo en una población dada»[2]. Y con el término 'indicador' se alude a un dato o conjunto de datos que señalan una característica medible que se utiliza para explicar un fenómeno o evaluar la eficacia de una determinada intervención sobre ese fenómeno.

Si, como se mostrará, los sistemas de medición ocupan una posición estratégica en el diseño de las políticas públicas contra la pobreza, podemos preguntarnos hasta qué punto estos sistemas actúan como condicionantes regulatorios. Dos son las posiciones extremas que se pueden adoptar ante esta cuestión: decir que los sistemas determinan las políticas públicas o decir que los sistemas desempeñan una función consultiva. La postura intermedia sostendría que estos sistemas influyen, en mayor o menor grado, en las políticas públicas.

La tesis defendida en este texto es la siguiente: los sistemas de medición institucionalmente validados actúan como condicionantes regulatorios. Lo hacen al proporcionar datos estadísticos que son utilizados oficialmente para: *a*) fundamentar decisiones políticas sobre cómo actuar ante la pobreza; *b*) crear prestaciones en cuya regulación se tiene en cuenta la información estadística aportada por estos sistemas, y *c*) evaluar la eficacia de las políticas públicas.

Al explicar cómo actúan los sistemas de medición en tanto condicionantes regulatorios, hay que afrontar dos cuestiones previas que han de ser tenidas en cuenta: por una parte, los sistemas de medición utilizados oficialmente están sometidos a una regulación legal específica que presenta un alto nivel de especialización. Por otra parte, los sistemas de medición validados legalmente, además de ser instrumentos técnicos, expresan una concepción acerca de la pobreza.

Los sistemas de medición comparten una premisa y una finalidad. La premisa: podemos conocer la realidad mediante sistemas de medición. La finalidad: es posible mejorar las decisiones si las basamos en datos. El lema que se estaría aplicando en la utilización actual de sistemas de medición en el diseño de políticas públicas sería: pongamos cifras a la realidad.

La posición estratégica que ocupan los sistemas de medición se explica a partir de la racionalidad científica dominante en el mundo con-

2. Art. 3 del Reglamento (CE) 223/2009 del Parlamento Europeo y del Consejo relativo a la estadística europea. *Vid.* también los arts. 4 ss. de este mismo reglamento.

temporáneo. Esta racionalidad nos lleva a preguntar en qué datos se fundamenta una afirmación o en qué datos se basa una propuesta de actuación. Sería inadmisible hoy una política pública contra la pobreza que ignorase el número de personas que viven en pobreza o que no se preguntase acerca de las causas de la pobreza. Pero en ocasiones, la pregunta por los datos deja en la penumbra dos cuestiones que la preceden y sin las cuales no se podría hacer un buen uso de los datos: ¿qué se quiere medir? y ¿para qué se quiere medir? Estas preguntas son inseparables de un punto de partida como es qué concepción se tiene sobre la pobreza —y, en concreto, sobre sus causas— y, al mismo tiempo, qué se quiere hacer con la pobreza.

Las técnicas de medición han ido cambiando según lo hacían las premisas y los planteamientos desde los que se abordaba la pobreza[3]. Si echamos la mirada atrás, vemos que las preguntas sobre qué es la pobreza y qué hacer con la pobreza son dos de las grandes cuestiones de la filosofía moral, política, jurídica, y también de la economía y la sociología. Si nos situamos en las postrimerías del siglo XVIII y rastreamos a partir de ese momento los intentos por explicar la pobreza y ponerle fin, veremos la existencia de modelos explicativos muy dispares. Los modelos explicativos y propositivos de autores como Paine o Condorcet estuvieron alejados de los modelos propuestos por Smith, Malthus o Burke. Si los primeros perseguían la protección frente a los azares de la economía, los otros postulaban un incremento de la responsabilidad de la acción individual[4]. Si preguntáramos a estos autores qué deberíamos medir, cómo y por qué, las respuestas serían coherentes con su concepción de la pobreza y su idea acerca de qué responsabilidad tiene la persona en la pobreza que padece, y hasta qué punto hay que intervenir en los mecanismos económicos, políticos, jurídicos y culturales para acabar con la pobreza. En consecuencia, los sistemas de medición que se derivarían de estos modelos serían divergentes[5].

3. Bronislaw Geremek, *La piedad y la horca. Historia de la miseria y de la piedad en Europa*, Alianza, Madrid, 1989, p. 11.

4. *Vid.* Gareth Stedman Jones, *An End to Poverty? A Historical Debate*, Columbia University Press, Nueva York, 2004, y Juan Manuel Forte Monge y Núria Sánchez Madrid (coords.), *Precariedad, exclusión, marginalidad: una historia conceptual de la pobreza*, Prensas de la Universidad de Zaragoza, Zaragoza, 2022.

5. Puede consultarse en este libro el capítulo anterior, que Estévez Araújo dedica a la teoría de las capacidades de Amartya Sen. Para Sen, es de suma importancia elegir las variables del 'operacionar', es decir, cómo traducir su enfoque sobre la pobreza en categorías mensurables, y qué sistemas utilizar para medir y para expresar el significado de esas mediciones.

2. LA POBREZA: UN FENÓMENO COMPLEJO

Existe un amplio consenso acerca de que la pobreza abarca múltiples factores que pueden interactuar entre sí[6]. Hasta el momento, el Índice de Pobreza Multidimensional (IPM) utilizado por la ONU desde 2010 es el instrumento que a nivel internacional recoge la concepción dominante sobre las causas de la pobreza. Sin embargo, no existe una única definición de pobreza, ni una única metodología de análisis. Nos encontramos con múltiples teorías disponibles y la asunción de diversas metodologías de análisis y sistemas de medición por parte de las autoridades públicas[7].

No obstante, existe un consenso mayoritario sobre las nociones básicas utilizadas para analizar la pobreza. Se utiliza la expresión 'pobreza absoluta' para hacer referencia a la carencia de bienes y de servicios básicos. Al identificar la carencia de bienes y de servicios, se puede identificar la 'privación extrema' de los mismos. Otra forma de medir la pobreza consiste en comparar las posiciones que ocupan las personas dentro de una misma sociedad en el acceso a bienes y a servicios. Se trata de la 'pobreza relativa'. Esta mirada está presente en el análisis de las desigualdades.

La pobreza también se mide teniendo en cuenta el tiempo en el que la persona permanece en situación de pobreza. Se suele hablar de la pobreza vista de forma estática, en un momento temporal dado, o de forma dinámica, a través de un periodo de tiempo. Puede ocurrir que puntualmente una persona se halle en pobreza o que se mantenga en pobreza a lo largo de los años. Otro criterio que se utiliza para medir la pobreza pasa por tener en cuenta si a lo largo del tiempo las mismas personas permanecen en situación de pobreza o si unas personas salen de la pobreza y entran en ella otras nuevas.

Asimismo, se mide la pobreza al preguntar a las personas qué percepción tienen de su propia situación: si se sienten pobres, o si consideran que les faltan bienes y servicios que son necesarios. A esto se lo llama 'pobreza subjetiva'. Esta forma de hablar de la pobreza se suele comparar con la 'pobreza relativa', que, como se ha dicho, se refiere a la posición que unas personas ocupan respecto de la media de la sociedad en la que desarrollan su vida. Desde hace tiempo, la pobreza también es analizada

6. *Vid.* Sheldon H. Danziger y Robert H. Haveman (eds.), *Understanding Poverty*, Harvard University Press, Cambridge (MA), 2001, pp. 2-3.

7. Además de los índices oficiales utilizados por las autoridades públicas, se han creado otros índices con la intención de mejorar la medición de la pobreza. Entre otros, índice Sen, índice de Thon, índice de Foster, Greer y Thorbecke, índice de Hagenaars o las Curvas TIP de pobreza.

desde las variables que se dan en grupos a los que afecta especialmente la pobreza: origen, género o edad, por ejemplo[8].

Una forma de decir qué es la pobreza es identificar elementos cuantificables, como los ingresos, el nivel de gastos o el consumo. Esta forma de analizar la pobreza es habitual al ser más fácilmente accesibles los datos sobre salarios disponibles en un hogar, o los datos sobre las ayudas oficiales percibidas[9]. Otro punto de vista utilizado para analizar la pobreza consiste en dar prioridad a dos cuestiones: la falta de recursos necesarios y la incidencia que esta carencia de recursos tiene en la posibilidad de participar plenamente en la vida cotidiana que desarrolla la mayoría de los conciudadanos[10].

Si se piensa la pobreza desde la vida vivida por personas concretas, y se admite que el análisis de la pobreza ha de ser un análisis contextualizado, es decir, que hay que analizar los contextos en los que se produce la pobreza, se van a tener en cuenta factores como la renta disponible y la capacidad adquisitiva de esa renta, las condiciones laborales, la posición de la persona respecto de servicios sanitarios, de educación o de ayuda social, las redes familiares y de apoyo disponibles, entre otros. Y se va a analizar cómo estos factores, por separado o en su interacción, impactan en la vida de las personas.

Si pensamos la pobreza desde la relación entre personas que comparten un espacio social y territorial, el punto de mira lo situaremos no tanto en las rentas disponibles como en las desigualdades que se dan dentro de una misma población: «lo que importa es qué posición ocupamos, en relación con los demás, dentro de nuestra propia sociedad»[11]. La misma etimología de la palabra pobreza (producir poco, no ser fértil) requiere la existencia de un término de comparación.

El análisis y el relato de las condiciones de vida ha servido para denunciar la existencia de condiciones de vida inaceptables, y también ha

8. Silvina Ribotta, «Pobreza como decisión político-jurídica: pobreza como injusticia social», en C. Fernández Blanco y E. Pereira Fredes (eds.), *Derecho y pobreza*, Marcial Pons, Madrid, 2021, pp. 265-266.

9. Guillermo Fernández Maíllo, Lucía Martínez Virto, Jesús Pérez Mayo *et al.*, *¿Qué hacemos contra la pobreza?*, Akal, Madrid, 2014, pp. 11 ss. Para ver la evolución de los sistemas de medición de la pobreza y su influencia en el diseño de políticas públicas, *vid.* Gary Burtless y Timothy M. Smeeding, «The Level, Trend and Composition of Poverty», en Sh. H. Danziger y R. H. Haveman (eds.), *Understanding Poverty*, cit., pp. 27-68, espec. pp. 31-36.

10. Göran Therborn, *Los campos de exterminio de la desigualdad*, FCE, México D. F., 2015, p. 35.

11. Richard Wilkinson y Kate Pickett, *Desigualdad. Un análisis de la (in)felicidad colectiva*, Turner, Madrid, 2009, p. 43.

sido utilizado como elemento de crítica de las desigualdades sociales y de sus efectos negativos sobre la vida de las personas. Para que esta crítica sea posible, dos elementos se muestran esenciales: el sentimiento de injusticia ante la situación en la que vive una parte de la población y la existencia de una noción acerca de cuál es el nivel mínimo de bienestar vital del que han de poder disponer las personas.

Se suelen utilizar metáforas espaciales para hablar de los pobres. Los que quedan atrás son los pobres, y avanzan quienes no son pobres. La metáfora identificaría un grupo que avanza y otro grupo que queda rezagado. Esta metáfora también es equivalente a las que diferencian espacialmente entre: arriba y abajo, o dentro y fuera. Otras metáforas expresan clasificación social y son utilizadas con esta finalidad: lo limpio y lo sucio, por ejemplo. Cuando se dice de una sociedad que es pobre, o de un grupo social que vive en condiciones de pobreza, se utiliza, aunque sea sin traerla a la vista, la situación en la que vive otro grupo social. Se compara. Y al hacerlo, tanto se puede hacer referencia a cómo se analiza la realidad social, como a cómo debería ser esa realidad social.

3. LOS ESFUERZOS POR MEDIR LA POBREZA

Al aplicar un sistema de medición, el sistema arroja información que puede ser utilizada para diseñar políticas públicas. También puede ser desatendida o se puede cambiar el sistema de medición para ajustar los resultados al resultado esperado[12]. Esto no es nuevo. La disponibilidad de datos e informes no deriva necesariamente en el desarrollo de políticas eficaces. Conocer la realidad o parte de la realidad no asegura que se quiera cambiar.

Friedrich Engels, al publicar su trabajo sobre *La situación de la clase obrera en Inglaterra* (1845), utilizó numerosas estadísticas para fundamentar su análisis. Su texto se puede tomar como una recopilación de los informes estadísticos oficiales y de los informes elaborados por comités de diverso orden sobre cuestiones como: las condiciones de las viviendas habitadas por los obreros, la densidad demográfica de los barrios obre-

12. Con frecuencia, las políticas públicas contra la pobreza no tienen en cuenta los resultados de los diagnósticos y evaluaciones, de forma que se fundamentan en criterios de actuación de dudosa consistencia. *Vid.* Denis Cogneau, Michael Grimm y Anne Sophie Robililard, «Evaluating porverty reductions policies. The contribution of micro-simulation techniques», en J. P. Cling, M. Razafindrakoto y F. Roubaud (eds.), *New International Poverty Reduction Strategies*, Routledge Books, Londres, 2003, pp. 340-370.

ros, el número de habitantes por casa, la mortalidad infantil o las tasas de delincuencia y los niveles de instrucción escolar de las personas condenadas. Sin embargo, Engels, al presentar su informe, criticaba la hipocresía imperante en la realización de informes encargados a comisiones de investigación, informes voluminosos que «están condenados al sueño eterno entre el montón de papeles de las estanterías del Ministerio del Interior»[13]. De esta forma, y como desarrolla en su informe, vendría a decir: no faltan datos que nos muestren las malas condiciones de vida de los obreros, falta la identificación de las causas de los problemas que atender y la voluntad de ponerles remedio.

Si pensamos en luchas y transformaciones históricas, como han sido la prohibición de la esclavitud, las mejoras en las condiciones de vida de los trabajadores en una parte del mundo o los avances alcanzados en la igualdad de las mujeres, vemos que el punto de partida ha sido la voluntad poliédrica de enfrentar situaciones que fueron y son percibidas como injustas. Los datos y las estadísticas ayudaron y ayudan a avanzar en estas luchas, pero no son su motor. Son cuantiosos los ejemplos que en este sentido podemos encontrar en la historia del pensamiento.

Veamos un ejemplo acerca de la relación entre lo que queremos ver, lo que medimos y el uso que hacemos de lo que medimos. Thomas Paine (1737-1809) fue uno de los pensadores que más influyó en la Revolución americana y en la Revolución francesa. Defendió el derecho a la independencia de las colonias norteamericanas frente al Imperio británico. También se posicionó contra la esclavitud. Sin embargo, no tuvo en cuenta a la población esclava, tampoco a las sirvientas y a las mujeres como sujetos que debían tener derechos[14]. Esta postura no se fundamentaba en la ausencia de datos. Los datos no se generaron porque no interesaban y porque no había una voluntad transformadora vinculada a esos datos.

Algunos de los datos aportados por Engels, en concreto los referidos a la migración irlandesa en Inglaterra, fueron aprovechados por Benjamin Seebohm Rowntree en un estudio de 1899 sobre la pobreza en la ciudad de York. En la introducción a este primer estudio, de los tres importantes que realizó sobre la pobreza entre los trabajadores asalariados, Seebohm Rowntree explica que en su investigación ha intentado superar las limitaciones metodológicas de los estudios anteriores que eran de dudosa utilidad. Se pregunta cuál era la verdadera medición de la pobreza en York y cuáles son las verdaderas causas de la pobreza.

13. *La situación de la clase obrera en Inglaterra*, Akal, Madrid, 2020, p. 2.

14. Thomas Paine, *Sentit comú i altres escrits polítics*, Institut d'estudis de l'autogovern, Barcelona, 2023, introd. a cargo de Ramón Cotarelo, p. 17.

Para realizar su estudio, Rowntree tomó datos de 11560 familias que vivían en 388 calles, alcanzado una población de 46754 personas, sobre un total de 75812 personas que formaban la población estimada de York en 1889[15]. Las principales variables que utilizó para medir la pobreza fueron la disponibilidad de alimentos, la renta y la obtención de otros artículos como ropas o combustible para la casa. Comparados con los estándares contemporáneos, esta investigación queda lejos de la complejidad de los sistemas utilizados actualmente, y, sin embargo, la mirada que transmite y la metodología de análisis que usa son contemporáneas.

En los años sesenta del siglo XX, con motivo de la campaña contra la pobreza que se puso en marcha en Estados Unidos, el economista Robert J. Lampman, especializado en el estudio de la pobreza y en la distribución de la riqueza, planteó que, al diseñar políticas públicas contra la pobreza, había que partir de una concepción multicausal que atendiera a factores externos que afectaban a las personas. Factores como las enfermedades, las discapacidades, los problemas familiares, el desempleo, las discriminaciones basadas en la raza o la clase social.

En 1997, la ONU dio a conocer el Índice de Pobreza Humana. Este índice estaba basado en parámetros estadísticos que tenían como objetivo mejorar el nivel de vida de las poblaciones a escala mundial. Para conseguir este objetivo, era necesario cuantificar algunas variables que se consideraron esenciales. Este índice de pobreza complementaba el sistema que se utilizaba con anterioridad para analizar el nivel de desarrollo: el Índice de Desarrollo Humano elaborado desde el Programa de las Naciones Unidas para el Desarrollo Humano, dado a conocer en 1990.

En 2002, el Banco Mundial y el Fondo Monetario Internacional publicaron la revisión que habían elaborado conjuntamente sobre su estrategia de lucha contra la pobreza, dada a conocer en 1999[16]. Entre las herramientas que se impulsaron se señaló la necesidad de mejorar el diagnóstico, los objetivos, los indicadores de la pobreza, y el seguimiento y evaluación. Para hacerlo posible, se dice en esta revisión, es necesario mejorar los datos disponibles, y mantener a lo largo del tiempo las metodologías de análisis y evaluación de la pobreza[17].

15. *Poverty: A Study of Town Life*, MacMillan, Londres [1901], pp. V y VI y p. 9, respectivamente, disponible en https://wellcomecollection.org/works/cv2ekdg7.

16. Banco Mundial y Fondo Monetario Internacional, *Review of the Poverty Reduction Strategy Paper (PRSP) Approach: Main Findings*, 2002, disponible en https://www.imf.org/external/np/prspgen/review/2002/031502a.pdf.

17. *Ibid.*, pp. 11 ss. Para una crítica sobre la metodología utilizada por el Banco Mundial, *vid.* Richard Anker, «A new methodology for estimating internationally comparable poverty lines and living wage rates», Working Paper n.º 72, OIT, 2006. A juicio de Anker,

Años después, en 2010, la ONU presentó el Índice de Pobreza Multidimensional[18], que es el sistema de medición que se utiliza actualmente. Este índice trata de superar lo que se considera que es una simplificación excesiva al ordenar a los países, incluso a los hogares, en un eje pobres-ricos. El modelo general utiliza diez indicadores que se organizan en tres grupos: 1. Educación (años de escolarización y niños escolarizados); 2. Asistencia sanitaria y salud (mortalidad infantil y desnutrición); y 3. Calidad de vida (electricidad, saneamiento, agua potable, suelo del hogar, combustible para cocinar, y bienes como radio, televisión, bicicleta o moto). A cada uno de los tres grupos de indicadores se le da un valor ponderado. Los dos primeros tienen un valor de 1/6 y el tercer grupo un valor de 1/18[19]. Según el diseño del IPM, una persona es pobre si sufre privaciones en al menos un tercio de los indicadores ponderados del Índice[20].

Al observar con algo de detenimiento la configuración de un sistema de medición como el IPM, enseguida se percibe su complejidad. Pese a esta complejidad, el sistema arroja cifras simples que representan estadísticamente la pobreza. Fijémonos en el contenido dado al siguiente indicador: la privación de una vivienda adecuada. La instrucción establecida en el sistema de medición para recabar el dato sobre la vivienda es la siguiente: «El hogar cuenta con materiales de vivienda inadecuados en cualquiera de los tres componentes: piso, techo o paredes». Es decir, se evalúa cómo es la vivienda en la que se encuentra la persona que es encuestada. Para establecer cuándo se está ante 'materiales de vivienda inadecuados', se sigue este criterio:

la metodología utilizada por el Banco Mundial al analizar la pobreza es insatisfactoria por ser poco transparente, difícil de entender, cara de aplicar y basarse en indicadores que son inadecuados para entender la pobreza en un país (*vid.* pp. IX-XI).

18. Para la explicación del IPM: https://hdr.undp.org/content/2019-global-multidimensional-poverty-index-mpi. Para 2023 puede verse *Global Multidimensional Poverty Index 2023. Unstacking global poverty: Data for high-impact action*, UNPD-OPHI, 2022, disponible en https://hdr.undp.org/system/files/documents/hdp-document/2023mpireporten.pdf.

19. Sobre las características metodológicas de este indicador: Sabina Alkire, Usha Kanagaratnam y Nicolai Suppa, «The Global Multidimensional Poverty Index (MPI) 2023. Country Results and Methodological Note», en OPHI, *MPI Methodological*, Note 55, Oxford Poverty and Human Development Initiative, University of Oxford, UK. Los programas estadísticos estatales que se han utilizado para calcular el IPM pueden consultarse en https://hdr.undp.org/mpi-statistical-programmes. El principal sistema utilizado a nivel mundial es la herramienta *mpitb*, que se ha desarrollado dentro del sistema estadístico Stata: *vid.* Nicolai Suppa, «'mpitb': A toolbox for multidimensional poverty indices»: *The Stata Journal*, 23/3 (2023), pp. 625-657.

20. *Vid.*, por ejemplo, «The Global Multidimensional...», cit., p. 4.

Privado si el piso está hecho de materiales naturales (barro/arcilla/tierra, arena o estiércol) o si la vivienda no tiene techo ni paredes o si el techo o las paredes están construidos con materiales naturales o rudimentarios, como cartón, plástico/polietileno, láminas, bambú con barro/piedra con barro, piedras sueltas, adobe descubierto, madera en bruto/reutilizada, madera contrachapada, cartón, ladrillo sin quemar o lona/carpa. La definición de materiales naturales y rudimentarios sigue la clasificación utilizada en los cuestionarios DHS o MICS[21] específicos de cada país.

Vemos como, en este caso concreto, la elaboración de la información deriva de un proceso de observación y valoración que se expresa, de forma limitada, en un dato. A primera vista, el dato traduce la complejidad tanto de lo que se quiere analizar como de la captación de la información. Las limitaciones del dato pueden originarse en la variabilidad apreciativa del entrevistador o del observante, en la dificultad en el acceso a las viviendas y a los propios barrios, o en los matices que pueden aparecer cuando la realidad evaluada no se ajuste perfectamente a los estándares de evaluación establecidos. Por ejemplo, una chabola que haya sido construida a partir de diversos materiales.

Los sistemas utilizados oficialmente se centran en datos conseguidos a partir de los hogares. Esta metodología hace que, a no ser que se hagan investigaciones específicamente adaptadas, no se disponga de datos acerca de personas que viven en la calle o personas que viven en instituciones. También puede ocurrir, en función de cuál sea el espacio social en el que se pone la mirada, que los criterios de medición, como los basados en ingresos, dejen en la sombra, por ejemplo, a personas mayores y a personas con discapacidades físicas o mentales, que suelen estar entre las más desatendidas y las más infrarrepresentadas en los sistemas de medición de la pobreza[22].

Una de las dificultades con la que topan los sistemas de medición es la dificultad en la obtención de los datos. El informe de 2023 sobre Pobreza Global Multidimensional señala la falta de datos sobre 110 países como una de las dificultades existentes para elaborar el IPM. De forma que se afirma: *Unfortunately, the 'Data Revolution' seems to be leaving multidimensional poverty data behind*[23].

21. DHS: *Demographic and Health Surveys*; MICS: *Multiple Indicator Cluster Surveys* (N. del original).

22. Amartya Sen, *La idea de la justicia*, Taurus, Madrid, 2010, pp. 284 y 288.

23. OPHI, *Global Multidimensional Poverty Index 2023*, cit., p. 3 («Desafortunadamente la 'revolución de los datos' parece estar dejando atrás los datos de pobreza multidimensional»).

Además de los problemas en la obtención de datos, otra cuestión que atender es la falta de fiabilidad en los datos obtenidos. Destaca el error de muestreo, que se dará cuando se hacen afirmaciones generales sobre la pobreza en una región o un país a partir de una muestra que resulta insuficiente; se pueden dar también errores de medición como puede ser la imprecisión de los datos; otro error en la fiabilidad de los datos se da al establecer arbitrariamente equivalencias entre las necesidades de los hogares sin atender a sus diferencias; y también puede afectar a la fiabilidad de los datos la incertidumbre o la arbitrariedad al establecer las delimitaciones conceptuales de las nociones de pobreza, pobreza severa o riesgo de pobreza, por ejemplo[24].

En la UE se utiliza el Sistema AROPE (*At-Risk-Of Poverty and Exclusion*)[25] para monitorear la pobreza y la exclusión social. En este modelo, los factores utilizados para explicar la pobreza y la exclusión son: los bajos ingresos, las situaciones de privación material severa o la baja actividad laboral. Estos factores se combinan con otros elementos que inciden en la reproducción y/o el incremento de desigualdades: el género, el país de origen, la edad, el nivel educativo, el grado de diversidad funcional, el tipo de hogar o la zona residencial[26].

4. LOS SISTEMAS DE MEDICIÓN DE LA POBREZA COMO CONDICIONANTES REGULATORIOS

La principal cuestión que se plantea en este apartado es si los sistemas de medición adoptados por el poder legislativo y el poder ejecutivo condicionan su intervención legal. La tesis que se defiende en este texto es que cualquier sistema de medición que sea validado por las autoridades legislativas y ejecutivas tiende a condicionar el contenido de sus disposiciones normativas porque: *a*) traducen una concepción acerca de las causas de la pobreza; *b*) ofrecen una información que es utilizada para diseñar y evaluar las políticas públicas contra la pobreza, y *c*) contribuyen a confi-

24. Jonathan Haughton y Shahidur R. Khandker, *Handbook on Poverty and Inequality*, The World Bank, Washington D. C., 2009. *Vid.* cap. 1: «What is Poverty and why Measure it?», pp. 83 ss., disponible en https://documents1.worldbank.org/curated/en/488081468157174849/pdf/483380PUB0Pove101OFFICIAL0USE0ONLY1.pdf.

25. Para una explicación inicial sobre la configuración de este indicador: Instituto Nacional de Estadística, «Riesgo de pobreza y/o exclusión social (estrategia Europa 2020). Indicador AROPE», 2019, disponible en: www.ine.es.

26. Eurostat, «Poverty and social exclusion in UE», 2019, disponible en: https://ec.europa.eu/eurostat/.

gurar socialmente la mirada acerca de qué es la pobreza, cómo se origina y cómo ha de ser combatida.

Entre las regulaciones orientadas a prevenir y luchar contra la pobreza y los sistemas de medición se genera una interacción dinámica. Los sistemas de medición son herramientas más o menos complejas que se diseñan con la intención de diagnosticar realidades. Para diseñar estas herramientas, se hace necesario establecer qué es lo que se quiere analizar, qué datos hay disponibles —y, en su caso, cómo se van a obtener— y qué relaciones existen entre los datos.

Un dato o un conjunto de datos no se explica por sí mismo. Podemos tener ante los ojos un dato, o un hecho medible y traducible en forma de dato y no saber para qué nos sirve. También puede suceder, y es lo más habitual, que se tome consciencia de una situación que es considerada inaceptable, o a la que se quiere poner remedio, y al orientar el trabajo en esa dirección se busque cómo analizar los factores que causan el problema y sobre qué factores se tendría que actuar para revertir esa situación.

Esta correlación dinámica entre explicar y medir, y medir y explicar, ocupa una posición estratégica dada la relevancia que se le da a los datos. Hace tiempo que se ha advertido sobre el riesgo de confundir la abundancia de datos con su capacidad explicativa, y cómo los datos que elijamos pueden condicionar la visión que tenemos del mundo[27]. Los datos son utilizados como elementos informativos y, al mismo tiempo, como focalizadores de cuál es la información relevante para comprender una situación. Si, por ejemplo, un sistema de medición utiliza datos sobre el nivel de estudios de los progenitores como variable genealógica de la pobreza, además de ofrecer este dato, subraya que el nivel de estudios de los progenitores es importante para explicar la pobreza.

Los datos seleccionados son utilizados, de forma agregada o desagregada, para crear indicadores. Los indicadores ocupan actualmente una posición estratégica en los sistemas de medición y evaluación. Como se ha dicho al principio, un indicador es un dato o conjunto de datos que señalan una característica medible que se utiliza para explicar un fenómeno o evaluar la eficacia de una determinada intervención sobre ese fenómeno[28]. Un indicador aplicado a una persona o a un grupo familiar

27. «*Swimming in apparent data wealth, we run the risk of drowning in numbers*», en Cas Mudde y Andreas Schedler, «Introduction: Rational Data Choice»: *Political Research Quarterly*, 63/2 (2010), pp. 411-412.

28. Por ejemplo, puede consultarse la base de datos del Banco Mundial: http://data.worldbank.org. Esta base de datos engloba 85 bases de datos que ofrecen información sobre 266 países.

puede ser la renta disponible, el nivel de estudios alcanzado, el tipo de vivienda en el que reside, la posibilidad de mantener su vivienda caliente, si la vivienda es de propiedad o de alquiler, y muchos otros indicadores cuantitativos que han sido diseñados para poder analizar aspectos concretos de la vida de las personas.

Tanto el sistema IPM como el sistema AROPE se estructuran en indicadores. Las directrices establecidas a nivel de la UE para elaborar los sistemas con los que se evalúan las políticas públicas han establecido los siguientes criterios metodológicos en cuanto al diseño de un buen indicador: *a*) Debe captar la esencia del problema y tener una interpretación normativa clara y aceptada; *b*) Debe ser sólido y estar validado estadísticamente; *c*) Ha de proporcionar un nivel suficiente de comparabilidad entre países, en la medida de lo posible utilizando definiciones y estándares de recopilación de datos aplicados internacionalmente; *d*) Debería basarse en los datos subyacentes disponibles y ser oportuno y susceptible de revisión; *e*) Debe responder a las intervenciones políticas pero no estar sujeto a manipulación[29].

4.1. *Lo que no se mide difícilmente es tenido en cuenta*

Es evidente que la afirmación según la cual «Lo que no se mide difícilmente es tenido en cuenta» es exagerada, pero tal vez no lo sea tanto como pueda parecer si analizamos qué papel juegan los sistemas de medición en nuestro mundo contemporáneo. Los sistemas de medición y evaluación que son validados institucionalmente por las autoridades gubernamentales se convierten en la fuente *mainstream* de análisis. Lo que no miden estos sistemas, ya sea por la selección hecha al diseñar el sistema o por la imposibilidad de obtener determinados datos, queda fuera de la corriente dominante de análisis. No es solo que en términos del modelo de medición no exista una determinada variable, sino que tampoco existe como factor tenido en cuenta en la fundamentación teórica del sistema de medición. Es decir, como no se ve, o se considera que no tiene suficiente relevancia, no se mide. Y, por tanto, la inexistencia de medición contribuye al ocultamiento de ese factor.

Los sistemas de medición son herramientas que utilizamos para alcanzar objetivos. En ocasiones, los errores de medición son garrafales, y

29. Social Protection Committee-European Union, «Indicators Sub-group, Portfolio of EU Social Indicators for the Monitoring of Progress Towards the UE Objectives for Social Protection and Social Inclusion», Oficina de Publicaciones de la UE, Luxemburgo, 2022, p. 10, disponible en: https://ec.europa.eu/social/.

hasta absurdos, como ocurrió en 1999 con la sonda Mars Climate Orbiter. Tras meses de viaje, y una gran cantidad de dinero invertido, la sonda se estrelló contra Marte. El motivo, o por lo menos uno de los motivos, fue que se utilizaban dos sistemas de medición para guiar la sonda: el anglosajón y el métrico. Y alguien se olvidó de hacer las conversiones oportunas entre los dos sistemas.

En el ámbito de la medición de la pobreza no encontramos ejemplos tan llamativos. No obstante, los sistemas de medición cumplen importantes funciones: transmiten una comprensión acerca de las causas y los efectos de la pobreza, nos informan acerca de cuántas personas son pobres, señalan qué personas y por qué razones se hallan en riesgo de pobreza. A estas funciones, que se combinan entre sí, se une otra función que está directamente relacionada con la consideración de los sistemas como condicionantes regulatorios: los poderes públicos utilizan la información derivada de los sistemas de medición para diseñar políticas públicas.

Haughton y Khandker señalan cuatro razones para medir la pobreza: mantener a los pobres en la agenda; ser capaces de identificar a los pobres y así poder elaborar políticas dirigidas a ellos; monitorear y evaluar proyectos e intervenciones políticas; y evaluar la eficacia de las instituciones cuyo objetivo es ayudar a los pobres[30]. Sin duda que son motivos que han de ser atendidos como una parte importante en los programas de lucha contra la pobreza.

Veamos cómo inciden los sistemas de medición oficiales en el diseño regulatorio del ingreso mínimo vital introducido en España mediante la Ley 19/2021. En el Preámbulo de esta ley se exponen cuáles son los datos que, junto con la decisión política de luchar contra la pobreza, justifican la creación del derecho a percibir el ingreso mínimo vital. Para documentar la desigualdad existente en España, se recurre al coeficiente de Gini elaborado a partir de los datos que proporciona la Oficina Europea de Estadística (Eurostat). Según este coeficiente, por el que se mide la desigualdad de ingresos en un país, y según los datos seleccionados para alimentar este coeficiente, España es uno de los países de la UE con mayor índice de desigualdad. La regulación del ingreso mínimo vital también se fundamenta en los datos que ofrece el Instituto Nacional de Estadística (INE) y Eurostat sobre el porcentaje de personas que viven en riesgo de pobreza. Así, la Ley 19/2021 recoge los resultados de la Encuesta de Condiciones de Vida que elabora el INE: el 26 % de los niños de menos de dieciséis años viven en hogares con ingresos inferiores al

30. *Handbook on Poverty and Inequality*, cit., pp. 1 ss.

umbral de la pobreza, y esta situación se agrava en los hogares monoparentales.

En España, a nivel autonómico, la Administración vasca es un buen ejemplo del esfuerzo por introducir las herramientas de análisis en los procesos legislativos. Por ejemplo, la normativa por la que se regula el Sistema Vasco de Garantía de Ingresos y para la Inclusión incorpora como fundamento los estudios realizados por el Instituto Vasco de Estadística sobre las características de los hogares en Euskadi y las proyecciones para 2035[31]. Como veremos más adelante, la tendencia a utilizar sistemas estadísticos como fuentes de información y de justificación de opciones regulatorias se enmarca en el proceso de racionalización de la actividad legislativa impulsada desde la UE.

4.2. *No basta con tener datos*

El uso de sistemas de medición ha contribuido a mejorar nuestro conocimiento sobre la pobreza. Sin embargo, los esfuerzos por paliar y erradicar la pobreza se enfrentan a una limitación en la capacidad de análisis que hasta el momento presentan estos sistemas y, junto a esto, a una limitación política: el conocimiento sobre una realidad no es equiparable a la voluntad de transformar esa realidad. El conocimiento de la pobreza es un requisito de la prevención y erradicación de la pobreza, pero la medición no conduce directamente al diseño y la aplicación de políticas públicas contra la pobreza.

Estudiosos de la pobreza y de la distribución de la riqueza han puesto de manifiesto la relación existente entre la forma en que adquirimos conocimiento y el posicionamiento sobre la pobreza. Gary Fields, economista especializado en la evolución de las relaciones laborales, hace un llamamiento a 'ponerse en los zapatos de los otros'. Los 'otros', en este caso, serían los 3000 millones de trabajadores pobres del mundo[32]. Este ponerse en la posición del otro, hasta donde es posible hacerlo, es abordada por Amartya Sen desde una perspectiva complementaria que enfoca directamente a cómo se configura nuestro conocimiento:

> Lo que podemos ver no es independiente de dónde estamos en relación con lo que tratamos de ver. Y esto a su vez puede influir en nuestras creencias, nuestro entendimiento y nuestras decisiones[33].

31. Ley 14/2022, del Sistema Vasco de Garantía de Ingresos y para la Inclusión.
32. Gary Fields, *Working Hard, Working Poor: A Global Journey*, Oxford University Press, Oxford, 2011, p. 7.
33. *La idea de la justicia*, cit., p. 186.

Sen, cuyas aportaciones sobre la compresión y medición de la pobreza y las desigualdades han sido centrales en la segunda mitad del siglo XX, explica en sus *Memorias* qué es lo que le llevó a dedicar buena parte de su vida al estudio y la lucha contra la pobreza: «la pesadilla de la hambruna bengalí despertó en mí la determinación de hacer todo lo que estuviese en mi mano para evitar que volviese a producirse algo semejante»[34]. Lo que nos dice Sen en sus memorias es relevante. En una época como la actual en la que parecería que los sistemas de medición expresan una racionalidad científica ajena a los posicionamientos morales y políticos, Sen recuerda qué le llevó a dedicar su vida a tratar de prevenir y actuar contra la pobreza. Nos dice que el factor determinante fue cómo él se posicionó moralmente ante un acontecimiento dramático como fue la muerte de 3 millones de personas con motivo de la hambruna en Bengala durante los años 1943 y 1944. La vivencia de estos hechos, y la conciencia moral sobre los mismos, le llevaron a comprometerse en la prevención y la erradicación de la pobreza.

La evolución que han experimentado los principales sistemas de medición de la pobreza expresa un continuado proceso de revisión y de discusión en torno al diseño de los indicadores utilizados, y también acerca de las limitaciones de estos sistemas. El reto está en dotarnos de los mejores sistemas que permitan explicar la compleja realidad de la pobreza. Tener los mejores datos posibles y los mejores análisis posibles. Ahora bien, el dato no puede clausurar la explicación de la realidad ni de su transformación. Cualquier persona entiende que la explicación de su propia vida es más que el encadenamiento de datos, por más que podamos escribir una biografía a partir de datos. En este sentido, además de los esfuerzos por conseguir datos como forma de visibilizar una realidad y poder analizar los impactos de las políticas para transformarla, hace décadas que se ha criticado el silenciamiento que se ejerce sobre las voces de las personas pobres. La tendencia sigue siendo hablar por ellas. Autores y autoras como Sen, Nussbaum o Ackerly han incorporado esta cuestión esencial en sus trabajos[35]. Pese a ello, y sin olvidar los avances que se han dado, sigue pendiente la tarea de hacer posible que las personas sean escuchadas en sus propias vivencias y en sus reclamaciones. Por este motivo, colectivos y entidades rechazan el extractivismo de datos o de información, consistente en que algunos académicos y académicas se benefician de información facilitada por los

34. *Un hogar en el mundo. Memorias*, Taurus, Madrid, 2021, p. 150.

35. *Vid.* Susan Moller Okin, «Poverty, Well-Being, and Gender: What Counts, Who's Heard?»: *Philosohpy and Public Affairs*, 31/3 (2003), pp. 280-316, espec. pp. 288 ss.

colectivos para escribir artículos y hacer méritos académicos, pero no para transformar la realidad de las personas a partir de las necesidades y prioridades establecidas por ellas mismas. Se criticaría de esta forma un instrumento de explotación que se puede expresar con estas palabras: «todo por los pobres y los excluidos, pero sin los pobres ni los excluidos».

5. LA REGULACIÓN DE LOS SISTEMAS ESTADÍSTICOS COMO INSTRUMENTOS AL SERVICIO DE LA MEJORA DE LA ACTIVIDAD LEGISLATIVA

El proceso de mejora en la racionalización de la labor legislativa se ha visto fuertemente impulsado en las dos últimas décadas[36], especialmente con la creación del Sistema Estadístico Europeo (SEE)[37]. Esta decisión política ha llevado a utilizar cada vez más sistemas de medición y de evaluación basados en indicadores, en sistemas estadísticos y en sistemas mediante los que se hacen proyecciones[38]. La evaluación de las políticas públicas es una cuestión estratégica tanto en la racionalización de la actividad gubernamental como en la lucha contra la pobreza[39]. De hecho, los países miembros tienen la obligación de cumplir los principios estadísticos y los criterios de calidad establecidos en las normas comunitarias[40]. El SEE, como el de los sistemas estatales armonizados, está regulado por disposiciones normativas que validan legal-

36. *Vid.*, por ejemplo, Comisión Europea, *Impact Assessment Guidelines*, SEC(2009) 92, 2009, disponible en https://ec.europa.eu/smart-regulation/impact/commission_guidelines/docs/iag_2009_en.pdf. El documento se suma a otros anteriores y posteriores que expresan la voluntad de desarrollar modelos de evaluación de impacto que ayuden a mejorar la actividad legislativa y la evaluación de las políticas impulsadas desde la UE, no a sustituir la toma de la decisión política.

37. Reglamento (CE) 223/2009 del Parlamento Europeo y del Consejo relativo a la estadística europea, arts. 4 ss. En el art. 3 de este reglamento se define el término «estadísticas» como «la información cuantitativa y cualitativa, agregada y representativa que caracteriza un fenómeno colectivo en una población dada».

38. En estadística, una 'proyección' es una estimación que se realiza en un contexto de incertidumbre. En esta estimación, la modificación de las variables puede influir en el resultado futuro. A diferencia de las proyecciones, en las 'predicciones' la estimación se basa en hechos conocidos y en que la modificación de las variables no influirá en el resultado futuro objeto de la predicción.

39. Martin Ravallion, «Evaluating Anti-Poverty Programs», en T. P. Schultz y J. Strauss (eds.), *Handbook of Development Economics*, vol. 4, North-Holland, Ámsterdam, 2008, p. 3840.

40. Reglamento (CE) 223/2009, cit.

mente tanto los aspectos técnicos de los sistemas estadísticos como los indicadores y las metodologías utilizadas para recabar los datos de los que se alimentan los indicadores. Además de esta validación legal de los sistemas estadísticos, los resultados arrojados por estos sistemas quedan validados en la medida en que son utilizados para justificar las políticas públicas y para evaluar la eficacia de estas políticas.

La Comisión Europea ya se había pronunciado en el año 2000 acerca del uso del principio de precaución aplicado a decisiones políticas que se debían tomar en materias que afectaban al medio ambiente y la salud humana, animal y vegetal. La Comisión planteaba cómo establecer el equilibrio entre los derechos y libertades de los «individuos, la industria y las organizaciones» y la necesidad de reducir o eliminar el riesgo de efectos peligrosos para el medio ambiente o la salud:

> Encontrar el equilibrio correcto para que pueda llegarse a decisiones proporcionadas, no discriminatorias, transparentes y coherentes, y que al mismo tiempo proporcionen el nivel elegido de protección, requiere un proceso de toma de decisiones estructurado, basado tanto en la información científica, como en otras informaciones detalladas y objetivas. Esta estructura la proporcionan los tres elementos del análisis de riesgo: la evaluación del riesgo, la elección de la estrategia de gestión de riesgo y la comunicación del riesgo. Toda evaluación del riesgo que se lleve a cabo debe basarse en la información científica y estadística existente[41].

Los Considerandos 1 y 23 del Reglamento de la UE 2019/1700 exponen el papel de los sistemas estadísticos legalmente validados en la regulación de las políticas públicas. Se reproducen literalmente estos considerandos por su claridad expositiva:

> *Considerando 1*: Los datos estadísticos y los indicadores son la base de las políticas responsables basadas en datos contrastables. En el contexto de la Estrategia Europa 2020 y del fortalecimiento de la gobernanza económica, los indicadores sociales desempeñan un papel esencial para establecer y apoyar las prioridades clave de la Unión. Estas prioridades se refieren especialmente al crecimiento y la creación de empleo inclusivo y sostenible; a la cohesión social; a la reducción de la pobreza, de las desigualdades y de la exclusión social; a la inclusión de personas con discapacidad y la igualdad de trato; y a las capacidades, la movilidad y la economía digital. En particular, los indicadores sociales se requieren para proporcionar una base estadística sólida para el desarrollo y el seguimiento de las políticas emprendidas por la

41. Comunicación de la Comisión Europea sobre el recurso al principio de precaución (COM[2000] 1 final, 02.02.2000).

> Unión y los Estados miembros, para hacer frente a estas prioridades. Se necesitan estadísticas sociales de alta calidad para mejorar la resiliencia de la Unión y sus objetivos de cohesión y mantener sus niveles de bienestar. Unos datos fiables también son primordiales como baluarte frente a la mala información. [...]
> *Considerando 23*: Las estadísticas ya no se consideran solo una de las muchas fuentes de información para la formulación de políticas, sino que desempeñan un papel fundamental en el proceso de toma de decisiones. La toma de decisiones basada en datos contrastables exige estadísticas que satisfagan criterios de alta calidad, tal y como se establece en el Reglamento (CE) 223/2009, de acuerdo con los fines para los que están destinadas[42].

En este mismo Reglamento 2019/1700 se regula, entre otras herramientas estadísticas, una pieza clave en el sistema europeo de medición de la pobreza: la Encuesta de Condiciones de Vida (ECV)[43]. Desde 2004, la Unión Europea utiliza esta encuesta como instrumento para evaluar el impacto de las políticas sociales y económicas, y para el diseño de nuevas políticas públicas.

Si se consulta el documento *Better regulation toolbox 2023* elaborado por la Comisión Europa con el propósito de mejorar los procesos regulatorios, se pueden encontrar continuas referencias al tipo de datos que hay que utilizar para evaluar el impacto social de las políticas públicas. Por ejemplo, la herramienta 67: *Data identification for evaluation and impact assessment*[44]. Se dice en este documento que no sirve cualquier tipo de dato como evidencia para analizar una política pública. Se recomienda la obtención de datos que sean relevantes y que guarden relación con la intervención específica que se quiere evaluar. Se apuesta, pues, dentro de la lógica de la intervención basada en evidencias, por fomentar el uso de datos que tengan suficiente consistencia como para ser considerados evidencias en las que basar la programación y poder evaluar su eficiencia. En este contexto, una evidencia puede estar formada por datos cuantitativos, como estadísticas y mediciones, datos cualitativos, como opiniones, aportaciones de las partes interesadas, los

42. Considerandos 1 y 23 del Reglamento (UE) 2019/1700 del Parlamento Europeo y del Consejo por el que se establece un marco común para las estadísticas europeas relativas a las personas y los hogares, basadas en datos individuales recogidos a partir de muestras.

43. En la UE se llama EU-SILC: *Statics on Income and Living Conditions*. Su antecedente más directo es el Panel de Hogares de la Unión Europea (PHOGUE).

44. Comisión Europea, *Better regulation toolbox 2023*, pp. 577 ss. Este documento desarrolla el texto *Better Regulation Guidelines*, SWD(2017) 350 final, de la Comisión Europea.

resultados de las evaluaciones precedentes, información científica y aportaciones de expertos[45].

Otra de las funciones a las que se vincula el uso de datos estadísticos es la obligación de transparencia en la actuación de la Administración pública. Si se consulta el Portal de Transparencia de la Administración General del Estado se puede acceder a una cantidad enorme de informes y estadísticas referidas a la actuación del Estado. También se puede acceder al Inventario de Operaciones Estadísticas, que recoge las operaciones estadísticas realizadas por el INE, los ministerios, el Banco de España y el Consejo General del Poder Judicial[46]. De esta forma, puede tenerse una idea sobre la dimensión que han alcanzado los sistemas de generación de información estadística.

Los contenidos regulatorios en materia estadística abarcan desde cuáles han de ser los contenidos de las encuestas[47] hasta qué criterios se aplican para asegurar la fiabilidad de los datos y qué requisitos de precisión han de cumplir. También se establece normativamente qué se entiende por 'riesgo de pobreza', 'carencia material' o 'carencia material y social severa', por citar algunos ejemplos. Así, el 'riesgo de pobreza', tal como ha quedado definido en la normativa europea, se configura como un indicador relativo que mide la desigualdad de ingresos entre la población. La 'tasa de riesgo de pobreza' es el porcentaje de personas que está por debajo del umbral de pobreza. Y el 'umbral de pobreza' se ha fijado en el 60 % de la mediana de ingresos por unidad de consumo de las personas[48].

Además de la normativización de los contenidos temáticos de los sistemas estadísticos, también se establecen normativamente criterios como los requisitos de precisión que han de satisfacer las encuestas estatales armonizadas que sean comparables entre sí a nivel de la UE. Estos criterios adoptan la forma de normas técnicas. Por ejemplo, la norma según la cual: la desviación típica (siglas en inglés: SE) para una estimación en particular $\widehat{SE}(\hat{p})$ no será superior a la siguiente $\sqrt{\frac{\hat{p}(1-\hat{p})}{f(N)}}$; u otro

45. *Better regulation toolbox 2023*, cit., p. 8.

46. https://transparencia.gob.es: «Publicidad activa».

47. *Vid.*, por ejemplo, el Anexo I («Temas que deben tratarse») del Reglamento 2019/1700 del Parlamento y del Consejo por el que se establece un marco común para las estadísticas europeas relativas a las personas y los hogares, basadas en datos individuales recogidos a partir de muestras.

48. A efectos de la ECV, las 'unidades de consumo' se calculan según este criterio: se da el peso de 1 al primer adulto del hogar, un peso de 0,5 a los demás adultos y un peso de 0,3 a los menores de catorce años. *Vid.* INE, *Encuesta de condiciones de vida. Metodología*, Madrid, 2005 (revisada en 2023), pp. 102-103.

criterio normativo como el siguiente: «Para la tasa estimada de desempleo en relación con la población de entre 15 y 74 años de cada región NUTS 2, la función f(N) se define como sigue»[49]:

$$f(N_{r,15\text{-}74}) = \begin{cases} 1300, \text{ si } N_{r,15\text{-}74} \geq 0{,}300 \text{ millones de habitantes} \\ \dfrac{1300}{0{,}3} N_{r,\,15\text{-}74}, \text{ si } N_{r,\,15\text{-}74} < 0{,}300 \text{ millones de habitantes} \end{cases}$$

6. LA UTILIZACIÓN DE DATOS ESTADÍSTICOS PARA LA TOMA DE DECISIONES JUDICIALES

Si, como hemos visto, el uso de estadísticas es exigido como herramienta en la toma de decisiones legislativas y ejecutivas en el marco de la legislación europea, este uso también se hace en el ámbito judicial.

Cabe recordar que en la Directiva 2000/43/CE del Consejo, relativa a la aplicación del principio de igualdad de trato de las personas independientemente de su origen racial o étnico, ya se había indicado que era posible utilizar pruebas estadísticas para fundamentar la existencia de una discriminación directa o indirecta[50].

El Tribunal de Justicia de la UE ha abordado casos en los que se ha discutido si los datos estadísticos pueden ser utilizados para demostrar la existencia de una discriminación indirecta[51]. En el caso KM contra el Instituto Nacional de la Seguridad Social, el Tribunal se pronunció sobre la siguiente cuestión. El INSS se negaba a reconocer la compatibilidad de dos pensiones de incapacidad permanente total reconocidas a KM sobre la base de periodos de cotización y de lesiones diferentes. Ante la negativa del INSS, KM alegó que la normativa aplicada, que impide acumular dos pensiones por incapacidad permanente total en el Régimen General de la Seguridad social (RGSS), incurría en una discriminación indirecta por razón de sexo.

El motivo alegado para sustentar la existencia de una discriminación indirecta es que, si bien el RGSS no permite la compatibilidad de estas pensiones, esta es posible cuando una de ellas se tiene de acuerdo con este régimen general y la otra de acuerdo con el Régimen Especial de Traba-

49. Arts. 2 y 6, respectivamente, del Anexo II del Reglamento (UE) 2019/1700 del Parlamento y del Consejo por el que se establece un marco común para las estadísticas europeas relativas a las personas y los hogares, basadas en datos individuales recogidos a partir de muestras.

50. *Vid.* el Considerando 15 de esta directiva.

51. Asunto C625/20 KM contra el Instituto Nacional de la Seguridad Social (INSS-España), STJUE (Sala segunda), de 30 de junio de 2022, ECLI:EU:C:2022:508.

jadores Autónomos (RETA). Las estadísticas disponibles nos dicen que en el RGSS el número de mujeres y de hombres es similar, mientras que en el RETA los hombres son mayoría. Por tanto, la parte demandante presentó este argumento: la compatibilidad de pensiones entre RGSS y RETA beneficiaría a los hombres, mientras que la incompatibilidad de pensiones dentro del RGSS discriminaría de forma indirecta a las mujeres.

En este asunto, para poder determinar si existía discriminación indirecta, el Tribunal requirió aclaraciones sobre los datos estadísticos utilizados. Además de ponderar la fiabilidad de los datos utilizados, el Tribunal recuerda cuál es el criterio seguido en la UE al interpretar los datos estadísticos en procesos judiciales: «corresponde al juez nacional apreciar en qué medida los datos estadísticos que se le someten son fiables y si se pueden tomar en consideración, es decir, entre otras cosas, si no constituyen la expresión de fenómenos meramente fortuitos o coyunturales y si son suficientemente significativos»[52]. En la misma línea argumentativa, el Tribunal de Justicia de la UE también atribuye al juez nacional la decisión acerca de si la legislación nacional permite el uso de datos estadísticos para demostrar la existencia de discriminación indirecta[53].

Este tratamiento de los datos estadísticos en la toma de decisiones también ha sido recogido por los tribunales españoles al deliberar sobre los numerosos casos relacionados con la reclamación por responsabilidad patrimonial del Estado por las medidas adoptadas en la declaración de estado de alarma con motivo de la covid-19 (Real Decreto 463/2020, de 14 de marzo). Veamos un ejemplo. Una empresa prestaba servicios de educación en el tiempo libre antes de la declaración del estado de alarma. Al presentar su reclamación, argumentó que las medidas adoptadas por el Estado le habían perjudicado económicamente. Tanto en este caso concreto como en todos los anteriores en los que se ha dirimido idéntica cuestión, el Tribunal Supremo español se ha pronunciado en el mismo sentido: desestimar la responsabilidad patrimonial del Estado con motivo de los impactos económicos derivados de las medidas adoptadas para hacer frente a la covid-19. Para desestimar esta reclamación, el Tribunal Supremo ha utilizado la posición de la Comisión Europea sobre el recurso al principio de precaución: «toda evaluación del riesgo que se lleve a cabo debe basarse en la información científica y estadística existente»[54].

52. *Ibid.*, apdo. 41.

53. Apdo. 55 de la Sentencia de 30 de junio de 2022 sobre el caso KM contra INSS.

54. STS (Sala de lo Contencioso) 348/2024, de 29 de febrero, ROJ STS: 1091/2024, ECLI:ES:TS:2024:1091. En el mismo asunto y sentido, la STS (Sala de lo Contencioso) 340/2024, de 29 de febrero, ROJ:1085/2024, ECLI:ES:TS204:1085.

En el marco del Consejo de Europa, el Tribunal Europeo de Derechos Humanos (TEDH), ha seguido criterios similares a los vistos. Al recibir demandas para cuya fundamentación se utilizan datos estadísticos, somete a discusión la fiabilidad de las estadísticas presentadas por los recurrentes[55].

También se puede dar el caso de que las autoridades estatales eviten generar datos como forma de ocultar una realidad. La inexistencia de datos puede ser utilizada como una estrategia de ocultación y desresponsabilización estatal. Esta cuestión fue discutida en el TEDH con motivo del caso Volodina contra Rusia[56]. La señora Volodina planteó ante el Tribunal que las autoridades rusas habían incumplido su deber de prevenir, investigar y enjuiciar los actos de violencia doméstica que ella había sufrido por parte de su expareja. Y que, además, la Federación Rusa no había establecido un marco legal adecuado para luchar contra la violencia de género discriminatoria hacia las mujeres. Parte de la prueba de la violencia contra las mujeres en Rusia se hizo mediante informes que contenían datos estadísticos. La escasez de estadísticas disponibles dificultó la tarea de la representación legal de la demanda. Ahora bien, la ausencia de estadísticas adecuadas fue interpretada como un incumplimiento estatal:

> La ausencia de estadísticas exhaustivas a nivel nacional en Rusia se ha vinculado a la falta de una definición de los delitos de violencia doméstica en la legislación rusa, lo que impide a las autoridades nacionales clasificar los delitos como tales y reunir datos coherentes sobre el alcance del fenómeno (ver el informe de Human Rights Watch citado en el párrafo 66 anterior). La falta de no haber recabado información adecuada es atribuible a las autoridades nacionales. El Tribunal rechaza el argumento del Gobierno de responsabilizar a la demandante por no haber presentado datos oficiales que demostrasen que las mujeres víctimas de la violencia doméstica en Rusia eran discriminadas[57].

Según esta línea interpretativa sostenida por el TEDH, es el Estado el que ha de atender diligentemente su deber de poner datos a la realidad, y no los particulares.

En un voto particular a esta misma sentencia, el juez Pinto de Alburquerque hace una interesante observación sobre el papel que pueden desempeñar las estadísticas en la defensa de los derechos. Dice: «[...] las

55. *Vid.* el asunto D. H. y otros contra la República Checa, de 13 de noviembre de 2007 (Demanda n.º 57325/00). Además, el asunto Volodina contra Rusia, de 9 de julio de 2019 (Demanda n.º 41261/17).
56. *Ibid. Vid.* punto 118 y voto particular del juez Pinto de Alburquerque.
57. *Ibid.*, punto 118.

estadísticas ayudan a enfocar el problema de la violencia de género y la ausencia de estadísticas específicas muestra además la falta de preocupación que el Estado demandado ha prestado a la problemática de la violencia doméstica»[58].

7. EL PELIGRO DE TOMAR DECISIONES BASADAS EN ILUSIONES OBJETIVAS

En marzo de 2022, el portavoz del Gobierno de la Comunidad de Madrid descalificó públicamente un informe que había publicado Cáritas sobre la pobreza en Madrid. En este informe se aportaban datos sobre el incremento de la pobreza en esta comunidad. El portavoz se preguntó dónde estaban los pobres, porque él no los veía. Al día siguiente, el debate se trasladó a la Asamblea de Madrid. Al igual que había dicho el portavoz del Gobierno madrileño, su grupo parlamentario defendió la misma postura: ellos y ellas, diputados y diputadas, no veían a los pobres.

Es probable que no mintieran. Se puede aceptar que el portavoz no haya visto a pobres, bien sea porque utiliza una noción de pobreza diferente a la utilizada en el informe de Cáritas, bien sea porque su vida transcurre en unas calles en las que la pobreza no es visible, o bien sea porque no ha tenido posibilidad de leer informes estatales e internacionales sobre la pobreza, o no ha querido hacerlo. Sea como fuere, la afirmación del portavoz se basó en una ocurrencia ideológica. En vez de intentar mostrar la veracidad de su afirmación, le bastó con poner su percepción de la realidad como fundamentación de la veracidad de la afirmación que hizo. El portavoz no se preocupó por analizar la metodología seguida en el informe, o por contrastar los datos, o por problematizar los conceptos de pobreza, riesgo de pobreza o exclusión social, o por proponer unos indicadores alternativos a los utilizados en el informe de Cáritas[59]. Basó la veracidad de su afirmación en una observación personal: «Yo no veo pobres». Afirmación que fue jaleada por sus compañeros y compañeras de partido.

El diseño de políticas públicas, o la justificación de la inacción pública, basados en ocurrencias ideológicas es un grave problema. Es mucho más grave que utilizar sistemas de análisis imperfectos. Criticar o negar

58. Voto particular del juez Pinto de Albuquerque en la STEDH de 9 de julio de 2019.

59. Fundación FOESSA-Cáritas, *Informe sobre Exclusión y Desarrollo Social en la Comunidad de Madrid. Resultados de la encuesta sobre integración y necesidades sociales 2021*, Madrid, 2022, disponible en: https://www.foessa.es/.

la validez de un sistema no hace bueno otro sistema alternativo por el hecho de que sea alternativo, es decir, distinto al sistema criticado.

Los sistemas de medición de la pobreza, como hemos dicho, parten de una concepción de la pobreza que orienta su diseño. A su vez, la concepción de la pobreza que sea utilizada como base del sistema de medición guía la configuración de los indicadores que van a ser utilizados para medir la pobreza. Al explicitar definiciones, al seleccionar qué datos se van a utilizar, al mostrar qué indicadores se utilizan, permiten tanto la crítica de elementos del sistema como la propuesta de mejoras al mismo sistema o la creación de otro sistema que ofrezca un mejor análisis de la pobreza y se muestre más eficaz en su erradicación. Esta posibilidad de crítica y de mejora no se da en las afirmaciones basadas en ocurrencias ideológicas que no dicen en qué elementos contrastables se fundamentan. Como señala Thomas Piketty en la conclusión final de su texto *El capital en el siglo XXI*: «*Refusing to deal with numbers rarely serves the interests of the least well-off*»[60].

En ocasiones, los posicionamientos políticos y sociales ante cuestiones como la pobreza no toman la forma burda de ocurrencias, sino de 'ilusiones objetivas'. Las ocurrencias son fáciles de detectar. Transmiten posicionamientos poco pensados y con escasa fundamentación. Son de uso visceral y evitan pensar. También eliminan las matizaciones a la idea, muchas veces originada emocionalmente, que traslada la ocurrencia. Desde el punto de vista epistemológico, una ocurrencia es similar a la parte visible de un iceberg. Lo que se ve desde la superficie es menor que lo que esconde, aun cuando lo ignore quien repite la ocurrencia utilizada por otros.

Las ilusiones objetivas plantean un problema epistemológico cercano pero diferente. En el pensamiento de Karl Marx, una pieza clave en su concepción del materialismo histórico fue percibir que el ser social y las condiciones materiales de vida determinan la conciencia y que no es la conciencia la que determina el ser social: «No es la conciencia de los hombres lo que determina su ser, sino, por el contrario, es su existencia social lo que determina su conciencia»[61]. Esta idea ha sido retomada por Amartya Sen, como se ha visto en la primera parte de este texto. Sen propone una reinterpretación posicional o contextualizada de la ilusión objetiva: «Una ilusión objetiva es una aparente realidad que puede parecer objetivamente verdadera desde un punto de vista particular, pero

60. *Capital in the Twenty-First Century*, The Belknap Press of Harvard University Press, Cambridge (MA), 2014, p. 577 («Negarse a lidiar con números rara vez sirve a los intereses de los menos favorecidos»).

61. *Contribución a la crítica de la economía política*, Siglo XXI, Madrid, 2008, p. 5.

que, de hecho, debe complementarse con otras observaciones a fin de afrontar un examen crítico y decidir, tras escrutinio adecuado, si lo que parece ser verdad desde la posición inicial lo es en realidad»[62]. Las personas ocupamos posiciones sociales desde las que vivimos y pensamos la realidad, lo que nos lleva a tener visiones limitadas. Lo que puede parecer una realidad puede ser una apariencia de realidad sustentada desde la posición social que ocupamos y desde las relaciones que establecemos desde esa posición social.

La interpretación de los resultados ofrecidos por los sistemas de medición, y los mismos sistemas de medición, en tanto que pretenden objetivar la realidad, pueden ser pensados desde la precaución epistemológica acerca de las 'ilusiones objetivas'. Es esta una precaución a la que no se debería renunciar. La posibilidad de crítica y de mejora de los sistemas utilizados, así como la importancia de estos esfuerzos por complementar y ampliar las interpretaciones oficiales sobre la pobreza, se halla presente en los informes elaborados desde organizaciones como Fundación FOESSA[63], Cruz Roja[64], EAPN[65] o Save the Children[66].

8. EL USO DE INFORMACIÓN ESTADÍSTICA EN LA CREACIÓN DE INSTRUMENTOS REGULATORIOS DE INTERVENCIÓN SOCIAL

Ya hemos visto anteriormente que la información estadística se utiliza para justificar la creación de derechos de prestación, como los contenidos en el ingreso mínimo vital. También hemos mostrado cómo la información estadística es utilizada para crear indicadores y sistemas de cálculo vinculados a las prestaciones reguladas jurídicamente. Es el caso del

62. *Un hogar en el mundo*, cit., p. 257. *Vid.* también *La idea de la justicia*, cit., pp. 192-194.

63. *Vid.* el *VIII Informe sobre Exclusión y Desarrollo social en España*, 2019, https://www.foessa.es/main-files/uploads/sites/16/2019/06/Informe-Foessa-2019_web-completo.pdf. También el *Informe sobre Exclusión y desarrollo social en Castilla-La Mancha. Resultados de la encuesta sobre integración y necesidades sociales*, 2021, https://www.foessa.es/main-files/uploads/sites/16/2022/02/Informes-territoriales-2022_Castilla-La-Mancha.pdf.

64. *Vid.* sus *Boletines de vulnerabilidad.* El último publicado a la fecha de cierre de este texto ha sido «Personas sin hogar», noviembre 2023, https://www2.cruzroja.es/vulnerabilidad/boletines.

65. EAPN, *El Estado de la pobreza. Seguimiento de los indicadores de la agenda 2030 (2015-2022)*, EAPN, España, 2022, https://www.eapn.es/estadodepobreza/. Y de reciente publicación, *El Estado de la pobreza. Seguimiento de los indicadores de la Agenda UE 2030*, EAPN, España, 2024, https://www.eapn.es/estadodepobreza/capitulos-2024.php.

66. *Vid.* el informe *Ser pobre en España: el retrato de 1000 familias*, 2023, https://www.savethechildren.es/actualidad/informe-ser-pobre-en-espana-el-retrato-de-1000-familias.

Indicador de Renta de Suficiencia en Cataluña, o los sistemas de cálculo propios del Ingreso Mínimo Vital, de la Renta de Garantía de Ingresos en el País Vasco o de la Renta Mínima de Inserción Social en Andalucía.

En España, las comunidades autónomas disponen de prestaciones que, al margen de la pluralidad de nombres utilizados para designarlas, comparten una finalidad: garantizar unos ingresos mínimos vitales considerados necesarios para tener una vida digna. Desde 2017, en Cataluña existe la Renta Garantizada de Ciudadanía, cuya finalidad es «garantizar los mínimos de una vida digna a las personas y unidades familiares que se encuentran en situación de pobreza»[67]. Esta renta se calcula a partir del 'Indicador de Renta de Suficiencia' (IRSC), que en Cataluña es actualmente de 755,82 euros por mes y, por año, de 9069,83 euros[68]. El IRSC expresa el nivel de ingresos por debajo del cual se considera que no se puede vivir dignamente en Cataluña[69].

El País Vasco cuenta con la Renta de Garantía de Ingresos como «prestación económica reconocida a la persona o personas integrantes de una unidad de convivencia que no disponga de ingresos suficientes para hacer frente a los gastos asociados a las necesidades básicas, así como a los derivados de un proceso de inclusión laboral o social»[70]. En el sistema vasco, se parte de una Renta Máxima Garantizada que para 2024 se ha fijado en 560,45 euros. A esta cantidad se le suman complementos individuales y se tienen también en cuenta las características de la unidad de convivencia. De esta forma, la cuantía mensual en concepto de Renta Máxima Garantizada para 2024 para una persona sin convivencia con otras personas y sin personas a su cargo es de 840,68 euros[71].

En Andalucía, en 2017 se creó la Renta Mínima de Inserción Social[72]. En Castilla-La Mancha este recurso ha sido llamado Ingreso Mínimo de Solidaridad. Y en Castilla y León, Renta Garantizada de Ciudadanía. Renta de Inclusión Social en Galicia y así podríamos seguir citando

67. Art. 1, Ley catalana 14/2017, de Renta Garantizada de Ciudadanía.

68. La cuantía el IRSC se ha establecido mediante el Decreto-ley 1/2024, de incremento del IRSC para mitigar situaciones de necesidad y privación económica de la ciudadanía de Cataluña.

69. *Vid.* https://economia.gencat.cat/ca/departament/estadistiques-indicadors/indicador-renda-suficiencia/.

70. Art. 14, Ley del País Vasco 14/2022, del Sistema Vasco de Garantía de Ingresos y para la Inclusión.

71. *Vid.* https://www.lanbide.euskadi.eus/general/-/preguntas-frecuentes-rgi-nuevo-decreto3/.

72. *Vid.* el Decreto-ley de Andalucía 3/2017, por el que se regula la Renta Mínima de Inserción Social en Andalucía.

los recursos habilitados en las distintas comunidades autónomas a partir de decisiones políticas basadas en informaciones estadísticas.

A nivel estatal, el principal indicador regulado legalmente que condiciona la aplicación institucional de las políticas públicas es el indicador público de renta de efectos múltiples (IPREM)[73]. Este indicador ocupa una posición estratégica al ser el resultado de un proceso regulatorio que toma como referencia datos estadísticos y al utilizarse, a su vez, como criterio para decidir la concesión o denegación de solicitudes de ayudas y prestaciones.

8.1. *El indicador público de renta de efectos múltiples (IPREM)*

EL IPREM merece una consideración especial. Es un indicador económico estratégico en las políticas públicas españolas contra la pobreza y contra la exclusión. Se fija anualmente en los Presupuestos Generales del Estado. Para 2023 el IPREM mensual en España fue de 600 euros[74]. Este indicador sustituyó en 2004 al salario mínimo interprofesional como indicador para la concesión de ayudas, subvenciones, becas y desempleo. La justificación de este cambio fue preservar el salario mínimo interprofesional como «garantía salarial mínima de los trabajadores» y crear un nuevo indicador, el IPREM, que se utilizaría a los efectos de concesión de prestaciones, beneficios o servicios públicos[75].

Para percibir hasta qué punto este indicador es un condicionante regulatorio y qué impacto tiene en la vida de las personas, se propone un ejercicio: solicitar una ayuda social. Si seguimos el consejo que recoge Gary Fields, y que vimos anteriormente (ponerse en los zapatos de los otros), una forma sencilla de ponerse en situación es solicitar una ayuda social.

Que los indicadores sean condicionantes regulatorios es fácil de explicar en tanto que son el resultado de un proceso regulatorio y en tanto que son aplicados administrativamente para resolver solicitudes de prestación. Para los operadores jurídicos es sencillo visibilizar estas dos cuestiones. Sin embargo, habitualmente queda fuera del campo de experiencia personal

73. Para una información general, *vid.* https://www.iprem.com.es/.

74. El IPREM diario se fijó en 20 euros y el anual en 7200: Disposición adicional nonagésima. Determinación del indicador público de renta de efectos múltiples (IPREM) para 2023, Ley 31/2022, de Presupuestos Generales del Estado para el año 2023 (BOE n.º 308, del 24.12.2022).

75. Real Decreto-ley 3/2004 para la racionalización de la regulación del salario mínimo interprofesional y para el incremento de su cuantía (Preámbulo y art. 2). *Vid.* Antonio-Vicente Sempere Navarro y Ana I. Pérez Campos, *SMI e IPREM*, Thomson Aranzadi, Cizur Menor, 2007, pp. 125-130.

no solo la petición de una ayuda, sino qué significa tener la necesidad de pedir la ayuda. Por este motivo, con frecuencia resulta difícil tomar conciencia de hasta qué punto un indicador como el IPREM impacta en la experiencia vital de las personas. El ponerse en los zapatos de los otros, hasta donde puede hacerse, equivale a intentar tomar conciencia vivencial de la posición que ocupan quienes solicitan una ayuda y cómo la concesión o denegación de una ayuda impacta en la vida de las personas.

Supongamos que vamos a solicitar una ayuda al alquiler. Dado que hay múltiples ayudas que dependen de cada comunidad autónoma, de forma aleatoria elegimos solicitar la ayuda al alquiler en Asturias. Demos por hecho que tenemos acceso a Internet, que podemos y sabemos utilizar un ordenador y su entorno digital, y que comprendemos suficientemente el español escrito como para entender lo que se nos pide al rellenar la solicitud. Si no se dan estas condiciones, tendríamos la opción de pedirle a alguien que nos ayude a hacer la solicitud o que directamente nos la haga. Para que esta opción sea realizable, hemos de responder a cuestiones como: ¿Tengo amistades o personas conocidas que me puedan ayudar? ¿Quiero que me ayuden a solicitar una ayuda? ¿Puedo acceder a una entidad social que trabaje en la presentación de solicitudes de ayuda? ¿Puedo acceder a los servicios sociales para que me digan si tengo derecho a la ayuda y, en su caso, me ayuden a presentar la solicitud? Estas preguntas podrían ser ampliadas y profundizadas. En todo caso, lo que se quiere mostrar es la complejidad de las condiciones reales de acceso a la presentación de una solicitud de ayuda.

Supongamos que estamos en disposición de solicitar la ayuda al alquiler. Uno de los múltiples requisitos que hemos de cumplir es el siguiente:

> El límite máximo de las rentas anuales de las personas que integran la unidad de convivencia, que permita el acceso a las ayudas se expresará en número de veces la cuantía anual del Indicador Público de Renta de Efectos Múltiples (en adelante IPREM) correspondiente a catorce pagas, sin que en ningún caso pueda ser superior a TRES veces al referido IPREM[76].

Es decir, la persona solicitante (en el caso de que viva sola) o la unidad de convivencia (formada por dos o más personas) no podrá solicitar la ayuda si supera/n anualmente tres veces el IPREM.

La normativa asturiana por la que se regula la ayuda al alquiler modifica este criterio en el caso de familias numerosas o familias en circunstancias especiales. De esta forma:

76. https://sede.asturias.es/-/dboid-6269000045385884007573.

> Dicho límite será de CUATRO veces el IPREM si se trata de una familia numerosa de categoría general, de personas con discapacidad o víctimas de terrorismo y de CINCO veces el IPREM cuando se trate de familias numerosas de categoría especial o de personas con discapacidad con un grado reconocido igual o superior al 33 %.

Indicadores como el IPREM actúan de bisagras regulatorias que determinan cuál es el criterio económico que se ha de seguir en la concesión de prestaciones y ayudas. Este criterio actúa como un estándar normativo que se utiliza en contextos como los siguientes: en convenios colectivos para, por ejemplo, regular la concesión de complementos salariales por dependencia[77], en la regulación de las deducciones fiscales autonómicas por cuidado de familiares con discapacidad[78], en la concesión de subvenciones vinculadas a políticas activas de empleo[79], en la apreciación de situación de vulnerabilidad económica[80], en el acceso al bono social eléctrico[81], en las ayudas a las personas afectadas por el síndrome tóxico generado en los años ochenta del siglo pasado por la comercialización y consumo de aceite de colza adulterado[82] o en el acceso a la justicia gratuita[83].

77. *Vid.*, por ejemplo, el II Convenio colectivo de Worldwide Fligth Service, SA, Servicios Aeroportuarios de Carga, art. 98. Plus dependencia (Resolución de 29.02.2024 de la Dirección General de Trabajo, BOE n.º 65, del 14.03.2024).

78. Ley 1/2024, de Presupuestos Generales de la Comunidad Autónoma de Extremadura para el año 2024, Disposición final primera (BOE n.º 45, del 20.02.2024).

79. Orden TES/1077/2023 por la que se establecen, en el ámbito competencial del Servicio Público de Empleo Estatal, las bases reguladoras para la concesión de subvenciones destinadas a la financiación de programas de políticas activas de empleo previstas en el Real Decreto 818/2021, por el que se regulan los programas comunes de activación para el empleo del Sistema Nacional de Empleo (*vid.* Anexo. Actividades subvencionables, p. 10, BOE n.º 233, del 29.09.2023).

80. Ley 12/2023, por el derecho a la vivienda, Disposición final quinta, por la que se modifica la Ley 1/2000, de Enjuiciamiento Civil (BOE n.º 124, del 25.05.2023).

81. Resolución de 24 de noviembre de 2022, de la Secretaría de Estado de Energía, por la que se pone en marcha la aplicación telemática que permita al comercializador de referencia comprobar que el solicitante del bono social cumple los requisitos del Real Decreto-ley 18/2022, relativos a la nueva categoría temporal de consumidor vulnerable (BOE n.º 288, del 01.12.2022).

82. Se ha de tener en cuenta que este ha sido el mayor envenenamiento en la historia de España. Orden ISM/741/2022, por la que se actualizan las cuantías de la ayuda económica familiar complementaria y de la ayuda domiciliaria en favor de los afectados por el síndrome tóxico (BOE n.º 183, del 01.08.2022).

83. Real Decreto-ley 3/2013, por el que se modifica el régimen de las tasas en el ámbito de la Administración de Justicia y el sistema de asistencia jurídica gratuita (art. 2 por el que se modifica la Ley 1/1996 de Asistencia jurídica gratuita [BOE n.º 47, del 23.02.2013]).

9. CONCLUSIÓN

Los sistemas oficiales de medición de la pobreza son utilizados como condicionantes regulatorios. Lo son por varios motivos. Como se ha visto a lo largo de este capítulo, se da una retroalimentación entre los sistemas utilizados oficialmente en la medición de la pobreza, los indicadores que forman parte de los sistemas de medición, los datos derivados de la activación de estos sistemas que son utilizados para justificar el desarrollo de las políticas públicas, los indicadores económicos utilizados como criterio normativo en la concesión de ayudas públicas, las ayudas y mecanismos de protección social creados normativamente y los mecanismos de evaluación de las políticas públicas.

Los sistemas de medición son condicionantes regulatorios y, a su vez, son objeto de regulación legal. Los sistemas de medición quedan regulados (como hemos visto en la Encuesta de Condiciones de Vida) y sus resultados son usados para crear instrumentos regulatorios que impactan en la vida de las personas al ser utilizados por los poderes públicos para tomar decisiones acerca de la concesión de prestaciones sociales, como hemos podido ver al comentar el IPREM.

EL IMPACTO DE LA PERSPECTIVA DE GÉNERO EN EL DISEÑO E IMPLEMENTACIÓN DE LAS POLÍTICAS CONTRA LA POBREZA

Antonio Giménez Merino

> «Si se pudiera solucionar la pobreza con planes estratégicos y voluminosos informes, España estaría a la cabeza. Pero si no se actúa a conciencia para hacer realidad los derechos sociales de la ciudadanía [...] esos grandes propósitos seguirán siendo tan ineficaces como lo han sido en la última década».
>
> (Informe del Relator Especial de Naciones Unidas sobre la extrema pobreza y los derechos humanos tras su visita a España en 2020)

1. INTRODUCCIÓN

Un objetivo transversal y particular del proyecto de investigación del que surge este libro consistía en valorar el impacto real que la llamada «perspectiva de género» ha tenido en el diseño e implementación de las políticas para mitigar la pobreza en España[1]. Hay que considerar, al respecto, que tanto en nuestro país como en general en la UE el fenómeno de la feminización de la pobreza se agudizó, primero, con la gestión neoliberal de la crisis de 2008, y después con la pandemia de 2020-2023. Por otro lado, a pesar de que actualmente se atraviesa un periodo de recuperación económica, se verá como esta afecta desigualmente a las mujeres en relación con los varones.

Para examinar esto, era preciso partir de las respuestas regulatorias internacionales y comunitarias proyectadas sobre las mujeres (en su con-

1. El uso de la expresión «perspectiva de género» no es unívoco. Aquí se emplea como el punto de vista que tiene en cuenta las implicaciones sobre los hombres y las mujeres de cualquier acción que se planifique. Equivaldría a un enfoque revelador de la dimensión social de la dicotomía sexual naturalizada.

dición de trabajadoras remuneradas y no remuneradas, de residentes o irregulares, de grupo mayoritario dentro del sector de ocupación a tiempo parcial, de perceptoras de menores prestaciones derivadas de la continuidad en el empleo, y de actoras principales de las denominadas «familias monoparentales», sobre las que pende el riesgo de pobreza) para ponerlas en relación tanto con su desarrollo interno en España como con las demandas elaboradas por las organizaciones de las propias mujeres envueltas en la lucha contra la exclusión, con quienes se ha dialogado[2]. Haciendo buenas las palabras del Relator Especial de NU Philip Alston en la cita inicial, es difícil no perderse por el acervo normativo que aparecerá en estas páginas, aunque su exposición procurará ser lo más clara posible.

En lo que sigue se tienen en cuenta las cifras oficiales, pero también las manejadas por organismos independientes, especialmente la delegación española de la European Anti Poverty Network (EAPN), una coalición independiente de ONG y otros grupos involucrados en la lucha contra la pobreza y la exclusión social en los Estados miembros de la UE. Sus informes periódicos sobre el estado anual de estos grandes vectores en relación con los indicadores de la Agenda 2030 aportan una información amplia y crítica respecto a los datos oficiales de los países, por lo que resultan un material muy útil. Uno de los sectores sobre los que presta una atención particular es justamente la desigualdad de género.

2. LA PERSPECTIVA DE GÉNERO EN LOS ODS Y EN SU DESARROLLO NORMATIVO EUROPEO

2.1. *La Agenda 2030 como parte integrada del Semestre Europeo*

Los Objetivos de Desarrollo Sostenible (ODS) que componen la llamada «Agenda 2030», aprobada por la Asamblea General de la ONU en septiembre de 2015, formulan un marco político-jurídico de carácter mundial para la disminución de la pobreza que modula los parámetros de gobernanza global desde una óptica nueva. Dichos objetivos no pueden

2. Nuestro agradecimiento tanto a las trabajadoras, activistas y representantes de organizaciones que compartieron sus saberes con el equipo de autores a través de los seminarios «El acceso al ingreso mínimo vital» y «La lucha contra la feminización de la pobreza: la situación de las mujeres víctimas de trata» (PID2020-117627GB-I00 Ministerio de Ciencia e Innovación), así como «Más allá del Convenio 189 de la OIT. Propuestas y estrategias de las organizaciones independientes de trabajadoras para una regulación digna del trabajo del hogar y de los cuidados en España» (23/2ACT/20 INMUJER).

leerse por separado. Su intersección es patente, singularmente, en la dimensión de género, donde confluyen los objetivos de reducir la pobreza (ODS 1); la igualdad de género en un contexto de feminización de la pobreza (ODS 5)[3]; el trabajo decente (ODS 8)[4]; la reducción de las desigualdades, con atención a la movilidad migratoria (ODS 10), y las alianzas multinivel para lograr todo esto (ODS 17). Como se verá, estos dos últimos objetivos chocan con la realidad de los países, dificultando la realización del resto.

Aunque la dimensión humana de la sostenibilidad se ha ido abriendo paso desde entonces —sobre todo a raíz de la pandemia—, como sucede con la dimensión ecológica ambas han de competir permanentemente con la presión de los mercados por mantener el crecimiento económico bajo patrones ampliamente desregulados: algo que queda bien reflejado en la ambigua expresión «crecimiento económico inclusivo» o en «la constitución de alianzas eficaces en las esferas pública, público-privada y de la sociedad civil» del ODS 17. El campo de juego, por tanto, viene acotado por dos frentes contradictorios: por un lado, la aparente admisión de las consecuencias socialmente insostenibles del modelo neoliberal de crecimiento y la necesidad de mitigarlo mediante la intervención pública —donde destacan las «Directrices de política para una transición justa hacia economías y sociedades ambientalmente sostenibles para todos» elaboradas por la Organización Internacional del Trabajo en 2015, en paralelo al lanzamiento de la Agenda 2030—; y, por otro, el mantenimiento de los parámetros de gobernanza de dicho modelo que empujaron durante cuatro décadas a la maximización del beneficio[5]. Estos, por ejemplo, apenas daban margen a la participación de las entidades del llamado «Tercer Sector» en el diseño e implementación de las políticas

3. El ODS 5 parte del dato de que las mujeres ganan un 23 % menos que los varones en el mercado laboral mundial y dedican el triple de horas al trabajo doméstico y de cuidados no remunerado. Además, en su revisión posterior a la pandemia de la covid-19, reconoce el agravamiento de otra serie de causas de desigualdad: la violencia y la explotación sexuales, el reparto desigual del trabajo doméstico y de cuidados no remunerado, y la discriminación en los cargos públicos (https://www.un.org/sustainabledevelopment/es/gender-equality/).

4. En el horizonte de un crecimiento económico inclusivo capaz de reducir el empleo informal y la desigualdad en el mercado laboral, centrando los objetivos en la mejora en las oportunidades de empleo y la brecha salarial entre hombres y mujeres. Su meta 7 persigue la adopción de medidas inmediatas y eficaces para erradicar el trabajo forzoso y poner fin a las formas contemporáneas de esclavitud y la trata de personas (https://www.un.org/sustainabledevelopment/es/economic-growth/).

5. Un análisis extenso en J. A. Estévez Araújo (ed.), *El derecho ya no es lo que era. Las transformaciones jurídicas de la gobernanza neoliberal*, Trotta, Madrid, 2021.

públicas[6], mientras que la Agenda 2030 contempla alianzas entre todos los niveles de la Administración pública y distintos actores sociales que hagan practicable la relación entre «lo económico, lo social y lo medioambiental, y entre la realidad local, nacional y global», un aspecto recogido también —aunque infradesarrolladamente— dentro de los mecanismos participativos del llamado «Semestre Europeo» (SE).

Desde 2020, la UE considera la Agenda 2030 como parte integrada del SE[7], el mecanismo de coordinación de las políticas económicas y sociales de los Estados miembros puesto en marcha en 2010 por la llamada Estrategia Europa 2020[8]. Aunque el diseño del SE está orientado a la contención del gasto público[9], el Mecanismo de Recuperación y Resiliencia (MRR) puesto en marcha a raíz de la pandemia ha ampliado las posibilidades de aplicación de las recomendaciones específicas de la Comisión Europea (CE) a los países por medio de préstamos y subvenciones directas. El compromiso del Gobierno español para articular la Agenda 2030 se expresa, de puertas afuera, en los Informes de Progreso de la Estrategia de Desarrollo Sostenible 2030 y, de puertas adentro, en los Programas Nacionales de Reformas[10].

2.2. *Informes de Progreso y Programas Nacionales de Reformas*

Los Informes de Progreso son un examen voluntario que remiten los gobiernos a la ONU para dar cuenta de sus progresos con la Agen-

6. *Vid.* J. Ramos Toledano, «La toma en consideración de los stakeholders en España y la participación del Tercer Sector», en A. Giménez Merino (ed.), *La lucha contra la pobreza en el laberinto de la gobernanza*, Bomarzo, Albacete, 2018, pp. 139-155.

7. «La lucha contra la pobreza, la exclusión social y la discriminación», Ficha temática UE pobreza, https://www.europarl.europa.eu/factsheets/es.

8. La «Estrategia Europa 2020 para un crecimiento inteligente, sostenible e integrador» pretendía reducir el número de personas por debajo del umbral de la pobreza nacional en un 25 % y sacar de ella a más de 20 millones. Constatado su fracaso, el Plan de Acción del Pilar Europeo de Derechos Sociales rebajó ese objetivo a 15 millones para 2030. *Vid.* J. A. Estévez Araújo, «De qué gobernanza hablamos», en A. Giménez Merino (ed.), *La lucha contra la pobreza en el laberinto de la gobernanza*, cit., pp. 46-50.

9. Desde 2011, España desarrolla el SE a través de los llamados Programas Nacionales de Reformas, que remite junto con el Programa de Estabilidad al Consejo de Ministros de la UE y a la CE. De este modo, las instituciones europeas pueden valorar si los Estados miembros «van por buen camino» para alcanzar los objetivos presupuestarios a medio plazo, basándose en el análisis del saldo estructural y el valor de referencia del gasto.

10. Gobierno de España, «Plan de Acción para la Implementación de la Agenda 2030. Hacia una Estrategia Española de Desarrollo Sostenible», Ministerio de Asuntos Exteriores, Unión Europea y Cooperación, Madrid, 2019, p. 152, https://www.mdsocialesa2030.gob.es/agenda2030/documentos/plan-accion-implementacion-a2030.pdf.

da 2030. En los últimos presentados por España, de 2022 y 2023, se expresa que nuestro país «ha alcanzado su velocidad de crucero en la adopción de medidas para cumplir con los ODS» y que «es necesario [...] favorecer también la colaboración de las organizaciones de la sociedad civil. La meta final es construir sociedades más justas, más sostenibles y más democráticas en todo el mundo»[11]. Como ejemplos de este optimismo, se mencionan las leyes por el derecho a la vivienda, para la igualdad real y efectiva de las personas trans y para la garantía de los derechos LGTB, y de refuerzo del derecho a la interrupción voluntaria del embarazo; el Real Decreto-ley de medidas urgentes para la ampliación de derechos de los pensionistas, la reducción de la brecha de género y el establecimiento de un nuevo marco de sostenibilidad del sistema público de pensiones; la subida del salario mínimo interprofesional (SMI) hasta alcanzar los compromisos de la Carta Social Europea, o el Real Decreto-ley de medidas urgentes para la reforma laboral, la garantía de la estabilidad en el empleo y la transformación del mercado de trabajo.

En respuesta a una encuesta enviada al Ministerio de Derechos Sociales y Agenda 2023 (MDDSS), su representante evaluaba con más detalle algunos de estos logros[12]:

> *Sobre la participación de las organizaciones sociales en la medición de la pobreza*:
>
> Directamente no participan en la medición de estos indicadores, ya que el INE desarrolla esta acción con su personal técnico. Pero, utilizando estos datos oficiales y algunos otros, las organizaciones sociales suelen realizar estudios periódicos sobre la pobreza y la exclusión social: Informe FOESSA, Informe EAPN, etc. En cualquier caso, las organizaciones sociales suelen realizar sugerencias y aportaciones a la Administración del Estado compe-

11. Ministerio de Derechos Sociales y Agenda 2030, «Informe de Progreso 2023 de la Estrategia de Desarrollo Sostenible», p. 12, https://www.mdsocialesa2030.gob.es/agenda2030/documentos/IP23_EDS.pdf.

12. Se reproduce a continuación una parte de la respuesta recibida en correo de 2 de mayo de 2023 del Jefe de Servicio de Programas contra la Exclusión Social (Subdirección General de Programas Sociales, D. G. de Diversidad Familiar y Servicios Sociales, MDDSS), a quien agradecemos su cortesía. No recibimos respuesta alguna, en cambio, de los representantes españoles en el Comité de Protección Social (CPS, compuesto por funcionarios o responsables políticos de los ministerios de asuntos sociales y/o empleo), cuyas deliberaciones y votaciones quedan fuera del ámbito de control de las organizaciones sociales. El CPS cumple una función importante en las instituciones europeas al desarrollar una función consultora con la Comisión y el Consejo Europeo a partir de la información seleccionada por los países (*vid. La lucha contra la pobreza en el laberinto de la gobernanza*, cit., pp. 49, 98 y 116).

tente, al propio INE y a Eurostat, con el fin de que pueda mejorarse la medición de resultados.

Con relación a la eficacia del tipo de medidas puestas en marcha en términos de transferencia de rentas y establecimiento de servicios:

La mayoría de las medidas consignadas en la Estrategia de Prevención y Lucha contra la pobreza 2019-2023 se han ido implementando en estos años, como se puede comprobar en los Planes Operativos de desarrollo publicados hasta el momento (2019, 2020, 2021 y 2022)[13].

Concretamente, en el Plan Operativo 2022, se pueden revisar las medidas sociales más recientes aplicadas, algunas de las cuales se han actualizado para compensar la pérdida de poder adquisitivo, así como la desigualdad de rentas, las elevadas tasas de desempleo y los altos niveles de inflación en aras de reducir la desigualdad social. De todas ellas se pueden destacar las siguientes:

- El ingreso mínimo vital [aprobado durante el año 2020, legislado en 2021 y reforzado en 2022 a raíz de la crisis energética]. Según la estadística publicada por el INSS a finales de enero de 2023, el IMV ha llegado a 560 809 hogares en los que viven 1 579 949 personas. Esta prestación está teniendo una especial incidencia en la reducción de la pobreza infantil, puesto que del total de beneficiarios un 42,8 % son menores (676 288). Además, si tenemos en cuenta el número de hogares, en el 65,6 % hay al menos un menor (368 069).
- El salario mínimo interprofesional [...] revalorizado de forma continuada a lo largo de esta legislatura [desde 2019, el SMI ha pasado de 900 a 1134 euros].
- El indicador público de renta de efectos múltiples (IPREM) [un índice empleado como referencia para la concesión de ayudas, subvenciones o el subsidio de desempleo a las economías familiares más desfavorecidas] se incrementó un 2,5 % para el ejercicio 2022. En los Presupuestos Generales del Estado para el año 2023 se recoge una actualización que lo revaloriza en un 3,6 % [...].
- En 2022 se revalorizaron las pensiones y otras prestaciones abonadas por el sistema de la Seguridad Social en un 2,5 %, pero en 2023 se ha realizado un especial esfuerzo para para adecuarlas a la inflación. Así, la subida, efectiva desde el 1 de enero, supone un incremento del 8,5 % con carácter

13. Los Planes Operativos (PO) desglosan los objetivos estratégicos generales de la UE en prioridades de inversión y objetivos específicos, y profundizan además en acciones concretas mediante proyectos individuales. A diferencia de los Programas Nacionales de Reformas (PNR), extremadamente genéricos, los PO de los países europeos son la fuente principal de información acerca de la concreción por prioridades del gasto público destinado a la reducción de la pobreza (*vid.* A. Giménez Merino, «La coordinación de las políticas de lucha contra la pobreza en el marco del Semestre Europeo», en *La lucha contra la pobreza en el laberinto de la gobernanza*, cit., p. 104).

general de las pensiones del sistema de Seguridad Social y de Clases Pasivas del Estado, impidiendo que los pensionistas pierdan poder de compra, de acuerdo con la Ley 20/2021 de garantía del poder adquisitivo de las pensiones acordada con los interlocutores sociales [...].

- Por su parte, el Real Decreto-ley 20/2022 [...] presenta novedades muy relevantes para ayudar a la ciudadanía a afrontar la tensión de precios en la cesta de la compra generada por la inflación. Entre estas, destaca la rebaja del IVA en alimentos frescos o de primera necesidad, que pasan del 4 % al 0 % y del 10 % al 5 %, según el tipo de alimento básico. Además, se aprueba una nueva línea directa de ayuda a personas físicas de bajo nivel de ingresos y patrimonio, en la que se amplía el número de beneficiarios que podrán recibir un único pago de 200 euros. Este Real Decreto-ley incluye la prórroga de algunas iniciativas que ya estaban en vigor y expiraban el 31 de diciembre de 2022. Es el caso de las rebajas tributarias en las facturas de luz y gas o en las mascarillas quirúrgicas, las vacunas o los test para diagnosticar la covid-19.

Estos datos ponen efectivamente de manifiesto la respuesta positiva que se ha dado en los últimos años frente a la pobreza y la exclusión social, sobre todo como consecuencia del impacto de la pandemia de la covid-19. Se trata de medidas que, pese a su carácter universal, impactan especialmente sobre las mujeres si se considera su situación estructuralmente minorizada, aunque eso no significa que disminuyan la brecha de género, como se verá más adelante.

Por su lado, el Programa Nacional de Reformas (PNR) es un documento remitido anualmente a la CE —al lado del Programa de Estabilidad— para su examen sobre la implementación por los países de las Orientaciones del Consejo de Ministros de la Unión Europea. Desde 2019 debe dar cuenta de los progresos hacia los ODS y desde 2021 se integra como eje transversal del Plan de Recuperación, Transformación y Resiliencia (PRTR 2020). En materia de igualdad de género, el PNR de 2023 da cuenta de algunos progresos, que impactan esencialmente sobre el llamado «techo de cristal»[14].

14. El Plan Nacional de Competencias Digitales (que incluye acciones de formación orientadas a mujeres); los préstamos en condiciones favorables para apoyar proyectos de emprendimiento digital femenino; los programas de la Escuela de Organización Industrial para la atracción de talento de mujeres y para el desarrollo de capacidades emprendedoras; el Plan de Igualdad de Género y no discriminación en Ciencia, Tecnología e Innovación (que incluye la creación de un distintivo de igualdad de género en i+D+I para los centros que acrediten alcanzar criterios de excelencia en este ámbito); la obligatoriedad de implementar medidas para eliminar los sesgos de género e integrar la dimensión de género en los proyectos de i+D+i, y los avances en la tramitación de una ley de representación paritaria de mujeres y hombres en órganos de decisión (concretada en el Proyecto de Ley Orgánica

En general, las medidas emprendidas para alcanzar las metas del ODS 5 han de ser valoradas positivamente, pero presentan un vacío importante relativo a un problema que no ha hecho más que crecer en las últimas décadas, a medida que la agudización de la pobreza mundial ha empujado a muchas mujeres a emigrar. El Plan de Acción para la Implementación de la Agenda 2030 (aprobado en Consejo de Ministros en 2018 y desarrollado en la Estrategia Española de Desarrollo Sostenible 2020-2030) así lo admite: «si hay un colectivo de mujeres especialmente vulnerables son las mujeres migrantes, que suman su condición de migrante a las desigualdades del conjunto de las mujeres»[15]. Sin embargo, en relación con este colectivo el Estado ha limitado sustancialmente su radio de medidas específicas al campo de la explotación sexual, a través del Plan Integral de lucha contra la trata de mujeres y niñas con fines de explotación sexual 2015-2018. De lo que se desprende que la solución al problema concerniente a las trabajadoras del hogar, de hoteles o del campo choca con la política restrictiva de extranjería dominante en nuestro país.

2.3. *El desarrollo del Pilar Europeo de Derechos Sociales*

En el espacio europeo existe un marco referencial que evoluciona más rápida e intensamente que en otras partes del planeta, resultando un condicionante regulatorio de alta intensidad para España. Se trata del Pilar Europeo de Derechos Sociales (PEDS), formulado en 2017 como una «guía» principiológica para mejorar la situación social de la UE[16]. Tras la constatación del fracaso de la Estrategia Europa 2020, en 2021 se puso en marcha el Plan de Acción del Pilar (PAPEDS)[17], que traza, mediante iniciativas legislativas y políticas, un nuevo objetivo cifrado en al menos 15 millones menos de pobres para 2030.

En lo que respecta a la igualdad de género, el PAPEDS da impulso a las directivas 2006/54/CE sobre igualdad de trato, y 2019/1158, sobre conciliación de la vida familiar y la vida profesional de los progenitores

de representación paritaria y presencia equilibrada de mujeres y hombres aprobada en el Consejo de Ministros el 5 de diciembre de 2023), https://www.hacienda.gob.es/CDI/ProgramaNacionaldeReformas/PNR2023.pdf.

15. Cit. n. 10, *supra*.

16. Cuya propuesta es «dar nuevos y más efectivos derechos a sus ciudadanos» a partir de 20 principios articulados en tres vertientes: igualdad de oportunidades y de acceso al mercado de trabajo, condiciones de trabajo justas y protección e inclusión social (DOUE C/428/10, 13.12.2017).

17. COM(2021) 102 final, 04.03.2021.

y los cuidadores, y ha promovido las directivas 2022/2381, relativa a un mejor equilibrio de género entre los administradores de las sociedades cotizadas, y la 2023/970, sobre igualdad de retribución entre hombres y mujeres. La UE financia estas medidas con el Fondo Social Europeo y con los fondos extraordinarios de respuesta a la crisis de la covid-19 del MRR —como se verá, con interesantes novedades cualitativas—.

En consecuencia, el PAPEDS plantea abiertamente convertir los principios del Pilar en acciones concretas. Y si bien en algunos aspectos, como facilitar vivienda social, no se puede decir que se haya avanzado mucho, en otros, como la garantía de un ingreso mínimo vital, sí se han registrado progresos. Este es también el caso del objetivo, para 2030, de «reducir, al menos a la mitad, la brecha de género en el empleo en comparación con 2019», en alineación con la Estrategia para la Igualdad de Género 2020-2025 (EIG 2020-2025)[18], aunque ello se deba sobre todo, como se señalaba en el anterior apartado, a reformas no específicamente pensadas para las mujeres pero con repercusión indirecta sobre ellas.

La EIG 2020-2025 aborda el problema de la violencia y los estereotipos de género, las brechas de género en el mercado de trabajo (y las pensiones) y la desigualdad en los distintos sectores de la economía (en particular en el techo de cristal y en los cuidados). En este texto, la CE integra por primera vez la «perspectiva de género» y la «perspectiva interseccional» en todas las políticas y procesos de la UE, reforzándola a través del nombramiento de la primera comisaria de Igualdad, con cartera independiente. La prueba de la firmeza de esta voluntad la encontramos en la omnipresencia de dichas perspectivas en cualquier solicitud de subvención, de reconocimiento de la actividad investigadora o de beca que se postule en el marco del sistema universitario actual —cosa distinta es cómo se vienen interpretando dichos principios, dentro de un contexto general de desconcierto y de fuerte competencia—. España ha adaptado la estrategia europea a través del III Plan Estratégico para la Igualdad Efectiva de Mujeres y Hombres 2022-2025 (III PEIEMH).

Complementariamente, la Estrategia de la UE para la Igualdad de las Personas LGBTIQ 2020-2025[19] amplía significativamente el marco de protección antidiscriminatoria reforzando la interpretación de la incitación al odio, la violencia o la discriminación por razón de orientación sexual como un delito, o promoviendo el reconocimiento de las identidades trans y no binaria y de las personas intersexuales. Este marco nue-

18. COM(2020) 152 final, 05.03.2020.
19. COM(2020) 698 final, 12.11.2020.

vo ha sido internalizado en España a través de la Ley 4/2023, de 28 de febrero, para la igualdad real y efectiva de las personas trans y para la garantía de los derechos de las personas LGTBI.

Dentro de las medidas específicas adoptadas por España para la implementación del III PEIEMH, el anexo 4 del PNR 2023 relaciona los siguientes avances: el Anteproyecto de Ley de representación paritaria de mujeres y hombres en órganos de decisión; el Plan de Igualdad de Género y no discriminación en Ciencia, Tecnología e Innovación; el Proyecto Mujer, Ingeniería y Defensa; el Programa de la Escuela de Organización Industrial para la atracción de talento de mujeres y para el desarrollo de capacidades emprendedoras; la Línea ENISA para emprendedoras digitales; nuevas plazas de Educación infantil temprana (0-3 años); el Plan Operativo para la protección de los derechos humanos de mujeres y niñas víctimas de trata, explotación sexual y en contextos de prostitución (2022-2026) —conocido como «Plan Camino»—; la Estrategia Estatal para combatir las Violencias Machistas 2022-2025, y el Plan Conjunto Plurianual en materia de violencia contra las Mujeres (2023-2027)[20]. Siguen estando ausentes, específicamente, las mujeres migrantes.

Lo interesante de la actual etapa respecto a la anterior es que las políticas europeas de protección social no obligan directamente a los Estados a legislar medidas antidiscriminatorias —sigue rigiendo el principio de cooperación no legislativa o «método abierto de coordinación» del SE—, pero el acceso a los fondos europeos aprobados para implementarlas está condicionado a su incorporación en el derecho interno. Un estímulo que está siendo eficaz para conseguir ciertos avances en este campo.

3. LA INTERIORIZACIÓN DE LA LUCHA CONTRA LA FEMINIZACIÓN DE LA POBREZA EN EL DERECHO ESPAÑOL

3.1. *La persistencia de la brecha de género*

El concepto «feminización de la pobreza» debe su autoría a Diane Pearce, a finales de la década de los setenta[21], aunque no alcanza una dimensión institucional hasta la IV Conferencia de las Naciones Unidas sobre

20. PNR 2023, cit., p. 351.

21. *The feminization of poverty: Women, work, and welfare*, Graduate School of Social Work Alumni Association, Boston College, Boston, 1978.

la Mujer (Pekín, 1995), donde se admite que las mujeres constituyen el 70 % de los pobres del mundo. Pearce centraba los motivos de la especial exposición femenina a la pobreza en su responsabilización en los trabajos de cuidados no remunerados, y en la mayor dificultad de acceso y promoción en el mercado laboral en relación con los varones, con la consiguiente brecha salarial e infracotización.

A ese respecto, el Informe de Progreso 2023 del MDDSS —que da cuenta de la implementación de la Agenda 2030— reconoce la persistencia, en la horquilla del 2015 al 2023, de la brecha de género en términos de tasa de empleo (46 % frente al 55,9 % de los varones, en 2023), empleo parcial (22,8 % frente al 6,8 %), contrato temporal (19,9 % frente al 14,8 %), tasa de paro (15,13 % frente al 11,57 %), población inactiva por cuidados u otras obligaciones familiares (1 421 100 frente a 155 800), ganancia media anual (23 175,95 euros frente 28 388,69 en 2021, con un 25 % de mujeres en el tramo de menor ganancia, equivalente a 1 SMI, frente al 10,69 % de los varones) y pensiones de jubilación (1076,73 euros frente a 1578,18)[22]. En consecuencia, las mujeres continúan sufriendo un mayor riesgo de encontrarse en situación de pobreza y/o exclusión social que los hombres (un 27,2 % frente al 24,8 %), a pesar de que los datos de los dos últimos años mejoran las estadísticas de los anteriores —algo cualitativamente importante a la hora de valorar el nuevo rumbo que parecen haber emprendido las políticas públicas a raíz de la pandemia—.

3.2. *La ampliación del arco de protección de las mujeres a través de planes estratégicos y operativos, planes de recuperación y PERTE*

Varios instrumentos normativos integrados en el SE prestan una especial atención a la perspectiva de género a la hora de abordar la situación de pobreza de las personas y prevén mecanismos de participación de la sociedad civil en el diseño e implementación de políticas y medidas concretas. Es el caso de la Estrategia Nacional de Prevención y Lucha contra la Pobreza y la Exclusión Social 2019-2023 y los Planes Operativos que la desarrollan —mencionados en la respuesta a la encuesta al ministerio—, el III PEIEMH 2022-2025 y el PRTR (con una previsión de 140 000 millones de euros en transferencias y créditos procedentes del plan de financiación Next Generation EU para el periodo 2021-2026), que permitió la aprobación del Proyecto Estratégico para la Recuperación

22. «Informe de Progreso 2023», cit., pp. 112-116.

y Transformación Económica (PERTE) «Economía Social y de los Cuidados»[23].

Este PERTE responde a lo que ha venido en llamarse «Nueva economía de los cuidados y políticas de empleo», contemplando actuaciones orientadas a lograr la dignificación del trabajo de cuidados no profesionales y otorgándoles un presupuesto específico a cada una. Se hará referencia a ello en el apartado 4.2.

Por su lado, el III PEIEMH está diseñado como una de las «políticas palanca» para el cumplimiento de la Agenda 2030[24]. Su objetivo es combatir la feminización de la pobreza mediante políticas y medidas concretas que garanticen la igualdad en el acceso a los recursos, así como involucrar en esta tarea a actores institucionales y de la sociedad civil.

Como ya se ha apuntado, la eficacia de este paquete de medidas se ha de poner en relación con la intensificación de la actividad pública en el contexto de la crisis económica provocada por la covid-19. A ese respecto, el último informe de la EAPN, de 2023, tiene en cuenta, además de los indicadores tradicionales de pobreza y desigualdad (tasa de pobreza, índice de Gini y otros), los cambios o intervenciones recientes en la distribución de la renta operada por las administraciones del Estado. Su impacto puede medirse descontando de la renta disponible de las familias las transferencias del Estado, a partir de la Encuesta de Condiciones de Vida (ECV) elaborada por el Instituto Nacional de Estadística[25]. El balance a este respecto es positivo en relación con la crisis financiera del 2008 (conocida como «la Gran Recesión»): si durante esta los ingresos de las personas pobres tardaron más de diez años en retornar a sus valores previos, ahora la caída de sus rentas fue menor y la posterior recuperación mucho más rápida[26]. Se evidencia de esta manera que las

23. Disponible en: https://www.lamoncloa.gob.es/, y su desarrollo en: https://www.mites.gob.es/.

24. El Plan tiene una inversión prevista de 20319 millones de euros, lo que representa un 4,4 % del presupuesto no financiero del Estado (frente al 1,1 % del plan anterior, agotado en 2016) y un 0,40 % del PIB en presupuesto con impacto positivo en la igualdad (frente al 0,10 % anterior): https://www.lamoncloa.gob.es/consejodeministros/referencias/Paginas/2022/refc20220308.aspx#PEIO.

25. A este respecto, la EAPN matiza que: «Mientras la unidad de medición principal sea el hogar y los tamaños muestrales no permitan que la totalidad de los datos recogidos puedan ser desagregados por sexo [como sucede con la ECV], no se podrá conocer en profundidad la realidad de las mujeres en situación de pobreza y/o exclusión social en España» (EAPN 2023, *El Estado de la pobreza. Seguimiento de los indicadores de la Agenda UE 2030. 2015-2022*, 13.º Informe, Madrid, 2023, https://www.eapn.es/estadodepobreza/ARCHIVO/documentos/Informe_AROPE_2023_completo.pdf, p. 147).

26. *Ibid.*, p. 111.

acciones para hacer frente a la feminización de la pobreza no pueden quedar segmentadas de otras variables más generales.

3.3. *La entrada de la discriminación múltiple en la agenda política española*

El III PEIEMH (2021-2025) desarrolla explícitamente, aunque de forma un tanto confusa, la intención de incluir «las posibles situaciones de discriminación múltiple e interseccional» dentro de las actuaciones llamadas a implementar los objetivos y medidas del Plan. En este sentido, adoptando una terminología proveniente de los estudios de género, admite el problema de la desigualdad no solo por el tramo ascendente del techo de cristal, sobre el que las políticas de igualdad comunitarias habían centrado tradicionalmente su atención, sino por su extremo opuesto:

> [...] la segregación horizontal y los suelos pegajosos que, además, van a afectar especialmente a las mujeres en situación de mayor vulnerabilidad, ya que concentran a las mujeres en un número más reducido de sectores y ocupaciones que, en general, están peor pagados y valorados[27].

El cuarto eje de intervención recoge medidas específicas para mitigar situaciones donde el sexo intersecciona con otros factores discriminatorios, como la raza o el origen de las mujeres, aunque pasando por encima del problema substancial de la falta de ofertas laborales formales para las numerosas migrantes en situación irregular en España. En este sentido, habrá que esperar a la Ley contra el racismo anunciada en el Plan[28] para ver si altera de algún modo los obstáculos que la actual legislación de extranjería impone sobre las trabajadoras no comunitarias.

En cualquier caso, el texto asume la reivindicación de que la desigualdad no se mida solamente en términos de sexo: «La aplicación del principio de interseccionalidad precisa hacerse cargo de la diversidad de factores que, además del sexo, afectan a la plena igualdad de las mujeres

27. III PEIEMH (2021-2025), p. 25, https://www.inmujeres.gob.es/elInstituto/PlanesEstrategicos/docs/Plan_Estrategico_2022_2025.pdf.

28. Una de las medidas contempladas en el III PEIEMH es la «Elaboración de un anteproyecto de Ley contra el racismo, la discriminación racial y formas conexas de intolerancia que sufren algunos colectivos de mujeres» (*ibid.*, p. 103). El adelanto electoral frenó esta iniciativa, que finalmente ha entrado en el Congreso a través de la «Proposición de ley orgánica contra el racismo, la discriminación racial y formas conexas de intolerancia» presentada por el Grupo Parlamentario Mixto a través de la exministra de Derechos Sociales y Agenda 2030 entre 2021 y 2023, Ione Belarra (BOE n.º 79-1, del 15.03.2024, pp. 1-42).

y al disfrute de sus derechos»; y menciona entre estos factores «el origen étnico-racial, la posición económica, la orientación sexual, la identidad sexual o expresión de género, la edad, el lugar de residencia, o las mujeres con discapacidad». A tal fin ordena a las administraciones desarrollar «actuaciones y normativas específicas que atajen la discriminación multifactorial en los ámbitos educativo, laboral y cultural»[29].

Es difícil evaluar la discriminación multifactorial a través de las estadísticas oficiales. Por ejemplo, si se toman como referencia los hogares monoparentales, masivamente a cargo de mujeres[30], en ellos confluyen otros condicionantes que aumentan las posibilidades de vivir bajo el umbral de la pobreza, como la presencia de menores dependientes o que solo haya una persona adulta con posibilidad de recibir un salario regular[31]. A esto cabe sumar el hecho de que España sea la economía europea donde hay un mayor porcentaje de personas en el mercado del alquiler en una situación de riesgo de pobreza o de exclusión social[32], con la consecuencia de que muchas mujeres hayan de correr en exclusiva con los gastos del inflacionado mercado arrendaticio.

De ahí que sea necesario profundizar en los factores que dan como resultado el mantenimiento de exclusiones persistentes, con especial cuidado hacia los menos atendidos.

3.4. *La crisis de 2008 y la crisis de 2019: dos impactos de género diferentes*

Los informes independientes sobre pobreza y exclusión de EAPN y FOESSA llegan a la conclusión de que, en la crisis provocada por la pandemia, la brecha de género se acrecentó respecto a la sufrida con la crisis del 2008. Mientras que en esta la destrucción de empleo golpeó duramente a los varones, produciéndose una «igualación a la baja»[33], la crisis

29. III PEIEMH (2021-2025), cit., pp. 85-86.

30. El último dato disponible de la Encuesta Continua de Hogares (INE) cifra en el 81,3 % los hogares monoparentales donde la persona adulta era una mujer en 2020.

31. EAPN, *El Estado de la pobreza*, cit., pp. 161-162.

32. El Banco de España estima que la presión del alquiler hace que el riesgo de exclusión o pobreza esté instalado en el 45 % de los hogares en esa situación, frente al 31 % del promedio de la UE-27 (Banco de España, *Informe Anual 2023*, Madrid, 2024, p. 25: https://doi.org/10.53479/36512).

33. «[En la crisis anterior] la brecha de género, aun sin desaparecer, había llegado a reducirse ligeramente (los hogares en situación de pobreza pasaron del 16,0 % en 2007 al 25,3 % en 2013 cuando la sustentadora principal era una mujer y del 12,2 % al 22,6 % cuando el ingreso principal era aportado por un hombre, lo que conlleva una reducción de 3,8 puntos porcentuales a 2,7 puntos porcentuales en la distancia entre unas y otros). En

más reciente ha afectado singularmente a las mujeres. Se trata de un aspecto prácticamente inapreciado en el debate sobre las políticas públicas, cuando en cambio pone de relieve que la desigualdad ha empeorado más para quienes ya se encontraban en una situación de mayor desventaja[34]. La paradoja es que, mientras que el gran paquete de ayudas públicas articulado para el mantenimiento del tejido productivo y el consumo ha sido eficaz en términos generales, no ha llegado apenas al segmento poblacional ampliamente feminizado y racializado de las trabajadoras del hogar, de las trabajadoras sexuales, de las recolectoras, de las familias monoparentales o de las trabajadoras a tiempo parcial, por ejemplificar. De modo que las diferencias por sexo en todos los indicadores manejados se reducen cuando empeora la situación económica, mientras que aumentan en los ciclos de recuperación.

Así, mientras que la meta 1.2 de los ODS fija para 2030 el objetivo de reducir al menos a la mitad la proporción de hombres, mujeres, y niños y niñas de todas las edades que viven en la pobreza en todas sus dimensiones con arreglo a las definiciones nacionales, según la EAPN desde el año 2015 la tasa masculina se ha reducido en 2,7 puntos porcentuales y la femenina en solo 7 décimas[35]. Para cumplir los objetivos de género de los ODS, sería necesario reducir la tasa masculina al 11,3 % y la femenina al 10,9 % (la mitad de la tasa registrada en 2015) en los 15 años de duración de la Agenda 2030, y, dado que ya han pasado 7 años, un cumplimiento proporcional exigiría que la tasa femenina fuera este año del 16,7 % (cuando en realidad es 4,4 puntos superior)[36].

Son varios los factores que explican esta desigualdad interna a la pobreza.

la crisis actual, por el contrario, no ha habido ninguna 'igualación a la baja', sino un aumento de la desigualdad, aunque siempre 'a la baja' (los hogares en situación de pobreza han pasado del 21,7 % en 2018 al 28,2 % en 2021 cuando la sustentadora principal era una mujer y del 18,7 % al 24,3 % cuando el ingreso principal era aportado por un hombre, lo que conlleva un aumento de 3,0 puntos porcentuales a 3,9 puntos porcentuales en la distancia entre unas y otros)» (Fundación FOESSA, *Evolución de la cohesión social y consecuencias de la covid-19 en España*, Madrid, 2022, p. 235).

34. Según el diario *Expansión*, la brecha de género en 2023 se sitúa en el 79,1 % si se analiza la división de los recursos y las oportunidades entre hombres y mujeres en la participación en la economía y el mundo laboral cualificado, en política, en acceso a la educación y en esperanza de vida (*Expansión*, «Datos macro»: https://datosmacro.expansion.com/demografia/indice-brecha-genero-global/espana).

35. «Así, desde 2015 hay más de medio millón de hombres pobres menos, mientras que solo 61.000 mujeres han salido de la pobreza» (EAPN, *El Estado de la pobreza*, cit., p. 158).

36. *Ibid.*, p. 35.

Por un lado, en los últimos años se aprecia una tendencia al estrechamiento en la brecha salarial, lo que tiene que ver —como destacaba la encuesta respondida por el MDDSS— con las sucesivas subidas del salario mínimo interprofesional, que han incidido especialmente en los sueldos más bajos, y el establecimiento de un IMV. Y lo mismo se puede decir de la reducción de la distancia entre las pensiones de mujeres y hombres que se viene produciendo al menos desde 2008, fruto de los recientes aumentos del gasto público en este capítulo, sobre todo en las prestaciones más reducidas[37]. Con todo, la brecha salarial medida en términos de disparidad entre los ingresos brutos medios por hora de hombres y mujeres reflejaba todavía un 8,9 % en 2022, casi 4 puntos por debajo de la media europea[38].

LA EAPN destaca, además, la desigualdad cualitativa que se da por niveles de ingresos: «Si se ordena a las personas ocupadas de menor a mayor salario y se divide en 10 grupos de igual tamaño, se aprecia como en los tres grupos de menor salario la concentración de mujeres supera al 50 %, mientras en el resto de los deciles los hombres son mayoría»[39]. Un dato que ayuda a entender la desigualdad en las pensiones, un 49,7 % más elevada para los varones en 2022[40].

Pero el dato que probablemente expresa mejor la desigualdad entre sexos es la tasa de ocupadas a tiempo parcial (21,6 % de las empleadas en 2022, casi la media de 2008; y para todos los años superior a más del triple de la tasa masculina)[41], de lo que se colige que la recuperación del empleo posterior a la crisis financiera no ha producido una disminución significativa del trabajo a tiempo parcial a cargo de mujeres. En otras palabras, si esta modalidad de trabajo aumentó con el incremento del paro que siguió a la crisis financiera, la disminución posterior del desempleo no produjo una reducción similar. Sin duda, en esta situación influye poderosamente la feminización de los trabajos de cuidados de meno-

37. La EAPN destaca, entre otras medidas, la reforma de las pensiones de 2023, que incorpora una mejora progresiva de los niveles de las mínimas contributivas, no contributivas y de viudedad (*El Estado de la pobreza*, cit., p. 155).

38. Eurostat, «Gender pay gap statistics», disponible en: https://ec.europa.eu/eurostat/statistics.

39. EAPN, *El Estado de la pobreza*, cit., p. 154.

40. *Ibid.*, p. 155.

41. *Ibid.*, p. 42. Un informe más reciente de la Fundación Iseak cifra en casi 1 000 000 las mujeres empleadas a jornada parcial *por no poder encontrar un empleo a jornada completa*, por 340 000 varones (Lucía Gorjón y Sara de la Rica, «Trabajo a tiempo parcial: precariedad laboral y brechas de género», Informe 2024/2, p. 46, disponible en: https://iseak.eu/.

res y ancianos, donde en 2022 el 16,4 % de mujeres destinó todo su tiempo a tareas domésticas y a cuidados de menores u otras personas, frente al 0,3 % de los varones[42].

La reforma laboral de 2021 pretendía justamente provocar una disminución de la temporalidad de los contratos que impactara sobre la laboralidad femenina. Sin embargo, los resultados indican que las mujeres, a pesar de haber contribuido con el 52 % de la creación neta de empleo entre diciembre de 2021 y febrero de 2024, solo aportan el 36 % de los nuevos contratos indefinidos a tiempo completo y el 64,1 % de los nuevos contratos a tiempo parcial[43]. Esto supone que la mejora general del empleo no ha alterado la brecha de género con relación a la consistencia del mismo.

En suma, pese a la evolución creciente de la incorporación de la mujer en el mercado reconocido de trabajo, la segmentación laboral permanece prácticamente invariable. La tasa de actividad de las mujeres en 2022 era casi 10 puntos más baja que la de los hombres (53,8 % y 63,7 %, respectivamente), lo que significaría, en términos de incumplimiento de objetivos de la Agenda 2030, que las mujeres se encuentran cinco veces peor que los hombres[44].

El Informe FOESSA 2022 destaca también cómo el índice sintético de exclusión social (ISES) —que permite sintetizar las situaciones de exclusión a través de los ejes económico, político y económico-social— se mantiene significativamente más alto cuando el ingreso principal es aportado por una mujer, la prevalencia, entre 2018 y 2021, de la movilidad descendente de la integración precaria hacia la exclusión en aquellos hogares encabezados por mujeres o la señalada expansión de los hogares monoparentales (de un 9,8 % en 2007 al 13,9 % en 2021, en que el 74 % de estos

42. EAPN, *El Estado de la pobreza*, cit., p. 147. Otros estudios amplían o matizan estos datos: 330 000 mujeres (un 20 % del total de las que trabajan a tiempo parcial) por 19 000 varones (el 3 %) empleados a jornada parcial por cuidados («Trabajo a tiempo parcial», cit., p. 47); el 75 % de las personas que trabajaban en 2021 a tiempo parcial son mujeres, en quienes recaería el 95 % del empleo a tiempo parcial por motivos de cuidado (Instituto de las Mujeres, «Documento de Bases por los Cuidados», Administración General del Estado, 2023, p. 82); los varones vascos representarían apenas el 7,4 % de las excedencias para cuidado de criaturas y un 15,4 % en el caso de cuidados a personas mayores y dependientes (Josetxu Riviere Aranda, «Los hombres en el feminismo», en C. Serra, C. Garaizábal y L. Macaya [coords.], *Alianzas rebeldes. Un feminismo más allá de la identidad*, Edicions Bellaterra, Barcelona, 2021, p. 168).

43. *elEconomista.es*, 08.03.2024, a partir de los datos de afiliación al Régimen General de la Seguridad Social, disponible en: https://www.eleconomista.es/.

44. EAPN, *El Estado de la pobreza*, cit., p. 37.

hogares —elevado al 82 % en 2020 en la Encuesta Activa de Hogares 2013-2020— tenía como progenitor a una mujer)[45].

Por fin, hay que mencionar el significativo aumento de la población pobre mayor de 65 años, que viene afectando principalmente a las mujeres (el 11,1 % del total de la población pobre, una cifra similar a la de 2009)[46]. Algo lógico, si se tiene en cuenta que las pensiones de la población femenina arrastran periodos de cotización menores con relación a los varones.

3.5. *El trabajo informal feminizado*

Un factor de feminización de la pobreza que hay que considerar por separado, por constituir un caso de discriminación multifactorial específico, es el de las mujeres que dedican su tiempo remunerado a los cuidados —especialmente cuando se realizan en condiciones de mayor precariedad—, dada la amplia vinculación de este ámbito al factor étnico y al mercado sumergido. Como señala la EAPN:

> A menudo el trabajo de empleo de hogar se practica porque es la única salida laboral en el país de acogida, se tenga o no formación en otro campo, y en ello intervienen las duras condiciones que les impone la legislación en materia de extranjería, que muchas veces las aboca a situaciones de pobreza y exclusión social y a una mayor vulneración de sus derechos[47].

Es sabido que los Estados del espacio Schengen —propulsor de una política global restrictiva de los canales legales de la migración y, por tanto, responsable de aumentar la población inmigrante irregular[48]— se han mostrado hasta ahora refractarios a grandes regularizaciones de extranjeros, y que los vientos políticos actuales no soplan precisamente en esa dirección[49], cuando en cambio hay una acuciante necesidad de mano

45. Fundación FOESSA, *Evolución de la cohesión social*, cit., pp. 232, 234 y 242.
46. EAPN, *El Estado de la pobreza*, cit., p. 114.
47. *Ibid.*, p. 150.
48. Esther Pomares Cintas, «¿Es anecdótico el trabajo esclavo en España? A propósito del Plan de Acción Nacional contra el trabajo forzoso y las víctimas olvidadas»: *Estudios Penales y Criminológicos*, 42 (2022), p. 3, https://doi.org/10.15304/epc.42.8226.
49. En el momento de escribirse estas líneas, la UE ha cerrado un pacto migratorio que endurece las reglas de concesión de asilo, amplía los plazos de detención, permite las deportaciones rápidas en frontera y fortalece las devoluciones. Los gobiernos podrían eludir la obligación de reubicar refugiados con el pago de 20 000 euros por cada persona rechazada.

de obra en la UE y la población extranjera es un componente esencial del PIB y de la explosión del empleo que ha permitido la recuperación económica[50]. El hecho de tener disponible una gran bolsa de extranjeros en situación irregular ha permitido hasta ahora obtener una gran rentabilidad económica del trabajo en la economía sumergida[51], muy significativo en los sectores ampliamente feminizados y no cualificados del trabajo del hogar o de la agricultura temporera, o en otros no reglados como el mercado del sexo.

La CE elaboró en 2020 un Plan de Acción en materia de Integración e Inclusión para 2021-2027 que incluye propuestas en cuatro ámbitos (educación, empleo, vivienda y asistencia sanitaria) con el fin de promover la integración y la inclusión social de las personas migrantes y de origen migrante. El documento, muy laxo, admite sin embargo que «los migrantes y los ciudadanos de la UE de origen migrante desempeñan un papel fundamental en la economía y la sociedad europeas» y contempla «la combinación de características personales —como el género, el origen racial o étnico, la religión o el credo, la orientación sexual y la discapacidad— que puedan plantear dificultades específicas para los migrantes»[52]. Por ello, está en conexión con la Estrategia para la Igualdad de Género 2020-2025, el Plan de Acción de la UE Antirracismo 2020-2025, el marco estratégico de la UE para la igualdad, la inclusión y la participación de los gitanos, la Estrategia para la Igualdad de las Personas LGBTIQ y la Estrategia sobre los Derechos de las Personas con Discapacidad 2021-2030.

Es interesante el reconocimiento oficial de que las mujeres y las niñas migrantes se encuentran con más obstáculos para su integración que los hombres y los niños migrantes, en referencia a la discriminación multifactorial (ser migrantes, mujeres, con responsabilidades domésticas, y blanco de determinados estereotipos, como la raza o la cualidad de su prestación laboral, lo que puede agravarse si confluyen otros aspectos como la sexualidad anómica o la discapacidad). Sin em-

50. Según el INE, en 2023 el 41,9 % de puestos de trabajo que se crearon en España fueron ocupados por extranjeros. Según el SEPE, su porcentaje en la ocupación total fue del 17,9 %, a pesar de representar solamente el 12,7 % de la población («Informe del mercado de trabajo de los extranjeros 2024», Catálogo general de publicaciones oficiales, Madrid, 2024, p. 20).

51. En este sentido, el TEDH se ha pronunciado sobre prácticas de cosificación humana en sectores no cualificados de actividades productivas por cuenta ajena (*vid.* «¿Es anecdótico el trabajo esclavo en España?, cit., p. 17).

52. Plan de Acción en materia de Integración e Inclusión para 2021-2027, COM(2020), 758 final, pp. 2 y 7.

bargo, y a pesar de que España ha incorporado al derecho interno todo el paquete normativo europeo, lo cierto es que la población inmigrante recala mayoritariamente en el sector servicios (el 79 % de las personas afiliadas en 2023)[53], sobre todo en cuidados, restauración, hostelería y comercio, quedando en cambio los déficits de personal cualificado sin cubrir.

En un informe reciente, Fanjul y Gálvez-Iniesta cifran en medio millón las personas extracomunitarias en situación administrativa irregular, de las que el 58 % son mujeres[54]. El 15 % de ellas trabajan en las actividades del hogar (del 27 % total: 556 000 personas) y el 6 % en la hostelería (del 24 % total: 1 230 000 personas)[55]. Teniendo en cuenta que una de cada tres personas extranjeras está en riesgo de exclusión social severa —una proporción tres veces más alta que la de los nacionales—[56] y que el salario bruto medio de las trabajadoras del sector doméstico es un 58,9 % menor a la media del resto de actividades[57], se aprecia cómo la radiografía de la pobreza en España se centra singularmente en esta franja poblacional.

No parece que la reforma del Reglamento de Extranjería aprobada en julio de 2022 sea suficiente para revertir esta situación, si bien incluye una nueva figura de arraigo por formación (a través del compromiso de realizar una formación reglada para el empleo) que en 2023 ha permitido a 22 144 extranjeros que han permanecido en España de forma continuada durante un periodo mínimo de dos años obtener un permiso de residencia por un periodo de 12 meses prorrogables a otros 12[58].

53. «Informe del mercado de trabajo de los extranjeros 2024», cit., p. 18.

54. El cálculo de ciudadanos extracomunitarios sin papeles se realiza por el llamado «método residual», comparando las cifras del padrón con los permisos de residencia oficiales. Para obtener información sobre su situación en el mercado laboral, se acude a la EPA, de la que se puede obtener la cifra de trabajadores empleados por sector de actividad, incluyendo tanto la economía formal como la informal. Por fin, la cifra de afiliados que figuran en la Seguridad Social proporciona la fotografía del mercado laboral formal, por lo que la comparación de ambas fuentes estadísticas es lo que permite estimar la magnitud y composición sectorial de la economía informal (Gonzalo Fanjul e Ismael Gálvez-Iniesta, «Cinco buenas razones para aprobar una regularización extraordinaria de migrantes sin papeles», *Informe para el movimiento esenciales*, Fundación porCausa, 2022, pp. 51-53, https://porcausa.org/wp-content/uploads/2022/03/Informe_Esenciales_2022.pdf).

55. *Ibid.*, pp. 20 y 22.

56. *Evolución de la cohesión social*, cit., p. 342.

57. OXFAM, *Esenciales y sin derechos. O cómo implementar el convenio 189 de la OIT para las trabajadoras del hogar*, OXFAM, 2021, https://www.oxfamintermon.org/es/publicacion/esenciales-sin-derechos-empleadas-hogar, p. 19.

58. Ministerio de Inclusión, Seguridad Social y Migraciones, «Estadística de personas con autorización inicial de residencia por arraigo. Datos semestrales desde el 30 de junio

Las principales iniciativas para la regularización de la emigración provienen esencialmente del sector civil. Es el caso de la campaña «Esenciales» (promovida por Regularización Ya, la Fundación para la Ciudadanía Global, REDES, la Fundación porCausa, Alianza por la Solidaridad y el partido Por Un Mundo Más Justo, y con 14 000 personas voluntarias en todo el territorio y el respaldo de más de 80 ayuntamientos españoles), que mientras se escriben estas líneas, ha logrado la tramitación en el Congreso de la Proposición de Ley de iniciativa popular para una regularización extraordinaria para personas extranjeras en España. La iniciativa, con más de 600 000 firmas, pretende modificar la Ley Orgánica 4/2000, sobre derechos y libertades de los extranjeros en España, mediante un procedimiento para la regularización de los extranjeros que se encuentren en territorio español antes del día 1 de noviembre de 2021.

3.6. *La infraparticipación de las organizaciones de la sociedad civil*

Las organizaciones sociales con las que se ha trabajado en la investigación que sustenta esta publicación están directamente implicadas en la lucha contra la pobreza en España y han aportado una perspectiva práctica acerca no solo de los vacíos legales existentes, sino sobre todo de los problemas concretos —singularmente la hiperburocratización— que han dificultado la aplicación de los instrumentos normativos puestos en juego y que han provocado que muchos usuarios potenciales de las ayudas extraordinarias habilitadas durante la pandemia no pudieran acceder a ellas. Asimismo, su aportación ha sido valiosa para identificar los problemas de coordinación de las políticas de lucha contra la pobreza en el escenario multinivel que las enmarca, donde coexisten diversos niveles estatales y supraestatales a menudo en colusión o en competencia.

La participación del tercer sector es un vector importante del SE y lo cierto es que la comunicación del Gobierno con las organizaciones sociales —al menos con las más representativas— ha mejorado en los últimos años[59]. La EAPN participa en la Red de Inclusión Social (RIS) 2017-2020 (un espacio de intercambio y de diálogo continuador de la red que estuvo en funcionamiento entre 2010 y 2014) junto con las entidades socia-

de 2013 al 31 de diciembre de 2023», 2023, p. 8, https://www.inclusion.gob.es/web/opi/estadisticas/catalogo/arraigo.

59. Tradicionalmente, esto había tenido unos efectos más declarativos que materiales, ante la imposibilidad de saber qué organizaciones intervenían efectivamente o qué criterios se utilizaban en la selección de las consultadas (*vid.* A. Giménez Merino, «La coordinación de las políticas de lucha contra la pobreza en el marco del semestre europeo», en Íd. [ed.], *La lucha contra la pobreza en el laberinto de la gobernanza*, cit., pp. 93-112).

les sin ánimo de lucro que participan en la implementación del Programa Operativo de Inclusión Social y para el fomento de la Economía Social (POISES), del Programa Operativo de Empleo, Formación y Educación (POEFE) y del Programa Operativo de Empleo Juvenil (POEJ), así como las organizaciones sindicales y empresariales más representativas (CCOO, UGT, CEPYME y CEOE).

Este extremo fue confirmado por el responsable del MDDSS:

> *En relación con la participación de las organizaciones sociales involucradas en la lucha contra la pobreza en el diseño e implementación de las políticas que han de dar cuenta de los progresos hacia los ODS en España:*
>
> El interlocutor habitual, que representa al Consejo Estatal de ONG de Acción Social, es su Grupo de Inclusión Social, Empleo y Rural. En el diseño de las estrategias y planes nacionales (Estrategia de Prevención y Lucha contra la Pobreza y la Exclusión Social, Estrategia Integral para Personas sin Hogar, Estrategia para la Población Gitana, etc.), siempre se convoca al Grupo, que realiza importantes aportaciones a los contenidos de estas políticas, y que luego trasladamos a los ministerios y centros directivos responsables. También mantenemos reuniones con el Grupo durante la implementación de los planes y estrategias con el fin de que nos ayuden a realizar un buen seguimiento. Finalmente, las organizaciones sociales están también integradas en algunos de nuestros foros en los que se intercambian experiencia y casos de buenas prácticas, como la Red de Inclusión Social que promueve el Ministerio con el apoyo financiero del Fondo Social Europeo[60].

Esta interlocución entre las instituciones y la sociedad, no obstante, se produce todavía en instancias muy generales, en el nivel de la planificación y el seguimiento de acciones, pero no se concreta en lo atinente a la actividad desplegada por las organizaciones de base involucradas en la lucha contra la feminización de la pobreza. Dos sectores laborales ejemplifican bien esta situación: el trabajo del hogar y el trabajo sexual, ampliamente integrados por población migrante.

En el primer caso, en el breve lapso temporal del 9 de junio al 6 de septiembre de 2022, el Congreso aprobó la largamente reclamada ratificación por España del Convenio n.º 189 de la Organización Internacional del Trabajo sobre las trabajadoras y los trabajadores domésticos (C189 OIT, 2011), mientras que el Gobierno hizo lo propio con el Real Decreto-ley 16/2022 para la mejora de las condiciones de trabajo y de Seguridad Social de las personas trabajadoras al servicio del hogar, que

60. *Vid.* n. 12, *supra.*

dignifica significativamente las condiciones de trabajo de este sector en relación con la deficiente regulación especial de la Ley 27/2011[61].

Sin embargo, aunque el artículo 2 del C189 OIT reconoce la legitimidad de las organizaciones de trabajadoras del hogar, además de los sindicatos generales y la patronal, como interlocutoras en la negociación de las normas que las afectan, y a pesar del elevado grado de autoorganización alcanzado por las trabajadoras[62] —emancipadas progresivamente del tutelaje de las grandes ONG promigrantes— y la trascendencia que han tenido sus luchas para la elaboración, la ratificación y el desarrollo interno del Convenio[63], la negociación de sus condiciones laborales a través de convenios colectivos solo es posible, en el marco laboral actual, mediante acuerdos entre los sindicatos y las organizaciones empresariales —que, mientras no exista una *patronal de las familias*, son las llamadas a la negociación colectiva en este sector—. Una acción coordinada entre estos agentes y el conjunto de organizaciones propias parece en cambio lo más razonable, lo que podría servir, entre otras cosas, para desencallar el problema de la falta de diferenciación entre las distintas situaciones en las que se enmarca el trabajo en los hogares (tareas del hogar y trabajo de cuidados; trabajo por horas, por jornadas o en regímenes irregulares; la interinidad, la pernoctación y los horarios irregulares), que no queda resuelta con la nueva normativa reguladora del sector[64].

Asimismo, es un tópico entre las organizaciones de trabajadoras domésticas —y un motivo de desacuerdo entre la sesentena de ellas en España— la queja porque la interlocución con las administraciones sea fragmentaria y discontinua, sin que se consiga reunir regularmente un número de voces suficiente como para elevar el grado de legitimidad de los procesos de gobernanza puestos en marcha en la presente legislatura.

61. *Vid.* A. Giménez Merino, «El nuevo mapa regulatorio del trabajo del hogar en España. Condicionantes político-jurídicos y condicionantes materiales de un sector precarizado y feminizado»: *Cuadernos Electrónicos de Filosofía del Derecho*, 48 (2023), pp. 243-270, DOI: 10.7203/CEFD.48.25843.

62. *Vid.* Beltrán Roca y Emma Martín-Díaz (eds.), *Migrant Organising. Community Unionism, Solidarity and Bricolage*, Brill, Leiden, 2020, DOI: 10.14422/mig.i49.y2020.002.

63. *Vid.* Giulia Garofalo Geymonat y Silvia Marchetti, *Domestic Workers Speak: A Global Fight for Rights and Recognition*, Open Democracy, Londres, 2017, disponible en https://iris.unive.it/handle/10278/3687850#.Xq72681S_IU.

64. El artículo 5.4 del Real Decreto-ley obliga a la parte empleadora a informar sobre las condiciones de la prestación laboral, tales como las prestaciones salariales en especie, la duración, distribución y retribución de los tiempos de presencia pactados y el régimen de pernoctas. Esto mantiene desdibujados los distintos perfiles del trabajo en los hogares, aunque los recoja implícitamente.

Por lo que hace al trabajo sexual, embarbascado en torno al debate sobre su estatuto jurídico, el peso político, institucional y académico del «feminismo abolicionista» impide divisar un escenario de interlocución mínima con las asociaciones de mujeres del sector, dentro de un contexto simbólico penetrado por la idea de la prostitución forzada (cuando las situaciones de trata son minoritarias —un 10 %— en relación con la prestación voluntaria, como reconoce el propio Plan Camino). El seminario organizado por el equipo de investigación de este libro permitió comprobar cómo las subvenciones que van a parar a las organizaciones supuestamente encargadas de sacar de este sector a las mujeres apenas logran el objetivo declarado[65]. Lo cual confirma que las políticas hoy dominantes en Europa están respondiendo a un fin no declarado: el control migratorio desde un enfoque securitario[66].

4. UN CASO MODÉLICO: LA NUEVA REGULACIÓN SOBRE EL EMPLEO EN EL HOGAR EN EL CONTEXTO DE LA LLAMADA «CRISIS DE LOS CUIDADOS»

4.1. *El impacto de condicionantes regulatorios externos en la regulación sobre el empleo en el hogar en España*

Pese a no haber previsto la equiparación plena del sistema de empleadas del hogar con el sistema general del Estatuto de los Trabajadores contemplado en el C189 OIT y contener lagunas regulatorias y disposiciones pendientes de desarrollo, el Real Decreto-ley 16/2022 reconoce por primera vez la prestación por desempleo y elimina la libertad de las familias para «desistir» descausalizadamente de la trabajadora, lo que venía a justificarse por la situación de crisis arrastrada desde el *crack* de 2008. En esta reparación —en un país que se ha aprovechado profusamente de

65. Nos referimos, respectivamente, al seminario «La lucha contra la feminización de la pobreza: la situación de las mujeres víctimas de trata» (Barcelona, 05.07.2023) y al Plan Operativo para la protección de los derechos humanos de mujeres y niñas víctimas de trata, explotación sexual y mujeres en contextos de prostitución (2022-2026) del Ministerio de Igualdad, o «Plan Camino», con una inversión prevista de 204 millones de euros.

66. Sirve de ejemplo una investigación de la ONG Mundo en Movimiento que muestra cómo el perfil mayoritario de mujeres encerradas en el centro de internamiento de extranjeros de Aluche durante 2021 y 2022 era el de prostitutas latinoamericanas con cargas familiares, seguido del de trabajadoras del hogar (Blanca Bernardo Egea, María Paramés Bernardo y María Peñalosa Méndez, «Represión y encierro. Análisis interseccional de la violencia en el internamiento de personas extranjeras», Rosa-Luxemburg-Stiftung, Madrid, 2023, p. 20).

la regulación antigarantista anterior— han intervenido diversos condicionantes regulatorios, el más importante de los cuales, por tratarse de una norma vinculante, ha sido la Sentencia del Tribunal de Justicia de la UE de 24 de febrero de 2022 que resolvió la demanda de una trabajadora gallega. Dicha sentencia aprecia una discriminación indirecta por motivos de género en el no reconocimiento de la prestación de desempleo para las empleadas del hogar, en aplicación del artículo 2.1.b) de la Directiva 2006/54[67].

Estas reformas no pretenden solucionar el problema de la estructura social patriarcal del modelo familiarista español, mantenedor de una división sexual desigual del trabajo que acaba desplazando la discriminación femenina hacia las trabajadoras pobres que prestan su servicio en los hogares. Sin embargo, a ese respecto, la ratificación del C189 OIT y la nueva regulación del servicio del hogar sí concuerdan con el cambio más global planteado por el III PEIEMH (2021-2025), cuyo análisis de la desigualdad a la luz del factor migratorio concluye con la necesidad de reforzar la actuación de la inspección de trabajo en los hogares, medidas de protección de la seguridad y salud en el trabajo[68], y ofrecer canales de profesionalización que garanticen unas condiciones laborales más dignas que hasta ahora («certificando conocimientos relacionados con las actividades de cuidado, especificando perfiles, etc.»)[69]. Unas demandas largamente reivindicadas por las organizaciones de trabajadoras para obtener salarios justos y para que su protección laboral específica sea eficaz.

67. «La presencia de una disposición, un criterio o una práctica aparentemente neutros que sitúan a personas de un sexo determinado en desventaja particular con respecto a personas del otro sexo» (STJUE de 24 de febrero de 2022, apdo. 40, ECLI:EU:C:2022:120).

68. La gravedad del asunto ha quedado reflejada en la «Encuesta sobre salud laboral en el empleo de hogar y los cuidados. Informe de resultados 2024», elaborada por el equipo «Sociedades en Movimiento» de la Universidad de La Coruña, según el cual el 83 % de las empleadas ha padecido consecuencias en su salud a raíz de su trabajo (pp. 28, 40 y 42, https://redacoge.org/wp-content/uploads/2024/03/Informe-Salud-Laboral-Empleo-de-Hogar_Tablas.pdf). El informe pone de manifiesto cómo más de la mitad de las encuestadas trabaja todavía sin contrato ni alta en la Seguridad Social o con un alta por un número inferior de horas a las efectivamente realizadas, que las *internas* representan el 40 % de las empleadas en este sector y que la mayor parte de estas carece de la nacionalidad española.

69. III PEIEMH (2021-2025), cit., pp. 26-27. El reconocimiento profesional de las cuidadoras carentes de titulación, pero con una amplia experiencia profesional, es un aspecto crucial para las trabajadoras que han estado ejerciendo su trabajo doméstico en situación irregular durante mucho tiempo. El sistema especial del empleo en el hogar ha permitido a muchas familias *interinizar* a trabajadoras que carecen de contratos de esta naturaleza. Corresponde ahora al Estado, por tanto, implementar medidas de acompañamiento y concienciación al lado de una oferta formativa que haga posible un empleo cualificado en condiciones dignas.

El PERTE «Economía Social y de los Cuidados» ha desarrollado este último aspecto:

> En este contexto, se pretende profesionalizar el trabajo que han realizado tradicionalmente las mujeres de manera informal, previendo un mecanismo de acreditación que reconozca la experiencia laboral de cuidado no profesional de cara a poder habilitarlas como perfiles competentes en estas bolsas de cuidados.

Y contempla, para el periodo 2022 y 2023, 3 300 000 euros para la «formación modular ligada a cualificaciones profesionales del sector de los cuidados y transversal de digitalización y sostenibilidad, destinada a la cualificación y recualificación (*reskilling* y *upskilling*) de personas ocupadas o en situación de desempleo»; 20 000 euros para la «actualización del catálogo de cualificaciones, títulos, cursos y certificados profesionales de profesionalidad del sector de cuidados» [*sic*], y 43 405 200 euros para la «evaluación y acreditación de las competencias profesionales obtenidas por experiencia laboral o vías no formales, atendiendo específicamente a personas trabajadoras del sector de los cuidados»[70].

El balance es que, a pesar de las mejoras experimentadas, son muchos los aspectos cuya concreción es incierta, empezando por el hecho ya comentado de que el trabajo por cuenta ajena en los hogares españoles todavía no está bien tipificado en la normativa. Esta, por otro lado, no especifica los mecanismos de control de sus propias prescripciones y deja sin afrontar el problema central de las trabajadoras extranjeras en situación irregular o sin papeles, significativas, como se ha visto, dentro del sector del hogar[71]. Omisiones que favorecen el lucrativo y reiteradamente denunciado negocio de las empresas de colocación que, a través de contratos mercantiles de interinidad que hacen firmar a trabajadoras en situación irregular por cantidades miserables, se aprovechan de su situación frágil. Dentro del lento campo burocrático, además, las trabajadoras encuentran serias dificultades tanto en la tramitación de sus demandas por despido en los juzgados como en la consolidada tramitación telemática en las oficinas de la Seguridad Social, puesta en juego durante

70. PERTE «Economía Social y de los Cuidados», pp. 32 y 39, disponible en: https://www.lamoncloa.gob.es/.

71. Llama mucho la atención que en el Catálogo de Ocupaciones de Difícil Cobertura para el último cuatrimestre de 2023 no haya rastro de las que se realizan mediante el empleo de hogar, mientras que en las empresas de atención a domicilio se registra falta de mano de obra y una elevada rotación. Ello es debido a unos salarios bajos, que dependen de los dispares pliegos de condiciones que sacan a concurso los ayuntamientos.

la pandemia[72], a la hora de solicitar bajas por enfermedad, accidente o maternidad.

4.2. *«Nueva economía de los cuidados y políticas de empleo»: entre la realidad y el deseo*

La economista y teórica estadounidense Nancy Folbre desarrolló germinalmente el concepto de la economía del cuidado cuando aún no había alcanzado su uso actual[73]. En aquel estudio llamaba la atención, desde una perspectiva tanto microeconómica como macroeconómica, sobre la mayor carga de trabajo que en este ámbito han de soportar las mujeres. Vinculaba el trabajo doméstico (el núcleo de dicha carga) con la enorme transformación que estaba teniendo lugar en el acceso de las mujeres occidentales al trabajo mercantil[74], así como con la caída de la fertilidad en muchos países —con el consiguiente desequilibrio de la tasa de reposición de mano de obra— y los cambios en el gasto público que estaban estrangulando la inversión en salario indirecto. A aquellas mutaciones han venido a sumarse el crecimiento urbano y la gentrificación de los barrios populares, en la medida en que han contribuido a la destrucción de las redes sociales y los diversos modelos de apoyo mutuo en los que tradicionalmente podían confiar las personas mayores[75]. Una suma de factores que dificulta, en suma, el mantenimiento de la solidaridad intergeneracional dentro de la economía del cuidado.

El sombrío escenario del envejecimiento europeo hace que la economía de los cuidados —especialmente los de larga duración— se presente como una gran oportunidad para profundizar en las políticas de reducción de la pobreza, tanto por el lado de la creación de puestos de traba-

72. El subsidio extraordinario de desempleo del Real Decreto-ley 11/2020, destinado a personas inscritas en el sistema especial de empleados de hogar, solo pudo ser pedido por el 55 % de afectadas, con enormes demoras para su reconocimiento (Isabel Otxoa, «Cifras para el Gobierno: las trabajadoras de hogar y cuidados»: *El Salto*, 01.02.2021).

73. Nancy Folbre, *Who Pays for the Kids? Gender and Structures of Constraint*, Routledge, Londres, 1994.

74. El problema se ubica, por tanto, en el contexto más amplio de la llamada «cadena de cuidados global» a que ha dado lugar la globalización del cuidado, que se remonta a los años ochenta del siglo pasado. Un factor de ahorro para gobiernos y familias mediante la transferencia del cuidado a personas procedentes de países pobres, pero sin derechos (*vid.* Arlie Russell Hochschild, «Global Care Chains and Emotional Surplus Value», en D. Engster y T. Metz, *Justice, Politics and the Family*, Paradigm Press, Boulder [CO], 2014, cap. 14).

75. Silvia Federici, *Revolución en punto cero. Trabajo doméstico, reproducción y luchas feministas*, Traficantes de Sueños, Madrid, [2]2018.

jo[76] como por el de la reversión del panorama actual de los cuidados, altamente precarizado y con fuerte presencia de mujeres migradas (metas 1b y 10.2 ODS). Conectado a ello, es también una oportunidad para convertir este sector de ocupación en atractivo para los jóvenes y la población masculina (meta 8.5 ODS), así como para articular medidas que faciliten un reparto equitativo e intergeneracional de la responsabilidad de los cuidados e impliquen a los hombres como «parte interesada». Políticas, en suma, que faciliten la transformación de las expectativas tradicionales concernientes a los roles de las mujeres en la familia y en la sociedad (corresponsabilidad: meta 5.4 ODS) que acompaña a la economía del cuidado desde su origen.

En este contexto, destaca por su novedad la *Estrategia España 2050* (E2050)[77], inserta en el marco de la política europea de cuidados[78]. Un instrumento ambicioso, aunque carente todavía de un enfoque consistente en términos de derechos y de derecho al cuidado, entendido en un sentido amplio y aplicado de manera transversal a todos sus elementos[79]. La E2050 insiste de hecho en prolongar la edad laboral y reforzar

76. El director general del Imserso cifra en 290 000 los nuevos profesionales que serán necesarios en 2040 para cubrir este sector (Imserso, «Informe 2018. Las personas mayores en España», MDDSS, Madrid, 2021).

77. Oficina Nacional de Prospectiva y Estrategia del Gobierno de España (coord.), *España 2050. Fundamentos y propuestas para una estrategia nacional de largo plazo*, Ministerio de la Presidencia, Madrid, 2021.

78. CE, Comunicación sobre la Estrategia Europea de Cuidados, 07.09.2022, COM (2022) 440.

79. El documento contempla nuevas y muy diversas opciones, todavía embrionarias en nuestro país: desde el autocuidado con apoyo tecnológico (telemedicina, *apps*, supervisión por Internet, adaptaciones domóticas) hasta el *caretech* (venta digitalizada de cuidados a domicilio), pasando por la cohabitación con apoyo intergeneracional entre miembros que no sean de la familia, el *senior cohousing* (viviendas colaborativas, cooperativas, colectivas), o los bancos de tiempo o voluntariado de acompañamiento para evitar la soledad (*España 2050*, cit., p. 228). Este frente puede potenciar el control sobre sus propias vidas por parte de las personas ancianas sin tener que abandonar sus residencias habituales y abre caminos comunitarios a la gestión de los cuidados. Sin embargo, aún no se ve cómo puede resolver el problema de la feminización del cuidado en los hogares bajo el modelo familiarista y, sobre todo, comporta el riesgo de acabar convirtiéndose en *un nuevo instrumento generador de desigualdades*. Hay que tener en cuenta que estas perspectivas constituyen un fuerte atractivo a la inversión privada, pero que su coste (el de la dependencia de grado III, que puede afectar a 560 000 personas mayores de 65 años en 2030, se estima actualmente en 1,6 veces el importe medio de la pensión pública por jubilación en personas de 80 a 84 años y de 1,8 veces en la de 85 o más [Instituto Santalucía, *La dependencia en España. Una contingencia del siglo* XXI, Santalucía Seguros, https://institutosantalucia.es/wp-content/uploads/2020/02/informe-dependencia-espana-2020.pdf, pp. 5-6]) es inasumible por muchas familias y singularmente por las mujeres, cuyas pensiones contributivas por jubilación

los sistemas de pensiones y salud, mientras admite que en el futuro «el cuidado informal seguirá siendo decisivo y, en muchos casos, complementario al profesionalizado»[80]. Se admite, pues, que «el modelo tradicional se redefinirá», pero con un alto grado de inconcreción.

Juega sin embargo a favor el hecho de que la pandemia haya reforzado la percepción acerca de la centralidad económica y social de los cuidados, por lo menos en dos direcciones: la de los costes sociales derivados de su marginación u ocultamiento[81] y sobre todo la de su posible transformación en economía formal.

En este sentido, la pérdida masiva de empleos en Europa (7,7 millones femeninos en 2020, según el PRTR) aceleró este replanteamiento de la política de los cuidados. El Plan de Recuperación, en sus Componentes 22 («Plan de Choque para la Economía de los Cuidados y Refuerzo de las Políticas de Inclusión») y 23 («Nuevas políticas públicas para un mercado de trabajo dinámico, resiliente e inclusivo») contempla específicamente la necesidad de reforzar este sector (Palanca VIII del PRTR: «Nueva economía de los cuidados y políticas de empleo»). Ambos Componentes constituyen el 86,3 % del PERTE Economía Social y de los Cuidados de 2022, que canaliza los fondos del PRTR[82].

Lo invertido en el periodo 2021-2023 responde al modelo institucionalizado actual (equipamientos residenciales y centros de día, teleasistencia y otros dispositivos tecnológicos). Sin embargo, el PRTR ya apunta hacia el objetivo que domina la nueva estrategia de los cuidados de larga duración. La actualización del Componente 22 (septiembre 2023) recoge las Recomendaciones Específicas por país previstas en el SE y propone específicamente «facilitar la transición hacia un modelo desinstitucionalizado, la Atención Centrada en la Persona y el desarrollo de servicios comunitarios y de la atención domiciliaria», con inversiones hasta 2025 de 2084 millones de euros (el grueso del presupuesto, ampliable con partidas de otros componentes) en «apoyos y cuidados de larga duración: desinstitucionalización, equipamientos y tecnología».

se sitúan de media en 976 €, frente a los 1446 € de los varones (Ministerio de Empleo y Seguridad Social, https://www.epdata.es, diciembre 2023).

80. *España 2050*, cit., pp. 227-228.

81. Consejo de Derechos Humanos, «Importancia de los cuidados y el apoyo desde una perspectiva de derechos humanos», A/HRC/RES/54/6, 11.10.2023, p. 3. Sobre el conjunto de problemas que acarreó el confinamiento para las mujeres, *vid.* los detallados estudios contenidos en *Feminist Economics*, vol. 27, 2021.

82. Una revisión crítica en Amaia Pérez Orozco, «PERTE de Economía Social y de los Cuidados: La amable captura corporativa de los cuidados», Barcelona y Bilbao, 2020, https://odg.cat/wp-content/uploads/2023/03/Perte_cuidados_analisis_odg.pdf.

Asimismo, reconoce que «Los organismos internacionales han señalado que España no dispone de una estrategia para la desinstitucionalización» y aclara que «el término desinstitucionalización no debe interpretarse tanto como un proceso de cierre generalizado de 'centros residenciales' —ya que para algunas personas, esta es la única alternativa posible—, sino como un cambio cultural que promueve la permanencia en el hogar de las personas dependientes siempre que sea posible»[83]. A su vez, el Componente 23 prevé inversiones en «acciones que impulsen y consoliden el desarrollo de las entidades de la Economía Social [...] en áreas vinculadas con la inclusión de colectivos vulnerables, como el cuidado de personas mayores y dependientes» y en la «promoción de las redes de cooperativas, sociedades laborales y otras fórmulas de economía social acompañada de medidas de capacitación y formación para ofrecer nuevos servicios integrales»[84]. Aunque en 2022 y 2023 solo recibieron un modesto monto de 100 millones, abren un camino practicable para profundizar en la colaboración con organizaciones sociales.

Un factor que puede ayudar a avanzar políticamente en esta dirección es meramente pragmático. La Estrategia Europea de Cuidados, que desarrolla el principio 18 del PAPEDS, alude a una investigación reciente de la OIT[85] que muestra cómo la inversión en este sector puede generar importantes contribuciones fiscales y a la Seguridad Social derivadas de los empleos creados, así como una mayor participación de las mujeres en el mercado laboral. En general, los ingresos fiscales derivados del aumento de los salarios y el empleo se incrementarían al punto de reducir del 3 % del PIB (antes de impuestos) a un 2 % neto del PIB (después de impuestos) el requisito de financiación de las medidas previstas. La OIT estima que los Estados miembros pueden recuperar por término medio un 55 % de las inversiones en el sector asistencial, dependiendo de la cantidad de inversión necesaria, de la demanda de mano de obra en el Estado miembro en cuestión y del nivel de imposición que se establezca.

La verdadera dimensión de este enfoque, sin embargo, no es inmediatamente apreciable, pues no queda bien reflejado en el PIB[86]. Esto tiene que ver con el trabajo de cuidados no remunerado («el cuidado de

83. Citas extraídas de Presidencia del Gobierno, PRTR, Componente 22, septiembre 2023, pp. 1-7, 14-15 y 78.

84. Presidencia del Gobierno, PRTR, Componente 23, septiembre 2023, p. 51.

85. Laura Addati, Umberto Cattaneo y Emanuela Pozzan, *Los cuidados en el trabajo. Invertir en licencias y servicios de cuidados para una mayor igualdad en el mundo del trabajo*, OIT, 2020.

86. De momento, su cuantificación depende en gran medida de la labor realizada a partir de estudios específicos (María Ángeles Durán, *La riqueza invisible del cuidado*, Uni-

los niños y de las personas de más edad, la preparación de alimentos para la familia, la protección del medio ambiente y la prestación de asistencia voluntaria a las personas y los grupos vulnerables y desfavorecidos»)[87], que recae mayoritariamente sobre mujeres.

No disponer de un sistema público fiable de medición del trabajo de cuidados obliga a remitirse a fuentes indirectas, como la Encuesta de Empleo del Tiempo, o a los propios análisis de entidades del tercer sector: sobre la base de los datos de la Encuesta de Condiciones de Vida, se estima que el 16,4 % de las mujeres destinó los doces meses del 2022 a tareas domésticas y a cuidados de menores u otras personas, frente al 0,3 % de los hombres[88]. Este aspecto distorsiona el análisis económico del crecimiento, al que la aplicación de una perspectiva de género proporcionaría mayor comprensión acerca de la infrautilización de la mano de obra, las tendencias de la ocupación y la naturaleza de la desigualdad.

5. CONCLUSIÓN

A la hora de diseñar e implementar las políticas contra la pobreza desde una perspectiva de género, los Estados parecen identificar «vulnerabilidad» con «debilidad», apostando por acciones protectoras de las «víctimas» pero sin contar demasiado con su propia voz. Las trabajadoras, además de haber sido capaces de colocar demandas esenciales en la agenda pública, han demostrado que, cuando han contado con instrumentos efectivos para su defensa, se han arreglado muy bien para llevar adelante sus propios proyectos de vida. Es en ese marco donde la protección jurídica puede hallar mejor su sentido democrático. Por el contrario, la falta de reconocimiento de su condición de trabajadoras —sea por su situación irregular, sea por la naturaleza de su labor— o la ausencia de mecanismos efectivos de cualificación y promoción profesional las arroja al desamparo y, en el caso de muchas mujeres migrantes, a la clandestinidad.

Las políticas repasadas tienen un carácter esencialmente coyuntural —de ahí que haya quien las califique como keynesianas—, aunque tam-

versitat de València, Valencia, 2018; Lourdes Benería, «El largo camino hacia la economía del cuidado»: *mientrastanto.e*, 225 [2023]).

87. ONU, Mujeres, Declaración y Plataforma de Acción de Pekín de 1995, Nueva York, 2014, p. 118.

88. EAPN ES, «Dianas de la pobreza: Pobreza y brecha de género», en *Informe sobre el Estado de la pobreza 2023*, cit., pp. 111-227.

bién han alumbrado algunas salidas posibles. Para darles consistencia, es preciso profundizar en los factores que plantean mayores obstáculos, y combatirlos.

En primer lugar, las políticas de género articuladas en las últimas décadas han mostrado la fortaleza del movimiento feminista —probablemente el más robusto en la actualidad—, pero también han alumbrado un efecto no deseado, al ser contestado desde los movimientos sociales y políticos que avanzan en el mundo por la senda de la derechización social. Puede que tenga mucho que ver con esto el acento puesto no tanto en la desigualdad como en el castigo, así como la falta de unidad con otros movimientos sociales alineados con la lucha contra la pobreza, aunque este análisis rebasa el alcance de estas páginas. El fenómeno del avance de movimientos antidemocráticos, mientras tanto, afecta sobre todo a las mujeres migradas, que ven de esta manera empeoradas sus expectativas y los pocos avances conquistados, al tiempo que impide ver un horizonte donde la distribución del trabajo por sexos sea realmente equitativa.

En segundo lugar, restan inmodificados los mecanismos de gobernanza del Semestre Europeo, que enmarañan la acción de aquellos países, como España, donde la coyuntura política y económica ha permitido avanzar en la igualdad. En particular, la recuperación de las exigencias de equilibrio presupuestario derivadas del Pacto de Estabilidad de 2012, tras su congelación temporal por la pandemia, obliga a España a reducir el déficit que arrastra desde la crisis financiera y que la crisis de la covid-19, justamente, aumentó de forma considerable. Como es lógico, este factor —sobre todo si se detiene el crecimiento, como está sucediendo en países de nuestro entorno— pone en riesgo la continuidad de las políticas puestas en pie para reducir la pobreza femenina.

En tercer lugar, la escalada inflacionaria posterior a la pandemia, con el aumento del precio del crudo como consecuencia de la guerra de Ucrania y el encarecimiento de productos básicos y de la vivienda, ha impedido a las familias recuperar el poder adquisitivo anterior a la crisis del 2008. En una sociedad tan envejecida y empobrecida como la española, esto dificulta, por ejemplo, la contratación de personal en los hogares para el cuidado de personas, necesitada de una inversión pública complementaria en forma de subvenciones directas o indirectas.

En cuarto lugar, la resistencia de los Estados europeos a modificar su política restrictiva con la emigración, a pesar de la demostración de los beneficios de esta para la economía de los países, impide atisbar una solución a las dificultades para la integración del sector laboral informal feminizado dentro la economía formal. En este sentido, es alentador que una parte del feminismo esté atenta a las dimensiones racial y de clase de sus luchas, aunque por desgracia el debate interno sigue en gran medida anclado en cuestiones de índole identitaria.

Estos y otros factores examinados a lo largo del libro dan cuenta de la dificultad de alcanzar una redistribución de la riqueza socialmente sostenible, como pretenden los ODS. Pero al mismo tiempo, trazan una serie de caminos practicables hasta hace poco difíciles de imaginar.

LA AGENDA 2030: ¿HACIA UNA RECONFIGURACIÓN DE LA GOBERNANZA EUROPEA?

Giovanni Messina

1. INTRODUCCIÓN

Insistir en el concepto de hipocresía institucional o en la fenomenología de la retórica política puede parecer superficial e inútil, cuando no una concesión a la crítica populista y a la demagogia antipolítica. Sin embargo, la profunda distancia entre las proclamaciones y las acciones institucionales, entre las formulaciones jurídicas y la práctica administrativa, parece un rasgo mucho más relevante en la dimensión pública contemporánea que en experiencias políticas anteriores. Las razones de esta distancia entre los principios y objetivos declarados y la gobernanza real de los procesos sociales parecen bastante evidentes.

A lo largo de los dos últimos siglos, se ha producido una evolución constante de la conciencia colectiva y de la cultura común hacia la asunción de principios de justicia social y el reconocimiento del derecho a unas condiciones de vida adecuadas para una existencia digna, no marcada por la penuria. En definitiva, se ha generalizado la convicción de que todos los seres humanos deben estar en condiciones de tener una vida digna y que la construcción de esta posibilidad es la principal tarea de las instituciones de gobierno de las sociedades. Del mismo modo y paralelamente, se ha consolidado la convicción de que los procesos de gobierno —y por tanto las decisiones políticas que afectan a la comunidad— deben ser articulados con la participación de todo el cuerpo social.

Ante esta profunda evolución de la cultura social, en un sentido igualitario y democrático, los aparatos administrativos y las clases dirigentes no pueden sino asumir su significado y orientar la actividad gubernamental, al menos formalmente, hacia objetivos coherentes. Estos se traducen en documentos jurídicos, textos programáticos y discursos públicos que tienden a ser obsequiosos con estos valores compartidos. La acción política real, en cambio, ha seguido prescindiendo en la mayoría de los casos de los ideales igualitarios y democráticos, perseverando en procesos que consolidan, cuando no acentúan, la estructura desigual y a menudo discriminatoria de las relaciones sociales.

Ciertamente, esta orientación no es un destino inexorable, pero para que se produzca un giro, es necesaria la presión social, un empuje desde abajo que exija la democratización y la redistribución de los recursos. Una presión democrática que probablemente solo podrá producirse cuando salga a la luz la falacia balsámica de la estrategia política dirigida a garantizar, mediante una retórica pública constante, el reconocimiento formal de los objetivos de la equidad y el derecho a participar en las decisiones administrativas.

2. LA LUCHA CONTRA LA POBREZA Y LA EXCLUSIÓN SOCIAL EN LA AGENDA 2030, EN LA ESTRATEGIA EUROPA 2020 Y EN DOCUMENTOS POSTERIORES DE LA UNIÓN EUROPEA

Hay quien ve el complejo normativo internacional como un gran andamiaje ideológico atiborrado de principios y objetivos universales de justicia y equidad en realidad desatendidos a lo largo de las últimas ocho décadas —las que nos separan de la construcción del aparato de las Naciones Unidas, que es de hecho el primer ejemplo de normatividad que se plantea objetivos éticos globales con la perspectiva de orientar las acciones de los gobiernos en este sentido—[1]. La literatura científica que sostiene esta perspectiva escéptica se basa habitualmente, en el contexto actual, en la incapacidad reguladora del derecho internacional en lo relativo al llamado «complejo militar-industrial»[2]. Tampoco es difícil adoptar una perspectiva similar respecto a los documentos internacionales

1. Antonio Cassese, *International Law*, Oxford University Press, Oxford/Nueva York, 2001; y para una mirada radicalmente crítica: Danilo Zolo, *Cosmopolis. Perspectiva y riesgos de un gobierno mundial*, Paidós, Barcelona, 2000.

2. La evolución de los últimos estallidos bélicos ha avivado un debate, como probablemente no sucedía en años, sobre la eficacia y el significado de las instituciones internacionales. En el terrible conflicto ruso-ucraniano y en las últimas represalias israelíes contra las milicias palestinas estaría en juego, quizá más que nunca, el destino del derecho internacional. Como respuesta a la crisis del internacionalismo, se encuentra la ambiciosa iniciativa (ética, político-jurídica y cultural) del grupo de intelectuales italianos que ha propuesto una «Constitución de la Tierra» con objeto de situar la refundación del derecho internacional en el centro de la política mundial. Este esfuerzo encuentra acomodo teórico

con los que, sobre todo en los últimos años, nos hemos fijado el ambicioso objetivo de combatir radicalmente la pobreza y la marginalidad social en todo el planeta, a través de un programa de acción global que empuja a todos los Estados miembros de la ONU (193, es decir, casi todos los existentes) a perseguir la justicia social.

Así, la Agenda 2030 para el Desarrollo Sostenible se presenta como un «plan de acción para las personas, el planeta y la prosperidad». Se trata de un programa adoptado por la Asamblea General de Naciones Unidas que define 17 Objetivos de Desarrollo Sostenible (ODS) que alcanzar en 2030, articulados en 169 metas y más de 240 indicadores que permiten evaluar periódicamente la actividad de cada país. Se puede decir, pues, que estamos en presencia de un acto (¿una medida?) que de forma contundente —aunque no por primera vez, como algunos pretenden— expresa un juicio claro sobre la insostenibilidad del actual modelo de desarrollo a nivel no solo medioambiental, sino también económico y social, esto es, a partir de una visión integrada de las diferentes dimensiones del desarrollo.

Al subrayar la interrelación entre estas tres dimensiones, la Agenda 2030 *llama* a todos los actores de la escena mundial a contribuir en la consecución de sus objetivos. Definirlos como universales, en la medida en que se refieren a problemas comunes, supone que todos los países —sin distinción entre desarrollados, emergentes y en desarrollo— deben buscar al mismo tiempo «situar al mundo en la senda de la sostenibilidad», definiendo cada uno «su propia estrategia de desarrollo sostenible para alcanzar los 17 objetivos e informar de sus resultados a la ONU».

Cada realidad nacional, sin embargo, es libre de decidir cómo incorporar los objetivos a sus políticas y a sus procesos de toma de decisión, definiendo una estrategia local. Esto se traduce en una fuerte implicación de todos sus componentes: sector público, empresas, sindicatos, universidades y centros de investigación, instituciones culturales, etc. Al lado, por tanto, de la acción motriz de Naciones Unidas, se configura un segundo nivel de actividad en manos de las autoridades soberanas y los actores sociales con los que estas se relacionan.

Más allá del detalle de todos los aspectos contenidos en el programa político de la ONU, y de otras las instituciones supranacionales, destaca el hecho de que la Agenda 2030 no haya establecido un marco jurídicamente vinculante. Más concretamente, su visión global y los objetivos que esboza son sustancialmente coincidentes con el contenido de la nor-

articulado y riguroso en Luigi Ferrajoli, *Por una Constitución de la Tierra. La humanidad en la encrucijada*, Trotta, Madrid, [2]2023.

matividad internacional de los derechos humanos, pero no van más allá de esto[3]. El Instituto Danés de Derechos Humanos, por ejemplo, a partir del análisis de los ODS en relación con las obligaciones internacionales existentes, concluye que casi todos sus subobjetivos tienen un equivalente en el derecho internacional y que, por tanto, su aplicación no es en absoluto voluntaria[4]. De modo que ODS y derechos humanos pueden verse como dos caras de la misma moneda: aplicando los segundos se estaría contribuyendo a alcanzar los objetivos de los primeros[5].

Los resultados de la Agenda 2030 alcanzados en los últimos años, en particular en lo que respecta a la reducción de la pobreza y la exclusión social, así como a la eficacia de los programas de acción puestos en marcha en la UE, quedan bien explicados en el resto de contribuciones de este libro. Los aspectos sobre los que queremos centrarnos aquí son dos, interrelacionados. Por un lado, la exigencia de participación, de implicación del mayor número posible de actores, en la definición de las acciones que emprender para llevar adelante ese documento programático. Por otro, los denominadores comunes de las líneas de actuación de la UE en materia de lucha contra la marginalidad social dentro del arco de 10 años que va de la Estrategia Europa 2020 (lanzada por la Comisión Europea en 2010) y el Plan Next Generation EU (2020). En el primer caso, el objetivo era sacar de la pobreza «al menos a 20 millones de individuos en Europa», mientras en el segundo se busca hacer frente a las consecuencias económicas y sociales provocadas por la emergencia pandémica. Pero ambos programas, al igual que el de Naciones Unidas, nos parecen unidos tanto por su connotación de *emergencia* como por el énfasis puesto en la participación. En todos se hace hincapié en el hecho de que la puesta en práctica de las intervenciones ha de involucrar a las distintas subjetividades (nacionales y locales) que operan en los territorios con el fin de abordar mejor los nudos prácticos de la lucha contra la exclusión social.

3. Lo explica muy bien Jordi Bonet Pérez en su un reciente examen del derecho internacional que destaca la contradicción entre la normatividad de los derechos humanos y la política económica llevada a cabo en los últimos años («Transformaciones contemporáneas del derecho internacional público», en J. A. Estévez Araújo [ed.], *El derecho ya no es lo que era*, Trotta, Madrid, 2021, pp. 245-275).

4. El sitio web https://sdg.humanrights.dk/ permite acceder a estudios sobre el trabajo y las perspectivas de la Agenda 2030 desde un enfoque compartido por muchas asociaciones humanitarias.

5. La diversidad de puntos de vista al respecto puede apreciarse bien en Markus Kalterborn, Markus Krajewski y Heike Kuhn (eds.), *Sustainable Development Goals and Human Rights*, Springer Open, Londres, 2020.

La Estrategia Europa 2020 puede considerarse como una intervención extraordinaria, en la medida en que reforzó la línea de actuación tradicional del proceso de integración europea dirigida a rebajar las diferencias de renta y de estructura industrial (definidas por el Fondo Social Europeo), una vez constatado su ensanchamiento con el impacto desigual sobre los países de la crisis financiera de 2008. El Plan Next Generation, lanzado con posterioridad a la aprobación en 2015 de la Agenda 2030, bebe de ella en la medida en que contempla como objetivo prioritario a largo plazo el «desarrollo sostenible»: un objetivo, por otro lado, recogido formalmente en el artículo 3.3 del Tratado de la UE (TUE)[6].

Los documentos europeos más recientes siguen esta misma tendencia.

3. UN PROBLEMA SIN RESOLVER: LA GOBERNANZA EUROPEA

La Agenda 2030 es una gran proclamación formal abrazada por las diplomacias mundiales. Sin embargo, su ambición contrasta con su potencial real para condicionar las políticas gubernamentales. De hecho, su característica principal parece ser la de reaccionar políticamente, en la esfera pública internacional, a una crisis específica ocurrida en los años inmediatamente anteriores (la de la deuda desencadenada por la crisis de 2007-2008). Parece, en este sentido, consonante tanto con la Estrategia Europa 2020 y el Pilar Europeo de Derechos Sociales (2017) como con los distintos Planes Nacionales de Recuperación y Resiliencia (la aplicación del programa de inversiones del Next Generation)[7].

Se trata de actos políticos, programáticos y orientativos que deben cumplir la función de dirigir y condicionar la actividad estatal desde el compromiso con la justicia social y el bienestar colectivo, con una particular atención a la lucha contra la pobreza y la marginación social en toda su amplitud. Ahora bien, su ejecución se inscribe al mismo tiempo

6. «La Unión establecerá un mercado interior. Obrará en pro del desarrollo sostenible de Europa basado en un crecimiento económico equilibrado y en la estabilidad de los precios, en una economía social de mercado altamente competitiva, tendente al pleno empleo y al progreso social, y en un nivel elevado de protección y mejora de la calidad del medio ambiente. Asimismo, promoverá el progreso científico y técnico» (DOUE C, n.º 83, de 30.03.2010).

7. Con el Pilar Europeo de Derechos Sociales la Comisión Europea corrige su política económica anterior en un sentido solidario, dada la prevalencia de los imperativos económicos y presupuestarios neoliberales que hicieron fracasar la Estrategia Europa 2020. Los PNR son financiados por el otro fondo de emergencia corrector de las desigualdades (el Next Generation), surgido de la crisis provocada por la covid-19.

en el marco que desde mediados de los años noventa se ha convertido en el modelo de acción política propuesto por las clases dirigentes y consolidado en las instituciones internacionales —o cuando menos, aquella viene condicionada por este—[8].

En 1995, en pleno despliegue de la narrativa globalizadora[9], Naciones Unidas lanza un plan de coordinación mundial en estrecha conexión con un escenario marcado por el fin de la gran división del planeta en dos bloques mutuamente hostiles. El informe sobre la *Gobernanza Mundial* describe bajo este concepto un nuevo modelo de organización institucional y de toma de decisiones políticas que responde a una transformación profunda de las sociedades en general[10]. Trata de legitimar, en los viejos términos de la democracia representativa, una manera de tomar decisiones que poco tiene que ver con ella: la presidida por los intereses de los sujetos (los *stakeholders*) concernidos en la regulación de la que se trate, bajo la premisa de que su participación, codo a codo con las autoridades, mejorará la eficacia de las decisiones y servirá para superar la distinción tradicional entre lo público y lo privado en la actuación de la Administración.

Sintéticamente, como es ya lugar común, *la gobernanza* viene siendo impuesta desde finales de la década de 1980 por las instituciones internacionales como modelo de reorganización de la acción gubernamental en su dimensión operativa (ejecutiva) y, por tanto, en su interacción con ciudadanos y entes (empresariales o no) del sector privado. Los documentos del Banco Mundial y el Fondo Monetario Internacional diseñan un concepto de actuación administrativa ideal, definido como «Buen Gobierno», en la medida en que configura una capacidad de influir y orien-

8. Uno de los primeros ejemplos ilustrativos del paradigma político e interpretativo al que nos referimos es la obra de Meghnad Desai y Paul Redfern (eds.), *Global Governance. Ethics and Economics of the World Order*, Pinter, Londres-Nueva York, 1995. A este libro lo siguió una inabarcable bibliografía. Entre otros: Miles Kahler y David A. Lake (eds.), *Governance in a Global Economy. Political Authority in Transition*, Princeton University Press, Princeton y Oxford, 2003; y Christian Joerges y Ernst-Ulrich Petersmann (eds.), *Constitutionalism, Multilevel Trade Governance and Social Regulation*, Hart Publishing, Oxford/Portland (OR), 2006.

9. A estas alturas, ya es un tópico el carácter ideológico y performativo del discurso de la globalización, al lado de la efectividad de los procesos que promovía: *vid.* Elvio Dal Bosco, *La leggenda della globalizzazione*, Bollati Boringhieri, Turín, 2004; y el reciente volumen de la revista *Limes* «Bluff Globale», 4 (2023), dedicado a este tema. Un análisis sugerente sobre los fenómenos más determinantes de la globalización neoliberal en Saskia Sassen, *Una sociología de la globalización*, Katz, Buenos Aires, 2007.

10. Commission on Global Governance, *On Our Global Neighbourhood*, Oxford University Press, Oxford/Nueva York, 1995, espec. pp. 5, 3 y 16.

tar a la colectividad en lo que se refiere a los objetivos macroeconómicos que preocupan a esas instituciones. Este modelo, tomado en parte de la literatura sobre la organización de las empresas (la llamada *gobernanza corporativa*[11]), importa características de la *rule of law* anglosajona, más adaptable al desarrollo de la dinámica económica mercantil que nuestros sistemas jurídicos continentales. El salto cualitativo hacia este modelo, que trasluce toda una teoría política, se produce en el momento en que es adoptado por la ONU y, en el curso de unos pocos años, por los círculos administrativos de la UE, convirtiéndose en un eje fundamental de la praxis de las instituciones comunitarias[12].

En un breve lapso, el recurso institucional al concepto de *gobernanza* se convierte, a la vez, en una propuesta política, una opción teórica y un análisis descriptivo de procesos transformadores de la realidad. Su carácter *prescriptivo* caracteriza especialmente los discursos de los círculos de las instituciones europeas y se manifiesta plenamente en el Libro Blanco sobre la Gobernanza Europea, publicado en 2001[13]. Basado en el documento de la ONU de 1995, prevé una reforma del funcionamiento de la UE marcada por la apertura de los procesos de toma de decisiones a los actores sociales, de modo que queden más abiertos a las necesidades sociales procedentes del ámbito económico (empresas y trabajadores), del bienestar, medioambiental y cultural (además de las instituciones públicas locales, por supuesto).

El debate entre políticos y académicos se convierte en el lugar central de la elaboración de este nuevo modelo, conectado, por un lado, con la continua reformulación del marco institucional de la Unión y, por otro, con la literatura ya por entonces consolidada sobre la crisis de la democracia y, en particular, de las instituciones representativas. Esta operación cultural y política parte de la convicción del declive de las caducas formas de participación ciudadana a través de la forma partido y de la necesidad de sustituirlas por la convergencia entre instituciones públicas y sujetos orientados por su interés particular, pero también por su capacidad de ser funcionales y eficaces respecto a los asuntos que administrar.

Los esfuerzos teóricos de esa época hallan su justificación en procesos materiales en curso, sobre todo relativos a las dinámicas económicas,

11. *Vid.* Alessandro Arienzo, «Dalla *corporate governance* alla categoria politica di governance», en AA.VV., *Governance*, Libreria Dante & Descartes, Nápoles, 2004.

12. Un desarrollo amplio en G. Messina, *Liquid Law? La* governance *come nuovo paradigma della politica e del diritto*, Franco Angeli, Milán, 2012.

13. Comisión Europea, *La Gobernanza Europea: Un Libro Blanco*, Comisión Europea, 2001, 428 (DOUE C, n.º 287, 12.10.2001).

que obligarían a las estructuras jurídicas a una transformación adaptativa al imparable devenir de la economía globalizada, coordinándose en una acción común[14]. Casi como si los procesos objetivos condujeran a un orden armónico de intereses. Las críticas a la mistificación practicada por esta teoría no tardaron en llegar y no han hecho más que crecer con el paso de los años[15]. El Libro Blanco de la Comisión, dejando la cuestión de la democratización de la UE en manos del voluntarismo político, se limitaba a legitimar la gobernanza neoliberal[16].

4. UNA FORMA DE PRODUCIR NORMATIVIDAD ALEJADA DE LA GENTE

Las teorías de la *gobernanza* y el uso generalizado de este concepto pueden leerse, por tanto, como una sofisticada operación de distracción cultural, propagadora de una revolución en los procesos de toma de decisiones en todos los niveles político-administrativos (de los supranacionales a los nacionales y locales). En este sentido se desarrolla, por ejemplo, la propuesta de Gary Marks —uno de los grandes animadores de este debate doctrinal— al acuñar, al hilo de la dinámica interna de las instancias europeas, una de las variantes del concepto: la «gobernanza multinivel». Esta tiene por objeto captar la especificidad de la actividad política y normativa inherente al complejo institucional comunitario, donde el diálogo entre instancias situadas en diferentes escalas (europea, nacional, regional, municipal) se ha ido convirtiendo en un factor característico[17].

Marks hace hincapié en la utilidad de los movimientos sociales para provocar cambios en el funcionamiento de las instituciones. Parte de la hipótesis de la conexión entre ambos polos para tratar de reconstruir

14. Ejemplos de ello en G. Marks, F. W. Scharpf, P. C. Schmitter y W. Streeck, *Governance in the European Union*, Sage Publications, Londres-Thousand Oaks-Nueva Delhi, 1996-1998; y O. De Schutter, N. Lebessis y J. Paterson (eds.), *Governance in the European Union*, Comisión Europea, Oficina de Publicaciones de la Unión Europea, Luxemburgo, 2001.

15. *Vid.* Alain Deneault, *Gobernanza. Il management totalitario*, Lux, Montreal, 2013; Alessandro Arienzo, *La Governance*, Ediesse, Roma, 2013.

16. «Las propuestas de este Libro Blanco no implican necesariamente la aprobación de nuevos tratados. Es sobre todo una cuestión de voluntad política que exige el compromiso del conjunto de las instituciones y de los Estados miembros» (*La gobernanza europea: Un Libro Blanco*, cit., p. 1).

17. El momento inicial de esta construcción teórica, que continuaría en las dos décadas siguientes, en L. Hooghe y G. Marks, *Multi-Level Governance and European Integration*, Rowman & Littlefield, Lanham (MD), 2001.

la dinámica de la European Polity, a partir de la consideración de que la actual organización multinivel estuvo determinada más por un impulso ascendente que por decisiones y proyectos de las cumbres comunitarias y nacionales[18]. Por tanto, una vez más, nos hallamos ante un intento de fundir la justificación de un proyecto político (el de la Comisión Europea de abrirse a la sociedad como signo de transparencia y superación del llamado «déficit democrático») con la descripción de cambios objetivos en los procesos sociales a los que se debería el impulso transformador de la acción institucional.

Esta confusión entre el plano ideal y el plano descriptivo está particularmente presente en la obra de teóricos próximos a los círculos institucionales comunitarios, que han refinado la teoría de la gobernanza hasta hacerla encajar con una gran transformación en curso de las relaciones sociales. Desde los trabajos teórico-políticos de Charles Sabel (con otros autores)[19] hasta la investigación teórica de Jacques Lenoble y Olivier De Schutter. A ellos se debe el encauzamiento del cambio social hacia una teoría de la toma de decisiones políticas enraizada en un marco epistémico más amplio.

En uno de estos trabajos, Jean De Munck y Jacques Lenoble llegan a afirmar la necesidad de abandonar la idea misma de «modelo político», a partir del *giro procedimental* que se habría producido con la constatación —tras la crisis del Estado social— de que ya no existen contenidos normativos objetivos (morales, jurídicos) ni, por tanto, acceso posible a ninguna verdad. Esto es lo que habría empujado en el campo de las ideas a tomar el camino de la procedimentalización en la fundamentación de decisiones y normas[20].

Desde esta perspectiva, la conocida propuesta teórica de Rawls consiste en realidad en procedimentalizar el contrato social y la de Habermas en una ofrecer una versión articulada y sofisticada de lo que podríamos llamar el *giro procedimentalista*. De acuerdo con este giro, afirman los dos teóricos belgas, en la actualidad se precisa de una nueva forma de

18. G. Marks y D. McAdam, *Social Movements and the Changing Structure of Political Opportunity in the European Union*, en G. Marks, F. W. Scharpf, P. C. Schmitter y W. Streeck, *Governance in the European Union*, cit., pp. 98-99.

19. *Vid.* J. Cohen y Ch. Sabel, «Directly-deliberative Polyarchy»: *European Law Journal*, 3/4 (1997), pp. 313-342; J. Zeitlin y Ch. Sabel, *Experimentalist Governance in the European Union: towards a new architecture*, Oxford University Press, Oxford, 2010.

20. J. De Munck y J. Lenoble, «Transformations in the Art of Governance. A genealogical and historical examination of changes in the governance of democratic societies», en O. De Schutter, N. Lebessis y J. Paterson (eds.), *Governance in the European Union*, cit., pp. 29-52.

organizar la producción y la aplicación normativa que sitúe el debate y la confrontación de ideas en el centro de la toma de decisiones políticas. Lo que significa no solo situar la deliberación colectiva en la base de la producción normativa, para legitimarla, sino que su aplicación se construya teniendo en cuenta la opinión del usuario/ciudadano. Según esto, la actividad administrativa también debe concebirse y organizarse dialécticamente con la ciudadanía. Los procesos públicos de toma de decisiones deben asemejarse a procesos de aprendizaje continuo[21].

El momento de la producción del derecho y el momento de su aplicación ya no aparecen, de esta manera, claramente separados, lo que afecta a toda la estructura organizativa del Estado y el sistema jurídico[22]. La nueva forma de producir y aplicar la normatividad consiste en una procedimentalización que no es ni funcionalista (Luhmann) ni formal-idealista (Habermas), sino que apunta a un círculo reflexivo de aprendizaje. Esto ya habría tenido algunos resultados en campos específicos de la fenomenología jurídica, como en el derecho constitucional, al exacerbarse el método de la ponderación y proporcionalidad entre principios con énfasis en el papel de los jueces. Del mismo modo, el derecho administrativo es cada vez más conflictivo y participativo, en la medida en que habría visto aumentar la participación del ciudadano administrado en el procedimiento[23].

No es este el espacio para entablar una discusión seria con el planteamiento que acabamos de resumir, que se alarga en años sucesivos, sobre todo, a través de Jacques Lenoble[24]. Baste ahora con la observación de que —aparte del riesgo que comporta vincular la praxis política actual con modelos cognitivos propios de un contexto histórico y social específico— esta elaboración teorética ha influido en la actuación de las instituciones europeas, entre otras cosas porque a menudo ha sido el resultado de su encargo expreso.

Si nos fijamos en la experiencia concreta de las instituciones europeas, su programa de transformación de la toma de decisiones en un

21. *Ibid.*, pp. 40-43.

22. *Vid.* el conjunto de ensayos del libro, en particular los de K.-H. Ladeur, R. Dehousse y O. De Schutter, *Governance in the European Union*, cit.

23. J. De Munck y J. Lenoble, «Transformations in the Art of Governance», cit., pp. 43 ss. También, en la misma obra, A. Dunsire y C. Hood, «Proceduralisation and the UK public administration reform» y N. Lebessis y J. Paterson, «Developing new modes of Governance», espec. pp. 287 ss.

24. O. De Schutter y J. Lenoble (eds.), *Reflexive Governance. Redefining the Public Interest in a Pluralistic World*, Hart Publishing, Oxford/Portland (OR), 2010; J. Lenoble y M. Maesschalck, *Democracy, Law and Governance*, Aldershot, Ashgate, 2010.

sentido transparente y colaborativo (de «aprendizaje mutuo») con los actores sociales, para conjugar democracia con eficacia, se ha ido consolidando con el tiempo sin que haya supuesto una democratización efectiva de la UE. (Baste recordar cómo el rechazo en 2005 del proyecto de Constitución Europea fue *eliminado* por las clases dirigentes y soslayado mediante la aprobación del Tratado de Lisboa en 2007). De hecho, ya en los «momentos iniciales» de este proceso, mientras la Comisión Europea afirmaba que se había producido una adhesión sustancial a los contenidos y principios Libro Blanco, la distancia con las demandas sociales era muy evidente[25].

Por otra parte, en los planes de la Comisión Europea, la legitimidad política de su actividad nunca pasó tanto por mecanismos representativos como por una mayor eficacia administrativa, reforzada en todo caso por la consulta con los actores directamente implicados en sus decisiones.

Si nos fijamos en la experiencia reciente de Italia, donde, a pesar del mayor flujo de transferencias de la UE para actividades asistenciales con motivo de la pandemia, la evolución de la exclusión social es bastante estable[26], la participación de asociaciones, entidades sin ánimo de lucro, voluntariado e instituciones públicas locales en las decisiones sobre el destino de los recursos públicos es mínima.

El conjunto de respuestas a un pequeño cuestionario enviado para este trabajo a los representantes de una serie de asociaciones que operan en Sicilia y Campania —aunque a menudo pertenecientes a redes nacionales— confirman una opinión generalizada entre las grandes agencias no gubernamentales: la apertura formal a la consulta y cooperación entre las instituciones públicas y estos organismos locales vinculados a la lucha contra la marginalidad, la pobreza y la discriminación contrasta fuertemente con la desatención constante de las primeras hacia las observaciones y formulaciones prácticas de los segundos[27].

25. *Vid.* Alessandro Arienzo, «La Commissione Europea e il tema della legittimità politica nel Libro bianco sulla governance europea», en AA.VV., *Governance*, cit., p. 43.

26. Así lo acreditan múltiples estudios críticos e incluso los informes anuales del Instituto Nacional de Estadística (como el recientemente publicado, de 2024). Entre los primeros, *vid.* Chiara Saraceno, David Benassi y Enrica Morlicchio, *La povertà in Italia. Soggetti, meccanismi, politiche*, Il Mulino, Bolonia 2022. Los informes del Istat pueden consultarse en https://www.istat.it/it/archivio/286191.

27. El cuestionario fue enviado el 1 de marzo de 2024 (con respuestas entre marzo y abril) y constaba de cuatro preguntas concisas: 1) A tenor del Programa Nacional de Reformas, ¿ha participado de alguna manera su organización en la formulación y aplicación de políticas para alcanzar los objetivos de los ODS en Italia? 2) El sistema público de me-

El aspecto participativo es de capital importancia. A pesar del énfasis puesto en la voluntad de democratizar los procesos políticos en Europa, tomando prestados modelos propuestos en el contexto supranacional, los actos comunitarios parecen sustancialmente orientados a mejorar la eficacia de la acción administrativa y no a la participación ciudadana. Más allá de la labor teórica —que sin duda ha ido bastante más lejos que las verdaderas intenciones de las clases dirigentes europeas—, los órganos comunitarios han perseguido reformas que, en el mejor de los casos, aumentan la eficacia de su acción como modo de ganar legitimidad *output*, según el planteamiento funcionalista que puede encontrarse en los trabajos de Fritz W. Scharpf[28] —otro teórico influyente—.

Resumidamente, se trata de obtener consenso mediante una mayor capacidad para alcanzar los objetivos fijados, para tomar decisiones específicas en determinadas áreas problemáticas. Ser capaz de llevar a cabo realmente esas decisiones y garantizar que las medidas adoptadas respondan a los problemas para los que fueron puestas en marcha.

Del análisis crítico de estos procesos se desprende desde el principio que el discurso sobre la gobernanza (que se ha convertido en el genuino léxico oficial de las instituciones) se ha revelado, cuando menos, opaco e infructuoso[29]. Ha presumido de apertura a la participación social para incorporar la voluntad democrática y, en cambio, lo que esencialmente ha producido es frustración[30]. Entre otras cosas, por su tendencia de fondo a expurgar la dimensión conflictiva de lo colectivo y el carácter (siempre) contingente de la política, pero también por el lugar marginal que reserva a la representación, centrándolo todo en

dición del impacto de las políticas para reducir el número de personas en situación de pobreza, ¿tiene en cuenta los mecanismos propuestos por su organización? 3) ¿Cómo evalúa la eficacia del tipo de medidas aplicadas en términos de transferencia de ingresos y prestación de servicios? 4) ¿Qué impacto cree que ha tenido la reforma del Tercer Sector en la participación de su organización en las políticas de lucha contra la pobreza? Las asociaciones entrevistadas son Arci (Italia y Sicilia), Banco Alimentare-Sicilia, Caritas-Sicilia, Comunità di Sant'Egidio (Italia-Sicilia), CGIL (Sicilia), Dedalus-Cooperativa Sociale (Nápoles), FIO-PSD Italia, Forum Terzo Settore Sicilia y Sunia.

28. *Governing in Europe: Effective and Democratic?*, Oxford University Press, Oxford/Nueva York, 1999.

29. *Vid.* Mark Bevir, *Governance: A Very Short Introduction*, Oxford University Press, Oxford, 2012.

30. En este sentido, resulta ejemplar el estudio sobre el fracaso de la «Estrategia Europa 2020» elaborado por el grupo de investigación que también participa en este libro. Me refiero a: A. Giménez Merino (ed.), *La lucha contra la pobreza en el laberinto de la gobernanza*, Bomarzo, Albacete, 2018.

la negociación permanente con los grupos de interés y en el conocimiento experto.

La *expertise* de técnicos competentes (una especie de *comunidad epistémica*) sustituye de esta manera a la participación democrática, lo que explica en gran medida la sordera comunitaria ante los objetivos fijados en sus propios documentos programáticos en torno a la reducción de la desigualdad.

5. EL LASTRE DE LA CONDICIONALIDAD PARA UNA LUCHA EFICAZ CONTRA LA POBREZA

En enero de 2021, el relator especial de la ONU sobre la extrema pobreza y los derechos humanos, Olivier De Schutter, afirmó que reducir la pobreza a la mitad para 2030 es posible, y que este objetivo debe ser una de las principales prioridades del plan de acción de la Comisión Europea para la aplicación del Pilar Europeo de Derechos Sociales. Una de cada cinco personas en la UE está en riesgo de pobreza y el fenómeno registra un considerable desequilibrio en términos de género al afectar sobre todo a las mujeres y a las familias monoparentales[31]. El representante de la ONU no se quedó corto en sus críticas al Green Deal, señalando que, pese a su fuerte dimensión social, la nueva estrategia de crecimiento de la Comisión Europea no puede sustituir a una estrategia de lucha contra la pobreza[32]. En la reunión con De Schutter, la presidenta del CESE, Christa Schweng, afirmó que, incluso antes de la pandemia del covid-19,

31. Olivier De Schutter (precisamente uno de los teóricos que hemos visto liderar la reflexión sobre la nueva gobernanza), intervino en el Pleno del Comité Económico y Social Europeo (CESE) para presentar las conclusiones de su misión ante las instituciones de la UE. A pesar del crecimiento y la estabilidad, la pobreza sigue siendo una asignatura pendiente y una amenaza para unos 92 millones de personas. El informe está disponible en https://www.ohchr.org/en/statements-and-speeches/2021/01/statement-professor-olivier-de-schutter-united-nations-special.

32. En este sentido —nos recuerda Stephen Jenkins— las secuelas de la Gran Recesión y las políticas de austeridad, así como la desregulación del mercado laboral, han desempeñado un papel importante a la hora de congelar los objetivos de la Estrategia 2020. Dada la importancia y la persistencia de los altos índices de pobreza, su reducción ha sido recogida en los objetivos de la Agenda 2030 de la ONU. Precisamente el primer objetivo, de los 17 propuestos, es «poner fin a todas las formas de pobreza en el mundo». A pesar de su impulso para las políticas europeas, el número de pobres al final de la década prepandémica seguía siendo elevado (107,5 millones en 2019, frente a los 116,5 millones de 2010, según Eurostat) y en algunos países (entre ellos, los mediterráneos, Suecia y Países Bajos) la tasa de pobreza incluso había aumentado. La experiencia de la Gran Recesión refleja, por otro lado, que, aunque en pocos años (con algunas excepciones) la mayoría de los paí-

una de cada cinco personas estaba en riesgo de pobreza y exclusión social en la UE, una cifra que apunta a un verdadero fracaso de nuestro modelo societario[33].

El fracaso de los compromisos asumidos contra la pobreza es particularmente patente en la Estrategia Europa 2020[34], lanzada unos años antes que los ODS, en línea con las diversas iniciativas institucionales que en las últimas décadas han tratado de contrarrestar el aumento de la marginalidad social con los aportes del Fondo Social Europeo. Una de ellas es el Pilar Europeo de Derechos Sociales, adoptado conjuntamente por la Comisión y el Parlamento del Consejo Europeo en 2017, que no empezó a surtir efectos hasta cuatro años más tarde —ya con la pandemia desplegando sus consecuencias—, a través del «Plan de Acción del Pilar Europeo de Derechos Sociales» (2021)[35].

Sin embargo, el problema central que sigue pesando sobre todas estas iniciativas es la dificultad de dejar atrás la racionalidad «rigorista» que ha marcado la política de integración desde el Tratado de Maastricht[36]. Esta se hizo especialmente patente en el modo de afrontar la crisis de la deuda desencadenada por las turbulencias de 2007-2008, a través del llamado «Pacto Fiscal» introducido por el Tratado de Estabilidad, Coordinación y Gobernanza en la Unión Económica y Monetaria (TECG, 2012), que

ses europeos recuperaron los niveles de PIB anteriores a la crisis, los niveles de pobreza y de desigualdad no volvieron adonde estaban.

33. Las conclusiones del informe ponen de relieve que los programas de lucha contra la pobreza aplicados hasta entonces no habían sido capaces de combatir el círculo vicioso por el que la pobreza se retroalimenta, lo que quedaría reflejado en el creciente efecto *enquistante* de la deriva de la pobreza prolongada en términos de marginación a largo plazo. Este vórtice negativo puede deberse a diversos factores, como las deficientes medidas de apoyo a la pobreza, las dificultades para reincorporarse al empleo derivadas de la depreciación del capital humano y el consiguiente desempleo de larga duración, y la generalización de los empleos mal remunerados.

34. *Vid.* J. A. Estévez Araújo, «La peculiar visión europea de la lucha contra la pobreza», en A. Giménez Merino (ed.), *La lucha contra la pobreza en el laberinto de la gobernanza*, cit., pp. 57-92.

35. El Pilar cobró impulso gracias al presidente de la Comisión Europea (Jean-Claude Juncker), y encontró su expresión jurídico-institucional con su adopción en Gotemburgo, en 2017, por el Parlamento Europeo, el Consejo y la Comisión. En él se fijan acciones destinadas a fines sociales, en una dirección solidaria e intervencionista. Un análisis ampliado en Adriana Ciancio, «La 'dimensione sociale' dell'Unione Europea alla prova della pandemia», en B. Guastaferro y L. Tebano (eds.), *Cura, lavoro, diritti. L'Unione Europea e le sfide della contemporaneità*, Editoriale Scientifica, Nápoles, 2022, pp. 61-82.

36. *Vid.* Alfredo D'Attorre, *L'Europa e il ritorno del 'politico'. Diritto e sovranità nel processo di integrazione*, Giappicheli, Turín, 2020 (espec. los caps. I y V), y Alessandro Somma, *Quando l'Europa tradì se stessa*, Laterza, Roma/Bari, 2021.

endureció los parámetros presupuestarios según la llamada «lógica de la austeridad». Esta *reforma constitucional de facto* fue añadida al Tratado original de la UE no como «enmienda», sino como un pacto internacional en paralelo[37].

El Pacto Fiscal tuvo una importancia considerable, porque su aprobación se produjo en medio de la crisis económica más grave desde 1929, con efectos recesivos en las economías nacionales de todo el planeta y graves repercusiones para la población en términos materiales. La respuesta de la UE a través del TECG no se ocupa de contrarrestar ese efecto, sino que es funcional al sistema financiero[38], mediante una intervención rígida destinada a reforzar la disciplina monetaria y financiera establecida en el Tratado constitutivo de la Unión[39]. Complementariamente, el Mecanismo Europeo de Estabilidad creado un año antes (de nuevo mediante un tratado intergubernamental al margen de los tratados de la UE, aunque integrable dentro de los instrumentos de ayuda financiera previstos en el artículo 136 del Tratado de Funcionamiento de la Unión Europea) también contempla el «apoyo» a las finanzas de los Estados en dificultades «transitorias» con el fin de garantizar la estabilidad financiera de la zona euro, mediante préstamos subordinados (las llamadas «condicionalidades»). El resultado de todo esto es el estricto control del gasto público, sometido al equilibrio presupuestario y al deber de una reducción progresiva.

Como señalábamos más arriba, el Next Generation European Union, aprobado en 2020 por el Consejo Europeo como un instrumento excepcional de reactivación económica (de ahí su denominación de «Plan de Recuperación»), supuso un aumento considerable de transferencias. Aunque se considera otro punto de inflexión en relación con la trayectoria precedente, su propia naturaleza es «reactiva», frente a una gran crisis económica y social no prevista. Se considera así, esencialmente, porque llevó aparejada la suspensión temporal del «Pacto de Estabilidad»: primero de todo, porque la única salida practicable frente al receso de la

37. Aunque, en realidad, la estrategia del *side-by-side* no pudo ocultar la previsión de que las disposiciones del Pacto Fiscal se incorporasen al ordenamiento jurídico europeo: «A más tardar cinco años después de la entrada en vigor del presente Tratado, sobre la base de una evaluación de la experiencia adquirida en su aplicación, se adoptarán las medidas necesarias para incorporar el contenido del presente Tratado al ordenamiento jurídico de la UE, de conformidad con el Tratado de la UE y el Tratado de Funcionamiento de la Unión Europea» (art. 16. TECG).

38. Un excelente análisis en Miguel Ángel Lorente y Juan-Ramón Capella, *El crack del año ocho*, Trotta, Madrid, 2012.

39. Y sobre todo en los reglamentos comunitarios 1466/97 y 1467/97.

actividad económica era —como en 2008— una mayor intervención pública —con el consiguiente endeudamiento— y, en segundo lugar, por el riesgo de un nuevo estallido social.

Una vez más, sin embargo, nos hallamos ante una operación política dilatoria. No solo porque, bien mirado, el Plan de Recuperación parece menos innovador y decisivo para superar la actual crisis socioeconómica de lo que se nos dice[40], sino sobre todo porque no se ha superado la lógica de la condicionalidad en la aportación de fondos europeos a los Estados. El grueso de las partidas del gasto va ligado a una serie de resultados que perseguir, lo que diluye —o deja en manos de la negociación entre las asimétricas economías europeas— la posible influencia de las poblaciones directamente afectadas por las decisiones tomadas al más alto nivel.

Aunque en las últimas décadas del siglo pasado el mecanismo de la condicionalidad externa asumió una forma eminentemente técnica o *economicista* —en comparación con experiencias anteriores dentro de la historia de las instituciones internacionales—, su naturaleza política ha sido muy acentuada[41]. Este componente no ha mutado esencialmente en los Planes Nacionales de Recuperación y Resiliencia (las articulaciones nacionales de la financiación asignada por el Next Generation), al menos en la medida en que tanto los objetivos que alcanzar como las partidas del gasto (esto es, el uso específico de los fondos que los Estados pueden hacer) están claramente disciplinados por las decisiones tomadas en la Comisión y el Consejo.

[Traducción de Antonio Giménez Merino]

40. Un análisis detallado, entre otros, en Alberto Martinelli, «La risposta dell'Unione Europea alla pandemia Covid-19»: *Quaderni di scienza politica*, 2 (2021), pp. 199-222.

41. Nos referimos a los mecanismos de condicionamiento y dirección de las economías nacionales en vías de desarrollo, según los modelos macroeconómicos propuestos como «indiscutibles» por las organizaciones económicas internacionales (espec. el FMI y el BM). Sobre el papel y la tipología de acciones de estos organismos de cooperación ('disciplinamiento') internacional, *vid.* Fabio Marcelli, *Il debito estero dei paesi in via di sviluppo nel diritto internazionale*, Giuffrè, Turín, 2004; y Ngaire Woods, *The Globalizers. The IMF, the World Bank, and Their Borrowers*, Cornell University Press, Ithaca (NY), 2007.

CIUDADANÍA URBANA Y DESARROLLO SOSTENIBLE*

Fabio Ciaramelli

1. LA AGENDA 2030 PARA EL DESARROLLO SOSTENIBLE, LA LUCHA CONTRA LA POBREZA Y LA REFERENCIA A LA «CIUDADANÍA MUNDIAL»

El punto de partida del razonamiento desarrollado en las páginas que siguen es el hecho de que la lucha contra la pobreza y el hambre constituye el primero —es decir, el principal y fundamental— de los *objetivos* identificados por la ONU en la Agenda 2030 para el Desarrollo Sostenible. Más concretamente, como «plan de acción en favor de las personas, el planeta y la prosperidad», la Agenda de la ONU reconoce en su Preámbulo que «la erradicación de la pobreza en todas sus formas y dimensiones, incluida la pobreza extrema, es [...] un requisito indispensable para el desarrollo sostenible»[1].

Sobre esta base, las condiciones de vida concretas de las ciudades contemporáneas, caracterizadas, como se verá en las primeras páginas de este texto, por el empobrecimiento masivo de sus habitantes, constituyen a la vez un banco de pruebas decisivo y un punto de observación privilegiado para medir el impacto social de las intervenciones jurídico-políticas previstas a este respecto en la cumbre de las Naciones Unidas[2]. Por ello, el undécimo Objetivo de Desarrollo Sostenible (ODS) se formula

* Quisiera dar las gracias a José Antonio Estévez Araújo y Valerio Nitrato Izzo, cuyas críticas y sugerencias han sido de gran ayuda en la redacción final de este texto.

1. «Transformar nuestro mundo: la Agenda 2030 para el Desarrollo Sostenible», Naciones Unidas, Resolución aprobada por la Asamblea General el 25 de septiembre de 2015, A/RES/70/1, 21.10.2015, p. 1.

2. *Ibid.*, pp. 24-25.

así: «Lograr que las ciudades y los asentamientos humanos sean inclusivos, seguros, duraderos y sostenibles»[3].

Dado que la preocupación por las condiciones de vida de las personas que viven en las ciudades es un aspecto central de la Agenda 2030, la meta 7 del objetivo 4 se refiere a la «ciudadanía mundial» en los siguientes términos:

> De aquí a 2030, asegurar que todos los alumnos adquieran los conocimientos teóricos y prácticos necesarios para promover el desarrollo sostenible, entre otras cosas mediante la educación para el desarrollo sostenible y los estilos de vida sostenibles, los derechos humanos, la igualdad de género, la promoción de una cultura de paz y no violencia, *la ciudadanía mundial* y la valoración de la diversidad cultural, y la contribución de la cultura al desarrollo sostenible[4].

Esta noción de «ciudadanía mundial» ya aparecía en el apartado 36 de la Introducción, donde puede leerse lo siguiente: «Nos comprometemos a fomentar el entendimiento entre distintas culturas, la tolerancia, el respeto mutuo y *los valores éticos de la ciudadanía mundial* y la responsabilidad compartida»[5].

De este modo, la referencia a las condiciones de vida de las ciudades contemporáneas constituye una de las motivaciones decisivas de la lucha contra la pobreza anunciada por la Agenda como objetivo fundamental del desarrollo sostenible. Queda por especificar cuál podría ser el contenido concreto de esa «ciudadanía mundial», noción que el texto de la Agenda deja bastante vaga, pero que las referencias cruzadas a la lucha contra la pobreza y a la necesidad de un desarrollo sostenible permiten determinar con mayor precisión.

De hecho, la Agenda introduce esta referencia a la «ciudadanía mundial» como un objetivo ético y político de cuya ausencia, incomodidad y, por tanto, deseo parece adolecer claramente la convivencia humana en unas ciudades caracterizadas por el aumento de la aglomeración y el empobrecimiento. Lo que falta y a lo que alude la Agenda con la expresión «ética de la ciudadanía mundial y de la responsabilidad compartida» no es, por tanto, la noción jurídica pura y simple de ciudadanía entendida como un *estatus* que los Estados confieren o niegan a determinadas categorías de sujetos.

La noción de «ciudadanía mundial», utilizada también por la Unesco en un documento de 2015 referido a la «educación para la ciudadanía

3. *Ibid.*, p. 16.
4. *Ibid.*, p. 20 (énfasis añadido).
5. *Ibid.*, p. 11 (énfasis añadido).

mundial»[6], implica superar la concepción tradicional de la ciudadanía, basada en la clara contraposición entre ciudadanos y extranjeros (solo a los primeros se les reconocían derechos políticos). De hecho, en los últimos tiempos, tal contraposición se ha suavizado. En la UE existe desde 1992 la ciudadanía europea, complementaria de la nacional, y en varios países del llamado mundo occidental se han concedido de diversas maneras derechos políticos a los residentes extranjeros que cumplen determinados requisitos.

Sin embargo, tal ampliación de la noción jurídica de ciudadanía —que sin duda debe considerarse un avance al comportar una mayor inclusividad de la participación política— sigue siendo ajena al problema al que alude la Agenda 2030 cuando se refiere a la «ciudadanía mundial» como horizonte de la lucha contra la pobreza. La carencia de «ciudadanía mundial», que hace que la condición de los habitantes urbanos de hoy se asemeje más a la de súbditos que a la de ciudadanos, dificulta y obstaculiza el desarrollo sostenible a tal punto que la mera ampliación legal de la ciudadanía no aporta ningún remedio relevante. De hecho, las penurias del empobrecimiento y la exclusión social que afectan a las ciudades globales unen en su seno tanto a quienes tienen derechos de ciudadanía como a quienes carecen de ellos. Para unos y otros, la lucha contra el empobrecimiento masivo constituye, como veremos, una reivindicación que a la larga es susceptible de transformar la exclusión social en reivindicación de derechos y en proyectos compartidos. Desde esta perspectiva, justamente, se profundizará en lo que sigue en la noción de «ciudadanía urbana», poniéndola en relación con la cuestión del desarrollo sostenible.

2. MEGACIUDADES, EXPANSIÓN PLANETARIA DE LA POBREZA Y NEGACIÓN DE LA CIUDADANÍA

Cada día un flujo imparable de miles de seres humanos se desplaza del campo a las ciudades. El fenómeno lleva ya décadas produciéndose, pero el punto de inflexión se alcanzó en 2005, cuando, por primera vez en la historia de la humanidad, la población urbana superó a la rural. Desde entonces, la tendencia no ha cambiado y el aumento exponencial de habitantes urbanos, especialmente en África y Asia, pero no solo ahí, no se ha detenido. Según un estudio de la ONU de 2018 titulado *El peso de*

6. *Vid.* UNESCO, *Educación para la ciudadanía mundial: temas y objetivos de aprendizaje*, disponible en https://unesdoc.unesco.org/ark:/48223/pf0000233876.

las ciudades. Requisitos de recursos de la urbanización futura, se espera que en 2050 la población mundial que viva en ciudades suponga el 66 % del total. En 2015 ya se situaba en el 54 %[7]. La consecuencia más devastadora de esta masificación galopante de los espacios urbanos es *el empobrecimiento masivo de sus habitantes*, sea cual sea el título en virtud del cual pasan a residir en ellos.

La ampliación vertiginosa de las ciudades contemporáneas se realiza esencialmente, aunque no de forma exclusiva, a través de la proliferación de los llamados «asentamientos informales»[8] —barrios de chabolas, favelas o tugurios—, definidos así porque fueron construidos ilegalmente, es decir, sin planificación, autorización o consentimiento alguno por parte de las autoridades estatales locales. Se trata de lugares que, al haber sido ocupados, no son reconocidos ni tratados —y mucho menos protegidos— como partes integrantes de las ciudades. Precisamente porque se definen eufemísticamente como «informales», es decir, en esencia ilegales, quienes se encuentran viviendo o incluso simplemente sobreviviendo en estos asentamientos —que en cualquier caso gravitan en torno a las ciudades, interactúan con ellas y, por tanto, influyen en ellas y dependen de ellas al mismo tiempo— están excluidos de casi todos los servicios urbanos organizados públicamente.

Aunque originariamente «clandestinos» y, por tanto, al menos en teoría provisionales, los «asentamientos informales» tienen no obstante una duración muy prolongada, lo que estabiliza su exclusión en el reparto de los espacios urbanos formalmente definidos. Ello no quita, sin embargo, que también participen a todos los efectos en la constitución de los territorios urbanizados, al punto de que puede afirmarse, como ha escrito recientemente Thierry Paquot, que representan un caso emblemático de «urbanización sin urbanismo»[9]. Parece claro que este tipo de arquitectura de supervivencia[10] se ha convertido en parte integrante de la

7. *Vid.* Programa de las Naciones Unidas para el Medio Ambiente, *El peso de las ciudades. Requisitos de recursos de la urbanización futura*, 2018, p. 21, https://www.markswilling.co.za/wp-content/uploads/2018/05/the_weight_of_cities_full_report_english.pdf.

8. Así los define un reciente documento de la UNESCO: «Ciudades, urbanización y asentamientos informales», 2019, en https://unesdoc.unesco.org/ark:/48223/pf0000367656_spa.

9. *Les bidonvilles*, La Découverte, París 2022. *Vid.* la excelente reseña de Gustave Massiah en https://topophile.net/savoir/les-bidonvilles-de-thierry-paquot. En italiano, *vid.* Sonia Paone, Agostino Petrillo y Francesco Chiodelli, *Governare l'ingovernabile. Politiche degli slum nel* XXI *secolo*, Ets, Pisa, 2018.

10. *Vid.* Yona Friedman, *L'architettura di sopravvivenza. Una filosofia della povertà*, trad. de G. Fassino, Bollati Boringhieri, Turín, 2009.

«urbanización planetaria» o urbanización global que caracteriza actualmente nuestra época[11].

Se debe añadir de inmediato que el hacinamiento de las ciudades contemporáneas no solo está determinado por esos «asentamientos informales», sino también por la proliferación de zonas de deterioro en todas esas ciudades, generalmente en sus suburbios. En este caso, se trata de barrios enteros construidos originariamente con autorización, pero caracterizados en la práctica por la falta de unos servicios urbanos y sociales adecuados. De ahí que las condiciones de vida de los seres humanos que los habitan estén marcadas también por la exclusión social y, por tanto, compartan con las de los habitantes de los asentamientos informales graves formas de penuria, miseria e inseguridad[12].

Bien mirado, por tanto, la superpoblación de las ciudades globales no puede considerarse una mera expansión del poder del modelo-ciudad, sino que constituye un testimonio preocupante e inequívoco de la expansión exponencial de la pobreza, como sostiene Francesco Chiodelli en un estudio muy bien documentado[13].

De hecho, es precisamente la pobreza la que termina por excluir de la ciudadanía a muchas de las personas que se encuentran viviendo en las ciudades globales. Esa ciudadanía de la que la exclusión social aleja o expulsa no es, ciertamente, lo que en sentido técnico es llamado por los juristas *status civitatis*, por lo que no se vería compensada en modo alguno por la extensión de los derechos de ciudadanía a todos los residentes de un determinado territorio[14]: si la ecuación ciudadanía/residencia parece resolver la oposición entre ciudadanos y extranjeros, en modo alguno afecta al fenómeno más amplio de la exclusión de la ciudadanía en sentido sociológico, a causa de la decadencia y el empobrecimiento urbanos.

Aquí está implícita la noción ampliada de ciudadanía procedente de un célebre escrito de Thomas Humphrey Marshall, que alude a una

11. La fórmula «urbanización planetaria» se remonta a Henry Lefevre, *Le droit à la ville*, Anthropos, París, 1967 (trad. cast.: *El derecho a la ciudad*, Capitán Swing, Madrid, 2020). El mismo autor volvió sobre ello unos años más tarde: «Quand la ville se perd dans la métamorphose planétaire»: *Le monde diplomatique* (1989), pp. 16-17.

12. *Vid.* Bernardo Secchi, *La città dei ricchi e la città dei poveri*, Laterza, Roma/Bari, 2017.

13. «The evolving trajectories of housing policies for the poor and the informal city in the global south: a non-diachronic review»: *GSSI Urban Studies Working Papers*, 7 (2015), http://dx.doi.org/10.2139/ssrn.2567267.

14. Esta es la perspectiva de muchas de las intervenciones de Luigi Ferrajoli. Recientemente: *La construcción de la democracia. Teoría del garantismo constitucional*, trad. de P. Andrés Ibáñez, Trotta, Madrid, 2023.

«forma de igualdad humana fundamental asociada al concepto de pertenencia plena a una comunidad»[15]. Como ha escrito Piero Costa, inspirándose en Marshall, «los sujetos, que en términos meramente jurídico-formales podrían parecer ciudadanos iguales dentro de un orden jurídico-político dado, deben, por el contrario, ser adscritos a clases diferentes en función del acceso a los recursos y al poder que efectivamente les es otorgado»[16].

Así pues, las formas endémicas de pobreza, que afectan por igual a ciudadanos y a extranjeros, amenazan la idea misma de ciudadanía. Implican no solo la exclusión de bienes y servicios esenciales para la supervivencia, sino por encima de todo la exclusión del ejercicio de los derechos fundamentales y de la participación en proyectos comunes. De tal modo que la exclusión urbana, convertida por obra de la pobreza en exclusión de la ciudadanía, conforma un escenario de invivibilidad colectiva que supone la cancelación del futuro para masas crecientes de nuestros coetáneos. De hecho, la propia idea del futuro se presenta para ellos, cada vez más explícitamente, como una amenaza contra la que hay que defenderse, en vez de como una oportunidad que hay que aprovechar.

3. LUCHA CONTRA LA POBREZA, DESARROLLO SOSTENIBLE Y «CIUDADANÍA URBANA»

El crecimiento de las aglomeraciones urbanas, tan atractivas pero también tan hostiles para un número incontenible de aspirantes a ciudadanos, se está configurando hoy como el «caldo de cultivo» de las más preocupantes formas de exclusión social, cuya causa principal es, sin duda, el empobrecimiento de capas cada vez más amplias de la población hacinada en las ciudades, que apenas alcanzan a cubrir unos niveles mínimos de subsistencia.

Analizando con más detalle las penurias causadas por la miseria urbana, uno se da cuenta de que de tales penurias surgen y renacen incesantemente reivindicaciones y luchas en torno a la exclusión social, y las graves privaciones que caracterizan la vida cotidiana tanto de los llamados «asentamientos informales» como, de manera más general, de los barrios-gueto de muchas ciudades contemporáneas. En ambos casos, penurias y reivindicaciones, pobreza y conflicto son dos caras de la misma

15. *Ciudadanía y clase social* [1950], Alianza, Madrid, 2023.

16. «Cittadinanza», en U. Pomarici (ed.), *Atlante di filosofia del diritto*, vol. I, Giappichelli, Turín, 2012, pp. 60-61.

moneda[17]. No es casual que los enfrentamientos y conflictos de intereses entre los excluidos y las estructuras de exclusión se conviertan en el lugar de producción de necesidades, reivindicaciones y demandas a partir de las cuales se desarrolla una nueva conciencia colectiva y, en consecuencia, nuevas reivindicaciones de derechos[18].

Cabe señalar aquí que existe una continuidad sustancial entre los asentamientos informales y los barrios-gueto. Ciertamente, los primeros surgen de la ocupación ilegal de un territorio llevada a cabo por una masa de personas que, carentes de medios adecuados de subsistencia, se instalan en alojamientos improvisados, mientras que los barrios-gueto derivan de la construcción legal de grandes espacios urbanos utilizados exclusivamente como dormitorios para masas de marginados. Sin embargo, ambos tienen en común algo profundo: la experiencia de la exclusión de la mayoría de los servicios sociales que garantizan el desarrollo y el bienestar. En consecuencia, la vida cotidiana de los seres humanos que residen en ambos espacios está marcada por una mezcla parecida de astucia, *inteligencia callejera* y el recurso a actuaciones que rozan lo ilegal para poder llegar a fin de mes.

Ya en estas características primordiales de las dos caras predominantes de la exclusión urbana se pueden reconocer los rasgos básicos de un proceso de reivindicación activa de derechos generado por el choque de intereses entre las estructuras de la exclusión urbana y los sujetos que la sufren y que intentan superarla. La reflexión acerca de estas tensiones contrapuestas ha ido dando forma a la noción de «ciudadanía urbana», que en las dos últimas décadas ha empezado a adquirir relevancia jurídico-política[19]. Se trata de una *noción* innovadora, y en parte hasta aporética, que se aleja del concepto jurídico tradicional de ciudadanía como estatus.

Para comprender las especificidades de la «ciudadanía urbana», puede ser útil referirse a una aguda observación de Piero Costa, según la cual en nuestra modernidad avanzada, «ciudadanía» es un término que «adquiere un valor predominantemente metodológico y operativo: es un

17. Esta ambigüedad está en el núcleo de la investigación de Mike Davis, *Planeta de ciudades miseria*, Akal, Tres Cantos, 2024, y más recientemente, en el libro mencionado de Thierry Paquot, *Les bidonvilles*.

18. El correlato entre penuria y reivindicaciones es el hilo conductor de un interesante informe de la Agencia Italiana de Cooperación y Desarrollo, *La rigenerazione integrata e ambientalmente sostenibile di una baraccopoli*, disponible en: https://trasparenza.aics.gov.it.

19. *Vid.* Robert A. Beauregard y Anna Bounds, «Urban Citizenship», en E. F. Isin (ed.), *Democracy, Citizenship, and the Global City*, Routledge, Londres, 2000, pp. 243-256.

símbolo que señala la intención de llevar a cabo un programa de operaciones lingüístico-conceptuales en torno a un tema»[20]. En este sentido, la noción de «ciudadanía urbana» debe entenderse ante todo como un conjunto de operaciones a través de las cuales los habitantes de las ciudades se constituyen a sí mismos como ciudadanos.

Con objeto de señalar este dinamismo participativo que constituye la génesis de la ciudadanía en tanto construcción colectiva, Engin F. Isin introdujo el concepto de «actos de ciudadanía» como vía alternativa al estudio tradicional de esta noción —la cual, incluso cuando iba más allá de una visión puramente formalista, limitaba la ciudadanía a un resultado adquirido—. Isin escribe:

> Estudiar la ciudadanía de un modo que no la considere un estatus o una práctica, aun sin menospreciar esta distinción, obliga a centrarnos en aquellos actos en cuyo ejercicio los sujetos, independientemente de su estatus y condición, se constituyen a sí mismos como ciudadanos o, mejor aún, como titulares de derechos. La atención se desplaza de los sujetos como tales a los actos (o hechos) que producen esos sujetos. La diferencia, en nuestra opinión, es crucial[21].

La novedad de este tipo de análisis consiste en abandonar el examen del resultado final, es decir, la pertenencia de los sujetos a la comunidad política y su participación en ella, para centrarse en el estudio de las formas de compromiso a través de las cuales se forja la ciudadanía. En el primer caso, el análisis tiene un objeto estable y en cierto modo pasivo; en el segundo, en cambio, el objeto es el dinamismo de la acción o actividad a través de la cual se constituye aquello que se pretende estudiar (en este caso la ciudadanía), es decir, el proceso a través del cual, como dice Isin, «los sujetos se constituyen a sí mismos como ciudadanos —o, mejor aún, como aquellos sobre quienes recae el derecho a tener derechos—»[22].

A través de la reiterada referencia a la famosa fórmula de Hannah Arendt sobre el «derecho a tener derechos», surge la idea fundamental de que la ciudadanía, en su acepción jurídica, es decir, precisamente la ciudadanía como estatus, es una conquista social, histórica y política que culmina un proceso de luchas y reivindicaciones[23]. De ahí la idea de

20. «Cittadinanza», cit., p. 62.

21. «Theorising acts of citizenship», en E. F. Isin y G. M. Nielsen, *Acts of Citizenship*, Zed Books, Londres/Nueva York, 2008, p. 2 (trad. propia).

22. *Ibid.*, p. 18.

23. Como es bien sabido, Arendt analiza la experiencia de los apátridas que, al final de la Segunda Guerra Mundial, se encontraron privados de ciudadanía legal, es decir, de

«actos de ciudadanía», es decir, de un conjunto de operaciones a través de las cuales los sujetos sociales se convierten en ciudadanos, organizando activamente —mediante conflictos políticos, movilizaciones sociales y reivindicaciones jurídicas— su experiencia colectiva. En este contexto es esencial la contraposición pasividad/actividad. Isin lo deja claro al escribir que:

> Los actos no se dan pasivamente, ni surgen de un orden natural; como tales, pueden oponerse a la definición ingenuamente formulada de que ser ciudadano significa simplemente ejercer derechos o cumplir obligaciones, como si estas formas neutras de elección individual pudieran sancionarse al margen de múltiples redes de autoridad. Mientras que prácticas ciudadanas como votar, pagar impuestos o aprender idiomas se muestran pasivas y unilaterales en las democracias de masas, los actos de ciudadanía cortocircuitan la vuelta a lo igual y de algún modo anticipan las eventuales, pero muy reales, contrarréplicas de sus oponentes[24].

Los actos de ciudadanía aluden, pues, a operaciones concretas mediante las cuales los habitantes de las ciudades pueden ser reconocidos como sujetos de derechos y, en consecuencia, conseguir también comportarse como ciudadanos. En este sentido, con relación a una contribución más reciente de Isin[25], Valerio Nitrato Izzo subraya el carácter performativo de la ciudadanía urbana, «una apelación a la universalidad de los derechos de los ciudadanos que se basa no tanto y no solo en actos formales, sino más bien en prácticas mixtas de reivindicación e institucionalización/formalización de los derechos»[26].

Precisamente porque no constituye un concepto formalizado, la noción de «ciudadanía urbana» debe entenderse como un «trabajo en curso», es decir, como un conjunto de relaciones y reivindicaciones que deben elaborarse y desarrollarse a través de un proceso polifacético y multilateral. En él subyace la relación conflictiva que enfrenta, por un lado, a un dispositivo jurídico-político dirigido a la selección y la exclu-

pertenencia a un Estado. A este respecto, P. Costa escribe: «Los derechos fundamentales (como la vida y la libertad) solo pertenecen realmente al individuo dentro del horizonte de una comunidad política concreta, sin la cual la condición primera de todo derecho, es decir, 'el derecho a tener derechos', se pone en duda» («Cittadinanza», cit., p. 66).

24. *Acts of citizenship*, cit., p. 2 (trad. propia).

25. E. Isin, «Performative citizenship», en A. Shachar, R. Bauböck, I. Bloemraad y M. Vink, *The Oxford Handbook of Citizenship*, Oxford University Press, Oxford, 2017, pp. 500-523.

26. *Gli spazi giuridici della città contemporanea*, Editoriale Scientifica, Nápoles, 2017, p. 60.

sión y, por otro, a las aspiraciones de los excluidos que luchan por su propia integración. Una integración, sin embargo, que requiere la elaboración de una nueva forma de entender la ciudadanía cuya reformulación y ampliación nazcan de la regeneración compartida de los espacios urbanos.

A la luz de lo analizado en estas páginas, se puede afirmar que el principal enemigo de la ciudadanía urbana es, sin duda, la pobreza. La exclusión social, al tiempo que agrava la miseria en las megaciudades, relega a sus habitantes a la condición de *súbditos*, en lugar de convertirlos en *ciudadanos*. Así lo vio claramente Zygmunt Bauman, para quien, ya en 2005, las ciudades se habían «convertido en vertederos de los problemas causados por la globalización»[27]. Unos veinte años después, el panorama general no ha cambiado y la negación concreta de la ciudadanía a tantísimos habitantes de la ciudad global permanece inalterable. La sumisión a las reglas implacables de la *gig economy* solo produce miseria y, de hecho, culmina en la desaparición de la ciudadanía entendida como participación activa en un proyecto compartido.

Frente a este escenario de miseria y exclusión social, reivindicar la «ciudadanía urbana» significa trabajar en una inversión radical de esta tendencia que sitúe en primer plano la recuperación de la habitabilidad de los espacios urbanos, en tanto espacios comunes a todos los que viven en la ciudad —de la que forman parte también los excluidos del bienestar y de sus promesas de felicidad—. Esta reivindicación y este reconocimiento son la única forma de hacer posible el ejercicio consciente de la ciudadanía, del reparto simbólico y efectivo del derecho a una vida digna de ser vivida en un entorno saludable y adecuado al desarrollo de cada individuo.

Pues bien, como pronto veremos, es precisamente esta definición de «desarrollo sostenible» la que se desprende de los documentos de las organizaciones internacionales que en las últimas tres décadas del siglo pasado han venido a dar a esta noción una relevancia jurídica decisiva. Poco a poco, las consecuencias de esto sobre los ordenamientos jurídicos se están revelando ricas en perspectivas, en especial en lo referente al papel emancipador e igualitario de las reivindicaciones de la «ciudadanía urbana» y a sus implicaciones sociales y medioambientales[28].

27. *Vid.* F. Ciaramelli, *La ciudad de los excluidos. La invivible vida urbana en la globalización neoliberal*, trad. de J.-R. Capella y V. M. Vassallo, Trotta, Madrid, 2023, pp. 69-73.

28. A este respecto, me remito a las recientes tomas de posición de la jurisprudencia internacional en numerosos litigios climáticos planteados por activistas y militantes frente a la inercia de los gobiernos, en general muy reacios a cumplir las directivas europeas so-

4. DESARROLLO SOSTENIBLE, CONTROL JURÍDICO DEL CRECIMIENTO Y LUCHA CONTRA LA POBREZA

Si pasamos ahora a analizar el significado y las implicaciones del llamado «desarrollo sostenible», de nuevo subyace a su introducción en el discurso jurídico la relación conflictiva entre las estructuras de exclusión y la necesidad de regeneración, como acabamos de ver en relación con la «ciudadanía urbana».

Desde el momento en que el sintagma «desarrollo sostenible» apareció por primera vez en un documento oficial de la ONU, en 1987, ya no se trataba solo de hacer valer una reivindicación moral o de dar voz a una importante cuestión cultural. Con la referencia al «desarrollo sostenible», una gran organización internacional como la ONU pretendía dar espacio y un protagonismo de naturaleza indiscutiblemente jurídica a una reivindicación pública de derechos subjetivos, que inevitablemente debía ir acompañada de deberes jurídicos. Como es sabido, los ordenamientos estatales —junto con los poderes económicos capaces de influir en ellos— se han resistido a estirar de ahí las consecuencias necesarias para hacer efectivos dichos derechos. Sin embargo, aquello sirvió para poner en marcha un proceso jurídico-político que ha alterado las formas jurídicas, bajo la presión de necesidades concretas que empujan a modificar el derecho en un sentido emancipatorio e igualitario.

Desde esta perspectiva, tanto la noción de *ciudadanía urbana* como la relevancia jurídica del *desarrollo sostenible* tienen en común la puesta en juego del reconocimiento y la implementación de los derechos subjetivos relativos a una vida colectiva digna de ser vivida y de traspasarse a las generaciones futuras. En ambos casos, lo que está en juego es la reivindicación del derecho fundamental de todo ser humano a unas condiciones de vida adecuadas para su desarrollo dentro de un entorno saludable.

Más concretamente, desde su primera formulación en el llamado Informe Brundtland, publicado en 1987 por la Comisión Mundial sobre el Medio Ambiente y el Desarrollo (CMMAD), el «desarrollo sostenible» viene caracterizado como un tipo de desarrollo «que satisface las necesidades del presente sin comprometer la capacidad de las generaciones futuras para satisfacer sus propias necesidades»[29]. En estrecha conexión con esta definición general, se suscita la necesidad de someter la noción

bre sostenibilidad: *vid.* Attilio Pisanò, *Il diritto al clima. Il ruolo dei diritti nelle controversie europee sul clima*, Editoriale Scientifica, Nápoles, 2022.

29. Comisión Mundial sobre el Medio Ambiente y el Desarrollo, «Nuestro futuro común», Asamblea General de las Naciones Unidas, 04.08.1987, A/42/427, p. 55.

de crecimiento económico —que concierne tanto a la producción como al consumo, y que se refiere tanto al consumo individual como al consumo social— a un conjunto de reglas que limiten el crecimiento incontrolado, teniendo en cuenta tanto la compatibilidad medioambiental como las exigencias de la justicia social. Nos encontramos, pues, ante la explicitación, en un documento oficial de la esfera pública internacional, de *implicaciones o repercusiones jurídicas* ineludibles que pueden y deben derivarse de la toma de conciencia medioambiental.

Desde esta perspectiva, se antoja fundamental el Anexo 1 del Informe Brundtland, no por casualidad titulado «Resumen de los principios jurídicos propuestos para la protección del medio ambiente y el desarrollo duradero», cuyo primer artículo reza así: «Todos los seres humanos tienen el derecho fundamental a un medio ambiente adecuado para su salud y bienestar»[30].

De hecho, la cuestión de la sostenibilidad medioambiental y social ya había sido, quince años antes, el tema central de la Conferencia de las Naciones Unidas sobre el Medio Humano, celebrada en Estocolmo en 1972. Aunque el sintagma «desarrollo sostenible» aún no aparecía en la Declaración final de esta conferencia, en ella ya se afirmaba solemnemente la necesidad de una colaboración internacional para salvaguardar los recursos naturales del planeta «en beneficio de todos», es decir, también en beneficio de los seres humanos aún no nacidos. Así lo afirma claramente el texto del primer Principio de la propia Declaración de Estocolmo, que reza así: «El hombre tiene el derecho fundamental a la libertad, a la igualdad y a unas condiciones de vida satisfactorias en un medio ambiente que le permita vivir con dignidad y bienestar. Tiene la solemne responsabilidad de proteger y mejorar el medio ambiente para las generaciones presentes y futuras»[31].

Aunque no cabe duda de que de esta «solemne responsabilidad» se deriva un deber jurídico de controlar el crecimiento económico, no es menos cierto que este deber ha chocado y choca con los dispositivos de la gobernanza neoliberal, sin que por ello se haya silenciado del todo. Y es precisamente la percepción de este deber de limitar y controlar el crecimiento lo que está en el núcleo de la «ciudadanía urbana», pues esta pone en marcha un proceso de reivindicación de derechos que, tarde o temprano, deberá plasmarse en deberes jurídicos.

30. *Ibid.*, p. 381.

31. Informe de la Conferencia de las Naciones Unidas sobre el Medio Humano, Estocolmo, 5 a 16 de junio de 1972, Naciones Unidas, Nueva York, 1973, A/CONF.48/14/Rev.1, p. 4.

Pero procedamos con orden. El Informe Brundtland, tras la definición general de desarrollo sostenible, en la que es central la referencia a la responsabilidad hacia las generaciones futuras, especifica que el crecimiento económico debe ser limitado teniendo en cuenta tanto el factor medioambiental como la justicia social[32]. Es aquí donde surge la cuestión de la pobreza, ya que esta constituye una amenaza radical para la realización del desarrollo sostenible. El Informe lo reconoce sin vacilar:

> La Comisión cree que ya no es inevitable la pobreza general. La pobreza es no solo un mal en sí misma. El desarrollo duradero exige que se satisfagan las necesidades básicas de todos y que se extienda a todos la oportunidad de colmar sus aspiraciones a una vida mejor. Un mundo donde la pobreza es endémica será siempre propenso a ser víctima de la catástrofe ecológica o de otro tipo[33].

El aspecto fundamental que se aprecia entre líneas es, por tanto, el siguiente: el crecimiento económico, si quiere ser sostenible («duradero»), no puede dejarse abandonado a su suerte. En ausencia de controles públicos y restricciones legales, el crecimiento de la producción y del consumo individual dará lugar a la proliferación inaceptable de «costes sociales», que los poderes económicos, tanto privados como públicos, no están dispuestos a asumir. Esta negativa de los poderes económicos a hacer frente a los «costes sociales» del crecimiento está motivada por la propia lógica de la economía capitalista, que persigue la incesante maximización de los beneficios sin la cual el sistema económico se derrumba. La negativa de los poderes económicos a hacer frente a los costes sociales del crecimiento conduce a un aumento de las desigualdades y las injusticias y, en última instancia, a un aumento imparable de la pobreza.

En conclusión, a la luz de lo anterior, la sostenibilidad medioambiental y social no puede presentarse nunca como el resultado del libre juego de los intereses económicos y de los automatismos del progreso tecnológico. Y de ello se desprende la necesidad de posturas públicas radicales, que mediante intervenciones jurídicas y políticas asuman la responsabi-

32. «El concepto de desarrollo duradero implica límites —no límites absolutos, sino limitaciones que imponen a los recursos del medio ambiente el estado actual de la tecnología y de la organización social y la capacidad de la biosfera de absorber los efectos de las actividades humanas—. Pero tanto la tecnología como la organización social pueden ser ordenadas y mejoradas de manera que abran el camino a una nueva era de crecimiento económico» (cit., p. 23).

33. *Ibid.*

lidad de la realización de la sostenibilidad —y de sus nada desdeñables costes—, tanto en el plano social como en el medioambiental.

5. LA DENUNCIA DE LOS COSTES SOCIALES DEL CRECIMIENTO DE LA PRODUCCIÓN Y EL CONSUMO EN EL INFORME DE LA OCDE DE 1970

A conclusiones similares se llegó en 1970 en el razonamiento contenido en la Introducción al Informe sobre el crecimiento de la producción presentado en París por la Organización de Cooperación y Desarrollo Económico (OCDE). El grupo que preparó ese informe estaba presidido por Cornelius Castoriadis, el célebre cofundador de Socialisme ou barbarie que, en su calidad de funcionario de la OCDE, fue también el autor de la introducción a este informe[34].

El punto de partida del razonamiento desarrollado en este texto es la consideración de que el crecimiento de la producción y el consumo no tiene efectos sociales uniformes, sino que, en determinadas zonas geográficas y grupos sociales, en lugar de producir crecimiento provoca marginación y atraso. Los problemas que plantea la situación «cada vez más insostenible» de estos grupos, si bien no son «de naturaleza puramente económica, en el sentido tradicional del término», son problemas que, sin embargo, «pertenecen a la esfera de la economía política en su sentido más amplio» y exigen una revisión del «concepto de crecimiento óptimo a la luz del bienestar social». Dicha revisión requiere «un examen preciso del contenido mismo del proceso de crecimiento»[35].

En realidad, el proceso de crecimiento alcanzado por la actividad económica no puede considerarse una magnitud natural constante y predeterminada, ya que tiene un contenido sociohistórico variable definido por el contexto en el que ese proceso tiene lugar realmente. En vísperas de la Segunda Guerra Mundial, los objetivos fundamentales de la actividad económica, y del crecimiento que esta perseguía y se proponía fo-

34. Para la versión completa del Informe de la OCDE, *vid. The Growth of Output 1960-1980: Retrospect, Prospects and Problems of Policy*, OECD, París, 1970. La trad. it. de la Introducción se puede leer en Cornelius Castoriadis, «I costi sociali della crescita», en Íd., *Contro l'economia. Scritti 1949-1997*, al cuidado de R. A. Ventura, Luiss University Press, Roma, 2022, pp. 87-96. Inmediatamente después de la redacción de la Introducción y de la publicación del Informe, Castoriadis dimitió de la OCDE, donde había trabajado como economista desde la inmediata posguerra, es decir, durante los años de Socialisme ou barbarie. Sobre estos aspectos de la vida y la obra de Castoriadis, cf. el excelente trabajo de Raffaele Alberto Ventura, «Castoriadis foncionnaire»: *Esprit*, 477 (septiembre 2021), pp. 127-138.

35. C. Castoriadis, «I costi sociali della crescita», cit., p. 88.

mentar, eran la satisfacción de las necesidades elementales de los seres humanos, fáciles de identificar y casi inmutables, que los aparatos productivos de los distintos países tenían la tarea de satisfacer con medios limitados, caracterizados por una evolución lenta. Pero con la llegada de la era tecnológica, las cosas cambiaron. «En las sociedades que han alcanzado el estadio de la abundancia», los cambios tecnológicos y sociales no se limitan a acelerar las técnicas de producción, sino que intervienen sobre las dinámicas psicológicas y culturales, modificando, en primer lugar, la percepción subjetiva de las necesidades individuales. Estas últimas, «tal como se expresan concretamente, están fuertemente influidas, si no determinadas, por el desarrollo de la propia economía. La mejor prueba de ello es que en nuestros días, en las economías industriales, los hábitos de consumo cambian sin cesar. En segundo lugar, a medida que aumenta la capacidad de producción y las necesidades están menos limitadas, el margen de elección se amplía, acentuando los dilemas en la toma de decisiones»[36].

La ideología del crecimiento, subyacente a la lógica económica del capitalismo, tiende a dejar la gestión de estos problemas enteramente en manos del funcionamiento automático del mercado. Y es esta tendencia la que los sistemas jurídicos se ven a su vez inducidos «espontáneamente» a seguir. Sin embargo, al hacerlo, muchos de estos problemas quedan *de facto* sin resolver. Problemas que tienen que ver principalmente con «decisiones colectivas relativas a la educación, la sanidad o el diseño urbano, *todos ellos bienes y servicios que no pueden ser evaluados adecuadamente por el mercado*. Además, al tratarse a menudo de decisiones muy complejas con efectos a largo plazo, *los mecanismos de mercado no son adecuados para aportar soluciones racionales*»[37].

Por consiguiente, si el objetivo de la intervención económica es realmente presentar soluciones racionales a los problemas, no se puede confiar exclusivamente a las tendencias espontáneas del mercado. Por el contrario, lo que habría que hacer es prestar atención a los conflictos que surgen entre la eficacia productiva y el bienestar social. Evitar la tematización de estos conflictos para no tomar partido entre los dos cuernos de la alternativa deja vía libre a los automatismos y mecanismos del mercado. Esto no significa que se eviten o pospongan las necesarias «decisiones colectivas» a las que antes nos referíamos, que sin duda se toman, pero sin tener en cuenta los intereses colectivos, o lo que es lo mismo, favoreciendo exclusivamente las necesidades de la producción en detrimento de las del bienestar social.

36. *Ibid.*, p. 89.
37. *Ibid.* (énfasis añadido).

En épocas anteriores, cuando la producción comercializable de artículos necesarios para satisfacer las necesidades básicas de los individuos era sistemáticamente insuficiente e inadecuada, la economía tenía que ocuparse exclusivamente del crecimiento cuantitativo, y este tenía sin duda indudables ventajas sociales. «En cambio, en el estado actual de la tecnología y del nivel de vida, podemos empezar a dudar de que el crecimiento de la producción de bienes y servicios intercambiables en el mercado —siguiendo la definición utilizada en las estadísticas de la renta nacional— sea una medida satisfactoria de lo que ha de ser un nivel de crecimiento deseable para la sociedad»[38].

Aquí el error fundamental consiste en la generalización del modelo de evaluación cuantitativa, realizado con los instrumentos convencionales de medición de la producción. Un efecto muy problemático de la aplicación exclusiva de este modelo es la visión ampliamente corporativista o productivista de todo sector social, que tiene como consecuencia insostenible la idea de evaluar cuantitativamente aquello que no puede ser mercantilizable, como, por ejemplo, «los beneficios aportados por el progreso de la medicina o la extensión de la educación», ámbitos de la vida social que deberían quedar fuera del cálculo coste/beneficio en el que se basa el mercado[39].

Someterlo todo a una medición exclusivamente cuantitativa termina por mercantilizar incluso lo no mercantilizable (sanidad y educación); pero además, como no se evalúan los costes del crecimiento en términos de mayor degradación medioambiental o empeoramiento de la calidad de vida, se actúa como si esas consecuencias negativas no existieran.

A la luz de estos análisis, es evidente que dejar correr libremente al mercado y a la lógica del aumento de los beneficios, que alimenta la tensión hacia el crecimiento exponencial de la producción y el consumo, no es una solución. La única forma de satisfacer las nuevas necesidades sociales generadas por el propio crecimiento pasa por una intervención pública exigente —esto es, al mismo tiempo política y jurídica— destinada a superar la distribución desigual de los frutos del crecimiento y sus consecuencias negativas.

Ahora bien, para que esto ocurra, es decir, para que el crecimiento económico proporcione realmente los medios para satisfacer las nuevas necesidades sociales generadas por él, son necesarias o, más bien, inevitables, tres medidas concretas y convergentes: en primer lugar, superar la desigual distribución de los frutos del crecimiento; en segundo lugar,

38. *Ibid.*, pp. 89-90.
39. *Ibid.*, p. 90.

luchar contra sus consecuencias negativas, con especial atención a la contaminación y la degradación del medio ambiente; y en tercer lugar, aumentar significativamente la inversión pública para compensar la incapacidad de las fuerzas del mercado de asumir directamente los costes medioambientales y sociales del crecimiento.

La realización de estas tres medidas públicas, concretas y convergentes, habría supuesto abrir el espacio jurídico-político a las exigencias del desarrollo sostenible. Pero, como es bien sabido, no se llegó a nada. Esta denuncia de los costes sociales del crecimiento formulada en el Informe de la OCDE de 1970 se vio atenuada, inicialmente, por el énfasis en los límites naturales (y no sociales) del propio crecimiento en el Informe del Club de Roma de 1972; y completamente neutralizada por el Informe de la Comisión Trilateral de 1975, que declaraba ingobernables las democracias que pretendían la realización del Estado «social» o «asistencial».

La incorporación del desarrollo sostenible a un discurso jurídico que asuma la responsabilidad de contrarrestar eficazmente los costes sociales y medioambientales de un crecimiento ilimitado y no regulado tendrá que esperar al menos una década.

6. LA ATENUACIÓN DE LA RESPONSABILIDAD DE LOS PODERES ECONÓMICOS POR LOS COSTES SOCIALES DEL CRECIMIENTO MEDIANTE EL ACENTO EN SUS LÍMITES NATURALES (INFORME DEL CLUB DE ROMA, 1972)

El Informe del Club de Roma fue sin duda la señal de un necesario cambio de rumbo en la visión internacional del modelo de desarrollo capitalista. Se trata de un estudio, encargado por el Club de Roma a un grupo de científicos del Instituto Tecnológico de Massachusetts (el famoso MIT), que se publicó en 1972 con el título de *Los límites del crecimiento*[40]. La intuición básica sobre la que se elabora este informe se refiere a la imposibilidad concreta de seguir produciendo y consumiendo a un ritmo progresivamente acelerado en un planeta como la Tierra que, a pesar de su tamaño, no es infinito y, por tanto, tiene unas dimensiones y sobre todo unos recursos limitados que impiden el progreso indefinido de la producción y del consumo.

40. La versión original en inglés del Informe puede leerse aquí: https://www.donellameadows.org/wp-content/userfiles/Limits-to-Growth-digital-scan-version.pdf. Donella H. Meadows, Dennis L. Meadows, Jørgen Randers *et al.*, *Los límites del crecimiento: informe al Club de Roma sobre el predicamento de la humanidad*, FCE, México, 1972.

Sin embargo, a diferencia del Informe de la OCDE de 1970, que se centraba en el análisis de los costes (y por tanto de los límites) *sociales* del crecimiento y la consiguiente responsabilidad de los poderes económicos públicos y privados —a los que se instaba a no lavarse las manos, y prever inversiones y planteamientos firmes para contrarrestarlos—, el Informe presentado por el Club de Roma se centra en los límites *naturales*, es decir *objetivos*, del crecimiento —aquellos independientes de toda intervención humana—, lo que difumina objetivamente la responsabilidad económica, pública o privada, a su respecto. De hecho, una cosa es defender el deber de los poderes públicos y privados de asumir los costes sociales del crecimiento —como en el Informe de la OCDE— y otra muy distinta constatar los límites naturales del crecimiento a los que los poderes económicos han de adaptarse.

Del Informe encargado por el Club de Roma al MIT se desprende la necesidad de evitar la confusión entre las nociones de crecimiento y desarrollo —claramente relacionadas, pero no equivalentes—, ya que —como el debate sobre la sostenibilidad invita a concluir— una limitación cuantitativa vinculada al control del crecimiento es indispensable para lograr un desarrollo económico socialmente integrador y medioambientalmente aceptable. La denuncia de la confusión entre crecimiento y desarrollo o progreso civilizado no era nueva en aquellos años. Era, por ejemplo, bien conocida por la opinión pública italiana desde las postreras polémicas periodísticas de Pier Paolo Pasolini (1922-1975), que en las páginas del *Corriere della Sera* analizó con lucidez y denunció con vehemencia la «mutación antropológica» que se estaba produciendo en la Italia del consumismo[41]. En los apasionados discursos del gran artista friulano, la confusión entre crecimiento y desarrollo (o entre desarrollo económico y progreso civil) se achacaba a la irresponsabilidad del poder capitalista, orientado exclusivamente a la expansión del consumo privado en un país que aún no había alcanzado niveles adecuados de servicios sociales. El énfasis del Club de Roma en los *límites naturales* del crecimiento tenía un sesgo y un objetivo completamente diferentes: pretendía restar responsabilidad a los poderes económicos públicos y privados, cuya intervención se veía frenada por limitaciones externas, objetivas e insuperables.

Como sugiere un estudio de Matthias Schmelzerr, el Informe de la OCDE de 1970 constituye en realidad la «fuente oculta» del análisis

41. *Vid.* Pier Paolo Pasolini, *Scritti corsari*, Garzanti, Milán, 1975, e Íd., *Lettere luterane*, Einaudi, Turín, 1976 (hay trad. cast. de D. Paradela López, *Escritos corsarios*, Galaxia Gutenberg, Barcelona, 2022; y J.-R. Capella, J. Torrell y A. Giménez Merino, *Cartas luteranas*, Trotta, Madrid, ³2017).

del Club de Roma[42], cuyo contenido esencial consiste en considerar impracticables las soluciones a las «necesidades sociales» que el Informe de la OCDE confiaba a la intervención de los poderes económicos, a los que atribuía la responsabilidad de soportar los costes sociales del crecimiento. Para el Club de Roma, este solo tiene límites naturales y objetivos, y por tanto insuperables; pero sus costes, y los inconvenientes que ocasiona, también deben considerarse insuperables y por ello no pueden resolverse mediante la intervención activa de los poderes económicos. En todo caso, la función de estos últimos no sería hacerse cargo de sus «costes sociales».

7. EL INFORME DE LA COMISIÓN TRILATERAL (1975) Y LA SUPERACIÓN DEL ESTADO SOCIAL

El texto que neutraliza y anula por completo la denuncia del Informe de la OCDE sobre los «costes sociales» del crecimiento es el documento de la Comisión Trilateral sobre la gobernabilidad de las democracias, publicado en 1975[43].

El eje central de este último texto no son las necesidades sociales que el crecimiento provoca, pero no logra gestionar o resolver, ni los límites naturales del propio crecimiento, sino la ingobernabilidad real de las democracias debido al aumento de los servicios y del consumo que persigue el Estado social. Desde esta perspectiva, la proliferación de los servicios y del consumo, a los que el sistema capitalista recurre con demasiada generosidad en su afán de democracia, provocaría un aumento del gasto público que la Comisión Trilateral considera inaceptable por producir inflación y, en consecuencia, ingobernabilidad.

Más concretamente, los autores del informe sobre la «crisis de la democracia» ven en la expansión del gasto público el origen de la crisis financiera del capitalismo. Desde esta mirada, opuesta a la defendida por la OCDE, la Comisión Trilateral sostiene que los sistemas democráticos no podrán hacer frente a las crecientes aspiraciones sociales de los ciudadanos sin provocar un aumento exponencial de la inflación, que se con-

42. Matthias Schmelzer, «Born in the corridors of the OECD: the forgotten origins of the Club of Rome, transnational networks, and the 1970s in global history»: *Journal of Global History*, 12/1 (2017), Cambridge University Press, Cambridge, pp. 26-48.

43. Michael Crozier, Samuel P. Huntington y Joji Watanuki, *The Crisis of Democracy: On the Governability of Democracies*, New York University Press, Nueva York, 1975, p. 37, trad. propia. Puede verse en https://archive.org/stream/TheCrisisOfDemocracy-TrilateralCommission-1975/crisis_of_democracy_djvu.txt.

sidera «resultado directo de la ingobernabilidad de las democracias occidentales».

Esta ingobernabilidad está relacionada con lo que la Comisión Trilateral denomina «exceso de democracia» en la parte final del texto, donde leemos este pasaje tan clarificador:

> Al Smith comentó una vez que «la única cura para los males de la democracia es más democracia». Nuestro análisis sugiere que aplicar esta cura en este momento podría echar más leña al fuego. Por el contrario, algunos de los problemas de gobernabilidad actuales en Estados Unidos se derivan de un exceso de democracia, un «exceso de democracia» en el mismo sentido en que [el historiador] David Donald utilizó el término para referirse a las consecuencias de la revolución jacksoniana que contribuyó a precipitar la Guerra Civil. Lo que se necesita, en cambio, es un mayor grado de moderación en la democracia[44].

La Comisión Trilateral relaciona el exceso de democracia con el aumento de la inflación[45] y, por consiguiente, con el incremento de la ingobernabilidad:

> El núcleo del problema reside en las contradicciones inherentes a la propia expresión «gobernabilidad de la democracia». En cierto sentido, gobernabilidad y democracia son conceptos contrapuestos. Un exceso de democracia significa un déficit de gobernabilidad; una gobernabilidad fácil sugiere una democracia defectuosa. A veces, en la historia de la gobernabilidad democrática, el péndulo ha oscilado demasiado en una u otra dirección[46].

De este modo, el análisis de la Comisión Trilateral identifica las políticas de inspiración democrática encaminadas a lograr una mayor justicia social, es decir, la intervención pública en la economía, como un elemento decisivo en la crisis de la democracia, porque estas políticas al final asistencialistas conducen a un aumento del gasto público y, por consiguiente, a un aumento de los precios o, lo que es lo mismo, de la inflación. Lo que la Comisión denomina el *welfare shift*, es decir, el giro o cambio de dirección del Estado social, es la fuente de la ingobernabilidad de las democracias. Este punto final, que es la aportación clave de la Trilateral, queda bien reflejado en el siguiente pasaje:

44. *Ibid.*, p. 113. El fragmento hace referencia a Alfred Emanuel Smith (1873-1944), miembro del Partido Demócrata, que fue gobernador del estado de Nueva York y candidato demócrata en las elecciones presidenciales de 1928.

45. *Ibid.*, p. 81.

46. *Ibid.*, p. 180.

> El exceso de gasto en relación con los ingresos fue, obviamente, una de las principales causas de la inflación que asoló a Estados Unidos, junto a la mayoría de los demás países industrializados, a principios de la década de 1970. La inflación fue, en efecto, una forma de pagar las nuevas formas de actividad gubernamental producidas por el giro hacia el bienestar[47].

Contrariamente a la postura del Informe de la OCDE, que en 1970 consideraba necesario un aumento de la inversión pública para satisfacer las necesidades sociales provocadas por el crecimiento económico, para la Comisión Trilateral, el culpable fundamental de la ingobernabilidad de las sociedades industriales avanzadas es el aumento constante del gasto público, al que recurrirían las democracias políticas para blindar el consenso. Así, la consecuencia de las políticas asistencialistas sería la crisis fiscal del capitalismo, basada en el desfase entre gastos e ingresos del Estado, y lo que la Comisión Trilateral propone limitar no es el crecimiento ni de la producción ni del consumo privado, sino solo el del consumo social (o de servicios), dependiente de una constate inversión pública causante de inflación y, al final, de ingobernabilidad.

Nos hallamos muy lejos de las preocupaciones ecologistas o de la denuncia del crecimiento ilimitado de la producción y el consumo privados. Para la Comisión Trilateral, el único remedio a la crisis de la democracia, entendida como crisis de gobernabilidad por los excesos en el gasto público, es la superación del asistencialismo y sus costes burocráticos, que habían constituido la columna vertebral de las democracias en la era posbélica del Estado social. El diagnóstico y la terapia propuestos por la Trilateral se basan en la defensa de los intereses de los consumidores —equiparados a los contribuyentes y contrapuestos a los perceptores de subvenciones públicas—, tal como pone de manifiesto la siguiente cita:

> [...] la historia sugiere que los beneficiarios de las subvenciones, en particular las agrupaciones de productores, tienen intereses más específicos, son más conscientes de sí mismos y están mejor organizados, y son más capaces de asegurarse el acceso a los centros de decisión política que los intereses más amorfos, menos organizados y más difusos de los contribuyentes y consumidores[48].

Se puede concluir que, mientras que el Informe de la OCDE procede de una organización pública de rango internacional, tanto el Informe de los investigadores del MIT encargado por el Club de Roma como el elabo-

47. *Ibid.*, p. 81.
48. *Ibid.*, p. 74.

rado por la Comisión Trilateral son fruto de organizaciones no gubernamentales expresivas en el plano internacional de poderes económicos privados. No es aventurado ver en la contraposición entre el origen político «público» y el origen económico «privado» de los tres documentos una posible elucidación acerca de sus profundas diferencias, reconducibles esencialmente a dos ideas opuestas: por un lado, el reconocimiento de la responsabilidad pública de la política en la gestión de las urgencias sociales y medioambientales; por el otro, el rechazo de la intervención pública en la economía.

Las dos respuestas casi inmediatas al Informe de la OCDE de 1970 dejan clara la *fin de non recevoir* opuesta por los poderes económicos a la exigencia —proveniente del «espacio público» de la política— de asumir los costes sociales del crecimiento. Hubo que esperar a los años siguientes para que el tema del desarrollo sostenible entrara de lleno, primero, en un documento internacional como el Informe Brundtland de 1987, y después, al menos de forma incoativa, en las deliberaciones judiciales de la UE y en los ordenamientos jurídicos de algunos Estados, como muestran los resultados de contenciosos climáticos recientes o la introducción, a través de la «protección del medio ambiente», de la preocupación por el desarrollo sostenible en el artículo 9 de la Constitución italiana[49]. Es así como las exigencias económicas que implica el desarrollo sostenible, que no puede satisfacerse sin costes adicionales, encuentran de hecho un reconocimiento explícito en el espacio jurídico-político.

Sin embargo, hay que tener cuidado a la hora de no confundir esta introducción del desarrollo sostenible, y de las exigencias que arrastra, en el discurso jurídico-político contemporáneo con un retorno puro y simple a la lógica de la intervención pública en la esfera económica, propia del Estado social o asistencial y por tanto de una historia remota. Hoy, la legitimación del orden social y de la legalidad establecida está lejos de la esfera política del consenso democrático y se ubica, en cambio, en el espacio económico-jurídico. Y para este, la apertura a las exigencias del desarrollo sostenible no puede producirse sin costes adicionales, que son precisamente los consumidores, en aras de su propio bienestar, los que tienen mayor interés en asumir sin necesidad de pasar por los farragosos procedimientos de mediación burocrática que, en el

49. Además del ya citado libro de A. Pisanò sobre los «conflictos climáticos», para la reforma de los artículos 9 y 41 de la Constitución, cf. Luca Bartolucci, «Le generazioni future (con la tutela dell'ambiente) entrano 'espressamente' in Costituzione»: *Quaderni Costituzionali Forum*, 2 (2022), pp. 20-39.

Estado asistencial —no por casualidad llamado *état-providence* en francés—, caracterizaban la prestación de los servicios sociales.

Para esta interpretación, tras su creación en la posguerra —especialmente en Italia— el Estado asistencial habría asistido a la proliferación de una burocracia administrativa, política y sindical cuyos costes no hicieron más que crecer desproporcionadamente y cuya gestión cristalizó en un centro de poder decisional capaz de mudar en una formidable máquina de consenso. Mantener o apuntalar el consenso popular mediante una gestión clientelista y arbitraria del gasto público por parte de una clase dirigente interesada sobre todo en su propia supervivencia, habría tenido consecuencias nefastas para la competitividad de las empresas y la credibilidad del Estado. La deuda pública y la ineficacia de las burocracias políticas nacionales habrían acabado por convertirse en grandes escollos.

Los desequilibrios entre la legitimidad política, basada en el voto popular, y la legitimidad derivada del desarrollo económico y su eficacia —y, por consiguiente, de su capacidad redistributiva— han hecho cada vez más problemática la mediación entre estos dos niveles, que suscitan expectativas antagónicas.

8. LA DESAPARICIÓN DEL ESTADO SOCIAL, LAS EXIGENCIAS DEL DESARROLLO SOSTENIBLE Y LAS REIVINDICACIONES DE LA «CIUDADANÍA URBANA»

Tras la desaparición del Estado social, ¿cómo se puede dar una respuesta adecuada a las exigencias del «desarrollo sostenible» basado en el derecho fundamental de todos los seres humanos a un medio ambiente adecuado para su salud y bienestar[50]? ¿Cómo combinar la superación de la intervención pública en la economía con la lucha contra la pobreza y la práctica de la «ciudadanía urbana»?

Empecemos por la asimilación entre contribuyentes y consumidores formulada explícitamente en el Informe de la Comisión Trilateral. Con objeto de defender los intereses de ambos, dicha asimilación se convirtió en la columna vertebral del discurso cultural dominante desde el fin del Estado social. En primer lugar, por suponer una importante reducción de los servicios sociales organizados por la burocracia estatal centralizada, cuya difusión y sostenimiento corrían a cargo del gasto público. Este tipo de intervención económica, que hegemonizaba la protección social y con ella el combate contra la penuria y la miseria, habría naufragado

50. «Nuestro futuro común», cit., p. 381.

como consecuencia del exceso de burocracia, del poder abrumador de las mediaciones político-partidistas y, por fin, del despilfarro irresponsable que comportaba (fenómenos todos ellos que en Italia, de hecho, rebasaron cualquier límite).

Tras la experiencia del Estado social, la salvaguarda de los intereses de los contribuyentes/consumidores pasó a sustituir al asistencialismo como fundamento de la legitimidad del orden social. Una forma de legitimación basada en la eficacia económica que, sin embargo, ha de combinar la maximización del beneficio con el incremento del consumo para garantizar el consenso. Y de entrada hay que decir que la armonización de ambas exigencias no ha sido (siempre) posible, en perjuicio de un consumo que ha dejado de estar garantizado para amplias capas de la clase obrera. Sin esta traición a la promesa de un aumento universal del consumo —que por el contrario acabó con una considerable reducción en las fases recesivas— no habría sido posible seguir garantizando el mantenimiento, cuando no la maximización, del beneficio.

Este hecho irrebatible no justifica sin embargo la nostalgia del asistencialismo del Estado social. En la época en que este funcionó, la expectativa de las prestaciones públicas —mediante el costoso recurso a una pesada mediación burocrática— constituía el principal antídoto contra la marginación, el empobrecimiento y la exclusión, dejando la promoción social prácticamente en manos de la mediación política. Pero, en términos de justicia social, los resultados de ese modelo intervencionista no fueron nada alentadores. En lugar de proporcionar servicios sociales universales, la monopolización burocrática del asistencialismo, al menos en Italia, favoreció en general la formación de una casta parasitaria de políticos corruptos y administradores incapaces[51].

Evidentemente, con el fin del Estado social las penurias de los excluidos —que ya antes no era posible silenciar ni neutralizar por mucho que su solución fuese confiada al aparato burocrático del bienestar— siguieron manifestándose, al lado de enfrentamientos con las estructuras de la exclusión. Dichos enfrentamientos, y las reivindicaciones que están por debajo, deben servir ante todo para contrarrestar el prejuicio generalizado sobre la impracticabilidad de la intervención política orientada al control del poder económico, ya sea público o privado. Un prejuicio fundado en una desconfianza arraigada hacia una gestión de la intervención pública en la economía caracterizada por la irresponsabilidad.

51. La enfática denuncia periodística de este fenómeno (cf. Sergio Rizzo y Gian Antonio Stella, *La casta*, Rizzoli, Milán, 2007) estuvo sin duda en el origen de la antipolítica que prevaleció en los años siguientes.

9. EL DESARROLLO AUTOSUSTENTADO COMO OBJETIVO DE LA «CIUDADANÍA URBANA»

Debido a la impracticabilidad actual del recetario del «Estado social», las demandas de desarrollo sostenible y las reivindicaciones de derechos para los excluidos que plantea la «ciudadanía urbana» no se caracterizan, al menos en Italia[52], por expectativas de prestaciones económico-sociales por parte de la autoridad política, sino que tienden a apostar por la producción colectiva de formas de colaboración y convivencia capaces de autosostenerse y regenerarse por sí solas. Lo que estaría en juego, a fin de cuentas, es la lucha contra la pobreza y las formas de desigualdad que hacen imposible la pertenencia a la comunidad política. Pero el camino hacia este objetivo pasa por formas de agregación y de lucha que ponen el acento más en la reivindicación de nuevos derechos que en la expectativa de medidas reguladoras por parte de las autoridades estatales.

No cabe duda de que diversas intervenciones de organismos internacionales y nacionales, empezando por la Agenda 2030, prevén fondos para la recuperación del medio ambiente, así como para la lucha contra la pobreza y la regeneración de espacios urbanos degradados[53]. Estos fondos, sin embargo, no tienen que ver con la vieja lógica asistencialista del Estado social ni deben entenderse como la satisfacción de una necesidad colectiva destinada a delegar en los servicios sociales y sus burocracias la tarea y la responsabilidad de garantizar la sostenibilidad ambiental y la regeneración urbana. Por el contrario, la conjugación de desarrollo sostenible y ciudadanía urbana se basa en la apuesta por un desarrollo autosustentado que pueda nutrirse de las prácticas de regeneración del medio ambiente y de los espacios urbanos, es decir, de la implicación de los excluidos en la reivindicación de derechos y, por tanto, en la configuración compartida de nuevas formas de vida social.

En el citado informe de la Agencia Italiana de Cooperación y Desarrollo puede leerse lo siguiente:

52. Cf. A. Angelucci, «Cittadinanza urbana in contesti emarginati. Un'analisi intersezionale e di genere della diversità e dello spazio urbano»: *Argomenti*, 14 (2019), pp. 111-127.

53. Puede consultarse la relación de entidades públicas y privadas que, tanto a escala internacional como nacional, ponen fondos para el desarrollo sostenible en las ciudades globales en Agencia Italiana de Cooperación y Desarrollo, *La rigenerazione integrata e ambientalmente sostenibile di una baraccopoli*, cit., pp. 18-30 (el párrafo en cuestión se titula «Principales actores y fondos de la cooperación urbana»).

> La relación entre regeneración urbana y prosperidad es hoy el resultado de una literatura consolidada que identifica como aspectos clave para acelerar el crecimiento económico, crear empleo y estimular la competitividad de las ciudades: la mejora de las condiciones de vida de las personas, inversión en infraestructuras, reformas en la gestión del suelo, sistemas de gobernanza seguros con normas favorables a las empresas e inversión en la formación de una mano de obra cualificada. Estos factores también son aplicables a la regeneración de los barrios marginales, donde, para contribuir a la reducción de la pobreza, es necesario contar con el potencial de la economía local, es decir, con la economía informal, como factor de desarrollo. Pues los barrios de chabolas disponen de un capital humano, económico, social y cultural constituido por sus habitantes, que, a pesar de sus privaciones, viven, sacan adelante a sus familias y, aunque no aportan al sistema fiscal, crean empleos, proveen mano de obra y contribuyen al conjunto de la economía[54].

Por supuesto, al hablar de «economía informal», en referencia a «la capacidad de los pobres para improvisar medios de subsistencia mediante actividades económicas no registradas, como el comercio ambulante, el trabajo a jornal, el servicio doméstico o incluso la delincuencia de subsistencia», hay que evitar el riesgo ideológico de la romantización ilusoria, denunciada, por ejemplo, por Mike Davis en una excelente entrevista de Tom Engelhardt[55].

Frente a la experiencia de la exclusión, las penurias asociadas a ella y la condición de *sometimiento* que las caracteriza, se elevan las reivindicaciones de ciudadanía urbana de parte del gran número de habitantes de las megaciudades, muchos de los cuales se encuentran transitando por ellas sin ser en modo alguno (reconocidos como) ciudadanos. El choque entre los intereses de estos últimos y los de los Estados que les niegan la ciudadanía constituye uno de los mayores puntos de tensión de los ordenamientos jurídicos actuales. Como ha escrito Valerio Nitrato Izzo:

> [...] desde este punto de vista, la ciudad tal vez sea el lugar históricamente privilegiado donde de la presencia de sujetos pueden derivarse relaciones jurídicas tanto verticales como horizontales [...]. La construcción de la ciudadanía urbana es vista mayoritariamente como un dispositivo de integración que considera lo urbano, entendido como un espacio en el que se generan abundantes interacciones sociales entre extraños, como el lugar pri-

54. *Ibid.*, p. 16.

55. T. Engelhardt, «Turning the planet into a slum», entrevista a M. Davis, 09.05.2006, en https://tomdispatch.com/tomdispatch-interview-mike-davis-turning-a-planet-into-a-slum/.

> vilegiado de la actividad en el espacio público. El acento en este elemento suele incluir otros también relacionados con la ciudadanía urbana, como la protección de las diferencias, la inclusión democrática y participativa, y una abolición de las diferencias de estatus que dé paso a usos horizontales de la ciudad[56].

El itinerario que va de la denuncia de las penurias a la reivindicación de derechos pretende hacer viables formas autosustentadas de desarrollo y, precisamente por ello, sostenibles tanto desde el punto de vista medioambiental como social. El aspecto central es, por tanto, la implicación directa de los interesados en actos de ciudadanía que no los conviertan en objetos pasivos de la asignación de recursos, sino que les permitan ser activos e implicarse desde las formas de organización que caracterizan su modo de vida. En ellas existe ya un potencial jurídico cuyo reconocimiento público es reivindicado por la ciudadanía urbana.

Es esta una visión del desarrollo que no implica la búsqueda ilimitada del crecimiento de la producción y el consumo, sino que lo concibe en asociación con el intercambio de experiencias, la protección del medio ambiente, y el respeto de las reglas de la participación y la colaboración. En lugar de recurrir al enfoque de arriba abajo, del que se espera que los dispositivos burocráticos del Estado social implementen una serie de prestaciones económicas, el desarrollo autosostenido que persiguen las prácticas de ciudadanía urbana parece orientarse hacia un enfoque de abajo arriba, según el cual quienes hasta ahora han sido excluidos del espacio de ciudadanía se convierten en protagonistas de su propia emancipación y, por tanto, de la regeneración del contexto medioambiental y urbano en el que operan.

Dado que la construcción de la «ciudadanía urbana» echa raíces en la compartición de un espacio local que da consistencia al mundo vivo de los seres humanos como sujetos de derechos, es imprescindible enmarcarla dentro del sentido de organización social puesto en juego por los excluidos para su propia supervivencia. Es precisamente desde ahí que sus iniciativas plasman y prefiguran autónomamente formas sostenibles de convivencia y socialización. Por consiguiente, la materialización del conflicto de intereses entre las estructuras de la exclusión y la construcción de la «ciudadanía urbana» es lo que da lugar a la aparición de nuevas formas de socialización metropolitana.

Me gustaría concluir estas notas con una perspicaz observación de Boaventura de Sousa Santos, según la cual los movimientos sociales que

56. *Gli spazi giuridici della città contemporanea*, cit., pp. 56-57.

intervienen aquí expresan, tanto teórica como prácticamente, «la predicción o la anticipación real de un derecho alternativo dentro de una sociedad alternativa en la que la democracia, la justicia y la igualdad sean realmente experimentadas»[57].

[Traducción de José Antonio Estévez Araújo
y Antonio Giménez Merino]

57. «Towards a socio-legal Theory of Indignation», en U. Baxi, C. McCrudden y A. Paliwala (eds.), *Law's Ethical Global and Theoretical Contexts. Essays in Honour of William Twining*, Cambridge University Press, Cambridge, 2015, p. 138, que tomo de V. Nitrato Izzo, p. 61.

AFRONTAR LA POBREZA ENERGÉTICA EN LA ERA DEL DECRECIMIENTO

José Luis Gordillo

1. INTRODUCCIÓN

Según la definición de pobreza energética que ha hecho suya el Gobierno español, esta es «la situación en la que se encuentra un hogar en el que no pueden ser satisfechas las necesidades básicas de suministro de energía [para electrodomésticos, iluminación, climatización, agua caliente, cocina, etc.] como consecuencia de un nivel de ingresos insuficiente y que, en su caso, puede verse agravada por disponer de una vivienda ineficiente en energía»[1].

Manifestaciones de la pobreza energética serían problemas tales como la incapacidad de mantener en invierno una temperatura adecuada, un gasto energéticamente bajo o un gasto en suministros energéticos que es desproporcionadamente alto en relación con el bajo nivel de ingresos, así como retrasos en el pago de las facturas o directamente la incapacidad de poder pagarlas que puede dar paso al consiguiente corte del suministro[2].

La Organización Mundial de la Salud (OMS) señala que las condiciones de habitabilidad influyen poderosamente en nuestro bienestar físico[3]. Un hogar mal calefactado, por ejemplo, puede afectar muy negativamente a la salud respiratoria y cardiovascular. El uso de fuentes de

1. *Vid.* «Estrategia nacional contra la pobreza energética 2019-2024», Ministerio para la Transición Ecológica, Gobierno de España, p. 25.

2. Cf. *ibid.*

3. *Vid.* «Directrices de la OMS sobre vivienda y salud», p. 4, en https://iris.who.int/bitstream/handle/10665/279743/WHO-CED-PHE-18.10-spa.pdf?sequence=1.

energía inseguras facilita accidentes domésticos, quemaduras o caídas. Una familia que deba elegir entre calentarse o alimentarse de manera adecuada tiene muchos números para padecer o malnutrición o enfermedades respiratorias. Por no hablar de problemas de ansiedad, depresión u otros de salud mental que se pueden padecer por la misma razón.

Dado que un tercio de la humanidad no tiene acceso a la electricidad, se calcula que ese sería, como mínimo, el porcentaje de los seres humanos que padecerían pobreza energética en el mundo, esto es, unos 2600 millones de personas[4]. Obviamente, la pobreza energética no es más que una dimensión específica de la pobreza en general.

De entrada, puede parecer que, en esta parte del planeta, se trata de un asunto de relevancia relativa porque afecta a colectivos minoritarios de personas que integran las inevitables bolsas de pobreza, las cuales, aunque los grandes indicadores económicos sean positivos, nunca acaban de desaparecer del todo debido a factores educacionales o económicos difíciles de erradicar. Y, en este momento, esto es así hasta cierto punto en sociedades como la nuestra.

Sin embargo, a partir de las previsiones sobre las crisis futuras y de las decisiones que se están tomando para hacerles frente, se trata de un problema social que puede afectar a un número cada vez mayor de personas en el Sur y en el Norte del planeta.

En 2019 la UE promovió el llamado Pacto Verde[5], que es un gran acuerdo propuesto para alcanzar: *a*) la neutralidad climática en 2050; *b*) una alimentación (estrategia «De la granja a la mesa»), industria y movilidad sostenibles; *c*) una reducción sustancial de la contaminación; *d*) una mayor protección de la biodiversidad; *e*) edificios más eficientes; *f*) una transición desde un sistema económico basado en combustibles fósiles a otro fundamentado en energías renovables. Y todo eso mientras se lucha también contra la pobreza energética.

De ahí que los llamados fondos Next Generation se hayan destinado, entre otras cosas, a subvencionar la energía eólica, solar, derivada de la biomasa, etc. Bien es verdad que, en un segundo momento, la UE aceptó como energías *verdes* la nuclear y el gas[6], lo cual es profundamente incoherente porque la una es intrínsecamente peligrosa y generadora

4. *Vid.* Noor Mahtani, «Pobreza energética: la oscuridad que mata»: *Elpaís.com*, 11.01.2022.

5. Cf. Leonor Dormido, Isabel Garrido, Pilar L'Hotellerie-Fallois y Javier Santillán, *El cambio climático y la sostenibilidad del crecimiento: iniciativas internacionales y políticas europeas*, Documentos Ocasionales, n.º 2213, Banco de España, Madrid, 2022, pp. 18-19.

6. *Vid.* Alejandro Tena, «La Unión Europea concluye que el gas y las nucleares son energías verdes y las equipara a las renovables»: *Público.es*, 6.07.2022.

de residuos radioactivos difícilmente compatibles con una *economía circular*[7], como la que propugnan ahora las élites europeas, y la otra corresponsable, junto con el resto de combustibles fósiles, del aumento de la temperatura global. Y, para acabarlo de arreglar, en la primavera de 2024 el Consejo Europeo decidió disminuir las partidas destinadas a implementar el Pacto Verde y aumentar los fondos destinados a gastos militares, atendiendo a las presiones de los *lobbies* armamentísticos que intentan sacar tajada de la histeria provocada por la derrota de Ucrania/OTAN en la guerra con Rusia (que, por cierto, tampoco es que haya obtenido una gran victoria).

La justificación para llevar a cabo esta transición energética es la lucha contra el cambio climático y, más en concreto, el objetivo de reducir las emisiones establecido en el Acuerdo de París de 2015. Dicho acuerdo[8], suscrito por 193 Estados más la UE, ha generado la convocatoria de varias cumbres posteriores con el fin de hacer un seguimiento de su aplicación.

La última de las celebradas en el momento de escribir este texto es la Cumbre del Clima de 2023, la periodísticamente llamada COP28, que concluyó con el Acuerdo de Dubái suscrito por representantes de 198 Estados, según el cual, para alcanzar el objetivo de las cero emisiones netas en 2050, que es lo que sería necesario para no rebasar un aumento de 1,5 grados de la temperatura global a finales de siglo XXI, se debe impulsar una transición energética *rápida* y *justa* con el objetivo de *dejar atrás* los combustibles fósiles (petróleo, gas y carbón) y triplicar la capacidad global de energías renovables, así como duplicar la tasa media anual de mejora de la eficiencia energética[9]. Si no se consigue alcanzar el objetivo del 1,5, entonces habrá que enfrentarse a un aumento de la temperatura global de 3, 4, 5 o más grados, lo cual puede convertir en inhabitables extensas zonas del planeta[10].

Claro que, en paralelo, diversos analistas vienen alertando sobre los problemas de aprovisionamiento energético que se pueden plantear en un futuro cercano a causa del agotamiento progresivo de los combusti-

7. Por *economía circular* hay que entender un nuevo modelo de producción y consumo que implica reutilizar, reciclar, compartir, y reparar materiales y productos existentes para alargar todo el tiempo que sea posible su ciclo de vida útil.

8. El Acuerdo de París de 2015 no prevé ningún mecanismo coercitivo en caso de incumplimiento.

9. *Vid.* Acuerdo de Dubái en https://unfccc.int/sites/default/files/resource/cma2023_L17_adv.pdf.

10. *Vid.* David Wallace-Wells, *El planeta inhóspito. La vida después del calentamiento*, Debate, Barcelona, 2019.

bles fósiles y del uranio, escasez anunciada por la llegada de sus respectivos *picos máximos de extracción y producción*. Así, según dichos analistas, el pico del uranio se produjo en 2016, el del petróleo «convencional» en 2005 y el de todo tipo de petróleo en 2018; el pico del gas se espera para antes de 2030 y el del carbón para entre 2040 y 2050[11]. Sobre la energía de fusión nuclear, la broma recurrente es que es la energía del futuro... y siempre lo será.

Una vez se ha alcanzado el cenit de extracción y producción de un recurso energético agotable lo que viene después no es el fin del mundo o un apocalipsis bíblico, sino una etapa de descenso energético que se puede alargar durante décadas y en la que, en su primera fase, el precio del recurso se vuelve muy volátil porque va oscilando entre precios altos y precios bajos siguiendo un curso semejante al de una montaña rusa; y, en una segunda fase, el precio se estabiliza a niveles muy altos.

Por tanto, los planes de transición energética propuestos por la Comisión Europea y por diversos gobiernos no son un brindis al sol o un síntoma de doctrinarismo ecologista. *Casualmente*, coinciden en el tiempo con el inicio del declive energético provocado por el agotamiento progresivo del uranio y los combustibles fósiles.

El primer informe del Grupo Intergubernamental sobre el Cambio Climático (IPCC, por sus siglas en inglés) auspiciado por la ONU, se publicó en 1990, esto es, a comienzos de la década de los años noventa del siglo pasado, hace ahora treinta y cuatro años. Desde entonces, los gobiernos y las élites empresariales sabían que era necesario iniciar una transición energética hacia fuentes renovables para reducir la emisión de los gases de «efecto invernadero».

Sin embargo, todos ellos, mientras no hubo síntomas claros de agotamiento del uranio y los combustibles de origen fósil, se dedicaron con fruición a procrastinar las acciones tendentes a iniciar dicha transición. «No dejes para mañana lo que puedas hacer hoy para frenar el cambio climático; déjalo para pasado mañana y así tendrás un día libre», sería el eslogan que mejor resumiría la actitud de la mayor parte de las élites corporativas y de los gobiernos a su servicio en relación con el problema del calentamiento global. Si ahora han comenzado a tomárselo en serio es debido, sobre todo, al segundo de los procesos mencionados, esto es, al avistamiento del declive de las principales fuentes de energía que han sostenido a las sociedades industriales.

11. Antonio Turiel, *Sense energia. Breu guia per al Gran Descens*, Alfabeto, Madrid, 2022, pp. 19-25; y *Petrocalipsis. Crisis energética y cómo (no) la vamos a solucionar*, Alfabeto, Madrid, 2020, p. 76.

Las alternativas energéticas basadas en fuentes renovables, como la hidroeléctrica, eólica, solar o la que se puede extraer de la biomasa, pueden permitir seguramente —esperemos— satisfacer las necesidades básicas de las poblaciones, pero no parece que permitan hacer las mismas cosas que hemos podido hacer gracias a los combustibles fósiles y al uranio. No parece, dicho con otras palabras, que permitan sostener duraderamente a las sociedades consumistas y despilfarradoras que persiguen el santo grial del crecimiento económico perpetuo en un planeta finito. Por eso, al cambiar de base energética, también nos veremos obligados a cambiar nuestra forma de alimentarnos, transportarnos, vestirnos, cobijarnos, relacionarnos o divertirnos, lo cual es lo mismo que afirmar que, nos guste o no, nos veremos obligados a cambiar de sociedad.

Ambos procesos, descarbonización para mitigar los efectos del cambio climático y declive energético por agotamiento del uranio y los combustibles fósiles, apuntan hacia el mismo horizonte: vamos hacia un futuro con menos disponibilidad de energía, lo cual necesariamente va a comportar en lo inmediato una contracción económica o, si se prefiere, un decrecimiento productivo, puesto que, como cualquier actividad económica consume energía, menos energía equivale a menos actividad productiva. Por eso, el decrecimiento económico no es una opción entre otras: es el nombre del futuro que nos aguarda a la vuelta de la esquina[12].

Ese decrecimiento económico se puede afrontar de varias maneras. Se puede encarar profundizando los rasgos estructurales de los sistemas socioeconómicos actuales y, por tanto, acentuando su carácter desigual, oligárquico y autoritario; o bien se puede ir en la dirección contraria, es decir, avanzando hacia una perspectiva de mayor igualdad social y de mayor profundización de la democracia. Eso dependerá de las decisiones que se tomen y de los proyectos de sociedad que consigan más apoyo social.

Si alguien pensaba, de verdad, que la vieja dicotomía entre capitalismo y comunismo había finiquitado con el final de la Guerra Fría del siglo XX, tenemos malas noticias que darle: se va a discutir mucho en las próximas décadas sobre los problemas y las bondades de lo uno y lo otro. Eso sí: quienes se declaren a favor de un comunismo *homeostático*

12. La literatura sobre el decrecimiento comienza a ser considerable. Para una introducción al tema, *vid.* Carlos Taibo, *Decrecimiento. Una propuesta razonada*, Alianza, Madrid, 2021, y Jason Hickel, *Menos es más. Cómo el decrecimiento salvará el mundo*, Capitán Swing, Madrid, 2023. A fin de entender su carácter problemático para el modo de producción capitalista, *vid.* Luis González Reyes y Adrián Almazán, *Decrecimiento: del qué al cómo*, Icaria, Barcelona, 2023.

(el único comunismo posible en un planeta que se nos ha quedado pequeño) deberán introducir una importante corrección en su ideal de justicia social. Ahora este deberá reformularse como: «De cada uno según sus capacidades, a cada uno según sus necesidades *básicas* compatibles con el carácter finito del planeta».

En todo caso, como sociedad, deberemos aprender a satisfacer nuestras necesidades consumiendo una cantidad menor de energía de una forma similar a como las sequías prolongadas nos están obligando a un uso más contenido y eficiente del agua. De ahí que la forma con la que hoy se aborda la pobreza energética se puede ver también como el inicio de un aprendizaje social que puede ser decisivo para la supervivencia de la humanidad.

2. INDICADORES DE POBREZA ENERGÉTICA

Varias entidades y grupos de investigación han propuesto una panoplia de indicadores de la pobreza energética, lo cual ha suscitado un intenso debate al respecto debido a que no resulta nada fácil medir el problema objeto de este escrito.

En síntesis[13], los indicadores propuestos se pueden dividir entre objetivos y subjetivos. Los primeros se fundamentan en la recolección de datos cuantitativos referidos al hogar, mientras que los segundos se formulan a partir de datos cualitativos obtenidos mediante entrevistas personales.

De los indicadores objetivos, los más importantes son aquellos que se apoyan en un cálculo comparativo entre ingresos y gastos del hogar. Los indicadores de este tipo se pueden subdividir, a su vez, entre aquellos que miden el carácter proporcionado o desproporcionado del gasto energético en relación con los ingresos y aquellos que centran su atención en un gasto energético insuficiente.

Entre los primeros, se encuentra el llamado «del 10%». Según este indicador, un hogar se enfrenta a una situación de pobreza energética cuando dedica más del 10% de sus ingresos a pagar la factura energética. Parece un indicador claro, pero no tiene en cuenta que también puede ser aplicado a hogares con rentas altas, con lo que no estaríamos ante verdaderos supuestos de pobreza energética. Con todo, su principal in-

13. Siguiendo en este punto a José Carlos Romero Mora, Roberto Barrella y Efraim Centeno Hernáez, *Informe de indicadores de pobreza energética en España 2022*, Cátedra de Energía y Pobreza, Escuela Técnica Superior de Ingeniería de la Universidad Pontificia de Comillas, Madrid, 2023, pp. 8-11.

conveniente es que se trata de un criterio fijo que respondería a la situación económica del momento del país para el que se propuso, que fue la Gran Bretaña de principios de los años noventa del siglo pasado. En otro momento y en otro contexto, no sería ese un criterio adecuado.

El segundo indicador objetivo sería el del «2M». Según este criterio, un hogar padece pobreza energética cuando dedica a cubrir su factura en energía con una proporción de sus ingresos que es superior al doble de la mediana del conjunto de los hogares del país. A diferencia del anterior, se trata de un criterio variable en función del comportamiento energético de una sociedad en un periodo de tiempo determinado.

El tercer indicador objetivo sería el LIHC, por sus siglas en inglés «Low Income, High Cost» (*bajos ingresos, coste alto*), que fue propuesto para solucionar las debilidades del indicador «del 10 %». Según el LIHC, se puede considerar a un hogar energéticamente pobre si traspasa dos umbrales relativos. El primero se refiere a la renta que se percibe en dicho hogar, que tiene que estar por debajo del 60 % de la media nacional y por tanto que entraña un riesgo cierto de pobreza material en todos los órdenes, y el segundo se refiere a su nivel de gasto energético, que debe ser superior al de la media nacional.

El cuarto indicador objetivo es el LILEE, por sus siglas en inglés: «Low Income, Low Energy Efficiency» (*bajos ingresos, baja eficiencia energética*). En este supuesto se considera que un hogar es pobre energéticamente si tiene una clasificación de baja eficiencia energética y si, después de pagar su factura energética, le queda un ingreso por debajo del umbral oficial de pobreza.

El último indicador objetivo por gasto desproporcionado sería el MIS, por sus siglas en inglés: «Minimum Income Standar» (*ingreso mínimo estándar*). En este caso, se estima que un hogar se puede calificar de energéticamente pobre si tiene que pagar una factura energética excesiva que lo obliga a prescindir de otros bienes y servicios de la cesta de sus necesidades básicas. Este indicador tiene como referencia un ingreso mínimo estándar que permite una vida digna.

Por lo que se refiere a los indicadores objetivos sobre un gasto insuficiente, en primer lugar se ha propuesto el «M/2», según el cual un hogar es energéticamente pobre cuando dedica a sufragar sus gastos energéticos con una cantidad que es inferior a la mitad de la media nacional. En segundo lugar, estaría el indicador de pobreza energética escondida (HEP), propuesto por la Cátedra de Energía y Pobreza de la Universidad Pontificia de Comillas, para intentar detectar la pobreza energética oculta[14]. Con él, se

14. *Ibid.*, pp. 20-22.

intenta establecer el umbral de gasto que determina si el hogar consume poca energía por razones de pobreza o por otros motivos. En ese sentido, este indicador incorpora, por un lado, un cálculo comparativo con un modelo de consumo energético *estándar* y, por otro, un filtro por cuantiles de renta que excluye a aquellos hogares de ingresos altos.

En cuanto a los indicadores subjetivos, los más utilizados son el retraso en el pago de las facturas, que se obtiene a partir de la información obtenida de encuestas en las que, entre otras cosas, se pregunta sobre los motivos del dicho retraso, y, por otro lado, la incapacidad declarada de mantener el hogar con una temperatura adecuada en invierno, que se averigua también formulando preguntas a las personas afectadas.

El Gobierno español, a la hora de formular su «Estrategia Nacional contra la Pobreza Energética 2019-2024», aprobada el 5 de abril de 2019, utiliza los cuatro indicadores siguientes: *a*) temperatura inadecuada en la vivienda; *b*) retraso en el pago de las facturas; *c*) pobreza energética escondida[15] y *d*) gasto energético desproporcionado. En buena medida incorpora los indicadores propuestos por el Observatorio Europeo contra la Pobreza Energética (EPOV, por sus siglas en inglés) y por el Centro Europeo de Asesoramiento en Pobreza Energética (EPAH, por sus siglas en el mismo idioma).

3. LA UNIÓN EUROPEA ANTE LA POBREZA ENERGÉTICA

El Observatorio citado más arriba es un proyecto que se puso en marcha a instancias de la Comisión Europea en diciembre de 2016 y finalizó 40 meses más tarde. Poco después, en 2021, a petición del Parlamento Europeo y a modo de continuación del trabajo llevado a cabo por el EPOV, se crearía el Centro de Asesoramiento referido, que pretende ser una red colaborativa de actores interesados en erradicar la pobreza energética y acelerar una transición energética justa.

Hacia mediados de la segunda década del presente siglo, los dirigentes políticos europeos veían alarmados como crecía la pobreza a raíz de la aplicación de las políticas *austericidas* dictadas por ellos mismos para

15. Según el documento gubernamental, la pobreza *oculta o escondida* la padecen los hogares cuyo gasto energético absoluto es inferior a la mitad de la mediana nacional. El indicador se complementa con otro «indicador adaptado» con el que se compara el gasto energético del hogar, pero no con la mediana nacional del año que se estudia, sino con la media de las medianas de gasto en los últimos cinco años. Con ello, se analiza el gasto energético nacional durante un periodo de tiempo amplio que hace posible establecer tendencias estructurales. *Vid.* «Estrategia nacional contra la pobreza energética 2019-2024», cit., p. 31.

hacer frente al hundimiento de la pirámide financiera mundial ocurrido entre 2007 y 2008.

Esta debacle tuvo múltiples causas, pero la chispa que la precipitó fue el aumento vertiginoso del precio del petróleo entre 1998 y 2008. En ese periodo, el precio del barril de crudo pasó de 9,82 $ en noviembre de 1998, a 148 $ en julio del año en que se produjo la emblemática quiebra de Lehmann Brothers[16]. Desde entonces el precio del oro negro ha padecido unas subidas y bajadas más que notables: a finales de 2008 bajó a 36 $ el barril brent, remontó por encima de los 120 $ entre 2012 y 2015, descendió a los 28 $ a finales de ese último año, inició una nueva subida hasta alcanzar los 85 $ en 2019, volvió a bajar hasta los 28 $, para ascender con vaivenes hasta los 90 $ actuales. A medida que avance el descenso energético y se incremente la volatilidad del precio de los combustibles fósiles, crisis como la de 2007-2008 pueden repetirse.

Como es suficientemente conocido, el aumento de la deuda privada generada por el citado hundimiento financiero se transformó en deuda pública por la decisión política de reflotar a las entidades financieras con fondos aportados por los Estados. Esa conversión de la deuda privada en deuda pública incrementó los déficits públicos de los Estados, y estos se redujeron, según las decisiones adoptadas por los oligarcas del mundo financiero y sus obedientes servidores políticos, mediante recortes de los gastos sociales que empobrecieron a sectores muy amplios de la población. La crisis griega[17] de esos años, que se resolvió mediante la imposi-

16. Según algunos economistas, como James Hamilton o Gaël Giraud, cuando el precio de la energía es muy elevado (en el caso del petróleo, cuando el precio del barril supera los 120 $), el sistema productivo entra forzosamente en recesión. Cf. A. Turiel, *Sense energia*, cit., p. 21.

17. La crisis griega, o crisis de la deuda soberana de Grecia, se inició en 2009 y tuvo sus momentos culminantes entre 2015 y 2018. En lo esencial, Grecia, como resultado de una contabilidad pública fraudulenta y de las consecuencias de la crisis financiera mundial, tuvo que solicitar varios programas de rescate, que fueron financiados por la Comisión Europea, el Fondo Monetario Internacional, el Banco Central Europeo y el Mecanismo de Estabilidad de la UE (llamados la *Troika* o *los hombres de negro* por la jerga periodística de la época). Para poder devolverlos, se le exigieron una sucesión de durísimos programas de ajuste que siempre comportaban reducciones del gasto social. Con la llegada al gobierno del partido de izquierdas Syriza, con un programa antiausteridad, tras las elecciones de 2014, se inició una renegociación de la deuda tendente a evitar sus aspectos más antisociales. El programa griego fue rechazado por la Troika. Syriza convocó entonces un referéndum sobre las condiciones del rescate que ganó. A pesar de ello, las instituciones de la UE más el FMI exigieron la aplicación de los recortes sociales mediante la amenaza de expulsar a Grecia del euro. El Gobierno de Syriza no tuvo más remedio que ceder ante semejante chantaje y aplicar las medidas que habían sido explícitamente rechazadas por la mayoría de la población griega en el referéndum citado.

ción despótica de las políticas *austericidas* por parte de las élites gobernantes de la UE, fue un momento álgido de ese proceso paradigmático de socialización de las pérdidas de los entes económicos privados. Pero algo de mala conciencia social les debía de quedar a los dirigentes políticos europeos, pues un año después de la crisis griega pusieron en marcha las iniciativas mencionadas.

La misión fundamental asignada al Observatorio Europeo de la Pobreza Energética, primero, y al Centro Europeo de Asesoramiento en Pobreza Energética, después, era introducir innovaciones en el conocimiento de dicho problema social y, al mismo tiempo, fomentar políticas también innovadoras para combatirlo. En tanto que entidades promovidas por la Comisión Europea, no podían hacer mucho más según lo establecido en los tratados constitutivos de la UE. Recordemos que las políticas *proactivas* de protección social y de lucha contra «la exclusión social» son competencia de los Estados miembros.

Más en concreto, el Observatorio y el Centro pretendían mejorar el conocimiento de la pobreza energética poniendo todos los datos, con información procedente de los diferentes niveles local, nacional y de la UE, a disposición de la opinión pública y de las diferentes instancias de gobierno. Asimismo, se proponía facilitar el intercambio y la cogeneración de conocimiento entre los Estados miembros y otros agentes relevantes para dar a conocer las diferentes iniciativas implementadas para combatir el problema. Por último, también aspiraba a proveer de asistencia técnica a las diferentes estructuras de poder y agentes interesados. El Centro, de todos modos, ha dado un paso más uniendo sus esfuerzos con el Pacto de los Alcaldes[18] para que sean sobre todo los ayuntamientos los que aborden el problema en primera instancia.

Ambas entidades han utilizado como indicadores de cuantificación de la pobreza energética cuatro de los indicadores mencionados, dos objetivos y dos subjetivos. Entre los primeros, el «2M», esto es, gasto energético excesivo, y el «M/2», es decir, gasto insuficiente porque no se pueden cubrir las necesidades mínimas. Entre los subjetivos, los utilizados son el retraso en el pago de las facturas y la incapacidad de mantener en invierno una temperatura adecuada.

Según los datos manejados por la Comisión Europea, hacia 2022 existían en los países de la UE cerca de 40 millones de personas (el 9,3 %

18. El Pacto de los Alcaldes o Pacto Global de los Alcaldes por el Clima y la Energía es una alianza global de ciudades y gobiernos locales (más de 10 000 en este momento) que se han comprometido de forma voluntaria a luchar contra el cambio climático, pero asegurando al mismo tiempo el acceso a una energía sostenible y asequible a todo el mundo.

de la población de la Unión) que no podían calentar adecuadamente sus hogares[19]. Eso suponía un aumento espectacular respecto a 2021, cuando era el 6,9 % de la población la que se encontraba en esa situación. Ese incremento, obviamente, tuvo mucho que ver con la invasión de Ucrania por Rusia y la consiguiente imposición de sanciones a este país por parte de la UE, las cuales encarecieron de forma generalizada el precio de la energía.

El Gobierno español, para elaborar su estrategia nacional contra la pobreza energética, calculó que entre el 7,4 % y el 17,3 % de la población española se encontraba en situación de pobreza energética hacia 2019. Ambos porcentajes se corresponden con entre 3,5 y 8,1 millones de personas según el indicador que se utilice[20]. Pero eso significa que, sobre un total de 47 435 597 millones de personas que viven en España, casi una sexta parte padece alguna forma de pobreza energética si damos por buena la cifra más alta. Lo cual es conveniente debido a que dicha cifra incluiría el fenómeno de la pobreza energética *oculta*.

Se llegó a esas cifras después de haber atravesado un periodo difícil como consecuencia de la crisis económica que estalló en 2007-2008. Así, entre 2011 y 2017, un 8,3 % de los hogares españoles se encontraron en situación de pobreza energética aplicando el indicador LIHC (*bajos ingresos, coste alto*). En un primer periodo, que va desde 2011 a 2013, se alcanzó un pico máximo de un 9 % de media nacional sin contar la pobreza energética *oculta*, lo que equivaldría a 4,2 millones de personas; hacia 2017, la cifra se habría reducido a un 7,4 %, esto es, a unos 3,4 millones de personas[21].

Por distribución territorial, las tasas más bajas de gasto energético, inferiores al 5 % de los hogares, se habrían dado en las Islas Canarias, Ceuta, Melilla, Asturias y el País Vasco. Las tasas más elevadas, por encima del 17,4 % de los hogares, en Castilla-La Mancha. El resto se movería en una franja intermedia: 12 % en la Comunidad de Madrid, Castilla-León y Extremadura, 9,12 % en Andalucía y Murcia, 6,9 % en Cataluña, Valencia, Aragón, Navarra y Galicia[22].

Como resultado del alza de los precios de la energía a raíz de la invasión de Ucrania y las sanciones de la UE contra la Federación Rusa, el

19. Dato citado en Recomendación (UE) 2023/2407, DOUE, n.º 2407, de 23.10.2023, pp. 1-11.

20. *Vid.* «Estrategia nacional contra la pobreza energética 2019-2024», cit., p. 42.

21. *Vid.* Elisa Trujillo-Baute, «Pobreza energética en España: contexto, análisis y estrategia», Cátedra de Sostenibilidad Energética (IEB-UB) de la Universidad de Barcelona-Fundación para la Sostenibilidad Energética y Ambiental, 2020, p. 11.

22. *Ibid.*, p. 13.

problema habría repuntado de forma vertiginosa en los últimos dos años: en 2023, el 20,7 % de la población en España, equivalente a 9,4 millones de personas, no pudo mantener su vivienda a una temperatura adecuada según la Encuesta de Condiciones de Vida de 2023 publicada por el Instituto Nacional de Estadística[23].

El perfil estándar[24] de las personas que en España reunirían las características más frecuentes para padecer pobreza energética sería el de una persona sin trabajo que vive sola o en unidades familiares monoparentales, con un nivel de estudios bajo, en una vivienda de alquiler antigua (de más de 25 años) y en un entorno rural sometido a condiciones climatológicas extremas[25].

4. CONDICIONANTES REGULATORIOS PARA AFRONTAR LA POBREZA ENERGÉTICA

La Estrategia Nacional contra la Pobreza Energética en España vigente en la actualidad fue aprobada el 5 de abril de 2019. Con ella se pretendía dar cumplimiento al mandato establecido en el artículo 1 del Real Decreto-ley 15/2018, de 5 de octubre, sobre medidas urgentes para la transición energética y la protección de los consumidores. En ella, se presentó una definición oficial de pobreza energética, que nosotros ya hemos consignado al principio de este escrito. También una medición de la misma a partir de los indicadores del EPOV más el relativo a la pobreza *oculta*, así como unos objetivos de reducción de la pobreza energética para el periodo 2019-2024 que se cifran en un descenso de entre un 25 % y 50 % en 2025, y una estrategia para alcanzarlos mediante cuatro ejes y varias líneas de actuación de las que hablaremos más abajo. Todo ello con el propósito genérico de impulsar políticas transformadoras que aborden el doble desafío de una transición hacia una economía ecológicamente sostenible y, al mismo tiempo, socialmente justa.

Pero antes de resumir las propuestas del Gobierno español al respecto, conviene recordar sus principales condicionantes regulatorios, que son diversos y se sitúan a varios niveles.

23. *Vid.* María Medinilla, «La pobreza energética se dispara: los hogares pierden pulso económico en plena recuperación»: *elEconomista.es*, 27.02.2024.

24. Esto no significa, obviamente, que todas las personas aquejadas de pobreza energética deban reunir todas estas condiciones.

25. M.ª Teresa Costa-Campi, Elisenda Jové-Llopis y Elisa Trujillo-Baute, *La pobreza energética en España. Aproximación desde una perspectiva de ingresos*, Cátedra de Sostenibilidad Energética-Fundación Naturgy, Madrid, 2019, pp. 39-49.

En primer lugar, en el nivel del derecho internacional. Ahí se pueden mencionar, entre otros, la Declaración Universal de los Derechos Humanos de 1948, que proclama en su artículo 25 que toda persona tiene derecho a un nivel de vida adecuado que le asegure salud y bienestar, y en especial que le asegure alimentación, vivienda, asistencia médica y los servicios sociales necesarios. Por otra parte, el Pacto Internacional de los Derechos Económicos, Sociales y Culturales de 1966, un texto jurídicamente vinculante para el Estado español, el cual reconoce en su artículo 11 un derecho a una vivienda adecuada. Más recientemente, entre los Objetivos del Desarrollo Sostenible se ha incluido el objetivo número 7, que se refiere a la necesidad de garantizar a todos el acceso a una energía limpia y asequible.

En el nivel del derecho comunitario, las normas y recomendaciones son múltiples. Así, se pueden mencionar, entre otras, el Pilar Europeo de Derechos Sociales y el llamado «paquete de invierno» de la UE; o bien la Directiva 2009/72/CE del Parlamento Europeo y del Consejo, de 13 de julio de 2009, sobre normas comunes para el mercado interior de la electricidad, y la Directiva 2009/73/CE del Parlamento y del Consejo, también del 13 de julio de 2009, sobre normas comunes para el mercado interior del gas natural. A lo que se puede añadir la Directiva (UE) 2023/1791 del Parlamento Europeo y del Consejo, de 13 de septiembre de 2023, relativa a la eficiencia energética[26].

Las directivas mencionadas son las normas jurídicas fundamentales que establecieron las bases normativas para la lucha contra la pobreza energética. En ellas se insta a los Estados miembros a reducir el número de personas que la padecen y a abordar este problema con un enfoque integrado con la política social para garantizar a todo el mundo el acceso a la energía. En esa línea, la Comisión Europea ha adoptado una serie de iniciativas de política energética sectorial tendentes a convertir a la UE en el líder mundial del desarrollo de las energías renovables y a mejorar la eficiencia energética, en particular en los edificios, al igual que el fomento de la competencia leal en el mercado interior de la electricidad para garantizar —se dice— precios justos de la misma.

26. En esta directiva se fija el siguiente concepto de pobreza energética: «toda situación en la que un hogar no puede acceder a los servicios energéticos esenciales cuando dichos servicios proporcionan unos niveles básicos y dignos de vida y salud, como calefacción, agua caliente, refrigeración e iluminación adecuadas, y la energía para hacer funcionar los aparatos, dados el contexto nacional pertinente, la política social nacional existente y otras políticas nacionales pertinentes, como consecuencia de varios factores, incluidos, como mínimo, los siguientes: inasequibilidad, renta disponible insuficiente, gasto energético elevado y escasa eficiencia energética de los hogares».

Con el paquete de medidas llamado «Energía limpia para todos los europeos» o «paquete de invierno», presentado en 2016, se insta a los Estados miembros a evaluar y hacer un seguimiento del número de hogares en situación de pobreza energética. De este modo, el Reglamento 2018/1999 del Parlamento Europeo y del Consejo, de 11 de diciembre de 2018, sobre gobernanza de la Unión de la Energía y de la Acción por el Clima, establece la necesidad de fijar en cada Estado objetivos indicativos de reducción de la pobreza energética, a partir de una evaluación del número de hogares afectados por este problema, acompañados de un calendario con los plazos de cumplimiento de dichos objetivos. Para llevar a cabo la referida evaluación, la Directiva sobre normas comunes para el mercado interior de la electricidad que modifica la Directiva 2012/27/UE, considera como indicativos en esta materia los bajos ingresos, el gasto elevado de energía y la mala eficiencia energética de los hogares.

También vale la pena mencionar la Recomendación (UE) 2020/1563 de la Comisión Europea, de 14 de octubre de 2020, sobre pobreza energética. En ella, además de un útil recuento de todo lo que se ha propuesto desde la UE sobre el tema, se señala que el paquete de recuperación Next Generation, destinado en un primer momento a combatir los peores efectos sociales y económicos de la pandemia de la covid-19, se presentó también para «orientarse hacia la construcción de una Europa más sostenible, resiliente y justa para la próxima generación». Se abunda en la misma idea cuando se dice que los planes de recuperación económica en Europa deben guiarse por los principios de la sostenibilidad medioambiental, la solidaridad, la cohesión, la convergencia y por la determinación de que ningún Estado miembro, región ni individuo queden rezagados, lo que requiere tener en cuenta el problema de la pobreza energética.

Por último, se debería traer a colación lo establecido en la Constitución española de 1978, en cuyo Capítulo III del Título I dedicado a «De los principios rectores de la política social y económica» se reconoce un derecho a gozar de una vivienda digna y adecuada (art. 47) y también un derecho a la protección de la salud (art. 43.1).

5. PLANES DEL GOBIERNO ESPAÑOL PARA COMBATIR LA POBREZA ENERGÉTICA

La Estrategia Nacional contra la Pobreza Energética, propuesta por el Gobierno español para el quinquenio 2019-2024, pretende hacer realidad todos estos requerimientos jurídicos y políticos. Para ello, como ya se ha dicho, se proponen cuatro ejes que se descomponen en varias líneas de actuación[27].

El primero consiste en mejorar el conocimiento sobre la pobreza energética. Este eje se subdivide en tres apartados: *a*) establecer un sistema para el cálculo periódico de las dimensiones del problema a partir de los indicadores mencionados más arriba y designar los organismos responsables de llevarlo a cabo; *b*) dotar de transparencia la publicación de indicadores; *c*) profundizar en el conocimiento del gasto térmico y eléctrico en las distintas zonas climáticas y por los distintos tipos de consumidores.

El segundo eje consiste en mejorar la respuesta a la pobreza energética y se subdivide en dos líneas: *a*) mejora de los mecanismos de subsidio a quienes padecen la pobreza energética, los cuales básicamente consisten en la concesión de un bono social eléctrico y un bono social térmico[28] a quienes entren en los parámetros delimitados por los indicadores (en ambos casos, se trata en la práctica de descuentos en las facturas de electricidad y gas de los que se hacen cargo las administraciones), pero que también contempla la propuesta de creación de un nuevo bono social energético que incluiría a los dos mencionados; *b*) protección de los consumidores en situaciones meteorológicas extremas, que se concreta en prohibiciones de la interrupción del suministro energético a consumidores vulnerables cuando aquellas se produzcan.

Relacionado con la línea de actuación primera, se encuentran los supuestos ya previstos en la Ley 24/2013, de 26 de diciembre, del Sector Eléctrico, de suministros esenciales que en ningún caso podrán ser suspendidos, entre los que se mencionan los que alimentan un equipo médico que resulta indispensable para mantener la vida de una persona, así como los destinados a consumidores en riesgo de exclusión social y a beneficiarios de bonos sociales en cuya unidad familiar haya al menos un menor de 16 años, o una persona con dependencia reconocida de grado II o III o con una discapacidad reconocida igual o superior al 33 %. Asimismo, en dicha ley se contempla un plazo de cuatro meses en los que el suministro de energía eléctrica no puede ser suspendido para los considerados como consumidores vulnerables por razón de impago de la factura eléctrica, frente a los dos meses para otros casos.

Resulta de interés la propuesta mencionada de un nuevo bono social energético que se debería implementar en el futuro. Esta prestación de-

27. *Vid.* «Estrategia nacional contra la pobreza energética 2019-2024», cit., pp. 77-161.

28. El coste total del bono social eléctrico fue de unos 200 millones de euros en el año 2018 y el del bono social térmico de 80 millones en el año 2019. Datos citados en *ibid.*, pp. 97-98. La concesión de estas ayudas está regulada por el Real Decreto 15/2018.

bería responder a los principios de: *a*) universalización de las fuentes de suministros, que se configuraría como una ayuda integral para el conjunto de los suministros energéticos, tanto eléctricos como térmicos; *b*) automatización, que comportaría un procedimiento simplificado de solicitud en el que se tendría en cuenta la renta disponible, pudiendo preverse la concesión directa de la ayuda a aquellos colectivos perceptores de prestaciones cuyo otorgamiento se encuentre vinculado de antemano a niveles de rentas bajas; *c*) gestión coordinada del mismo con todas las administraciones públicas (central, autonómica y local), a partir del establecimiento de un régimen homogéneo para el conjunto de los consumidores del territorio nacional. Por último, en la implementación de este bono social debería seguirse un principio de precaución para evitar la desconexión total del suministro eléctrico y, de esta forma, se deberían añadir cuatro meses adicionales a los que actualmente contempla la normativa vigente tras el impago de la primera factura, lo cual conllevaría *de facto* la implantación de lo que en el documento se denomina un «suministro mínimo vital para el hogar».

El tercer eje consiste en generar un cambio estructural con el fin de obtener una reducción de la pobreza energética, que se concreta en: *a*) planes para mejorar la eficiencia en el uso de la energía en todos los ámbitos; *b*) planes para la rehabilitación energética de edificios; *c*) planes para la construcción de parques de vivienda pública en alquiler social con los mismos criterios; *d*) planes para la sustitución de electrodomésticos, cocinas, etcétera, por otros que favorezcan la eficiencia y el ahorro energético. Con todo ello se pretende, asimismo, llevar a la práctica el principio fundamental de las políticas energéticas de la UE expresado en el eslogan «la eficiencia energética ante todo».

El cuarto eje pasa por adoptar medidas para la protección a los consumidores vulnerables y el incremento de la conciencia social del problema. Las líneas de actuación en que se concretan son: *a*) colaboración de los profesionales en la lucha contra la pobreza, en especial los que se dedican a la atención primaria en los campos de la medicina de familia y comunitaria, pediatría, enfermería o trabajo social, los cuales pueden ayudar decisivamente a detectar las situaciones de pobreza energética; *b*) establecimiento de mecanismos de sensibilización sobre el problema, centralización de la información en una única página web fácilmente accesible, y fomentar el conocimiento ciudadano sobre el uso y posibilidades de los llamados «contadores inteligentes»; *c*) cambios en la legislación relativa a consumo energético para que recoja los supuestos de pobreza energética.

La estrategia también contempla un mecanismo de gobernanza para implementar todas estas medidas. Más en concreto, se prevé la convocatoria de una mesa social en la que participen todas las partes interesadas, incluyendo empresas, sindicatos, diferentes administraciones (central, autonómica, local), universidades y entidades sociales del tercer sector[29].

Para los afectados por el problema de continua referencia, las líneas de actuación más interesantes son las referidas a la posible percepción de subsidios para pagar la factura energética que, como ya hemos explicado, son el bono social eléctrico destinado a ayudar a pagar la luz y el bono social térmico destinado a ayudar a pagar las facturas del gas. Para poder beneficiarse de ello, el Gobierno ha previsto una serie de condiciones y requisitos, los cuales tienen que ver con la renta anual percibida por el solicitante, que debe ser baja de acuerdo con los umbrales establecidos con referencia al indicador público de renta de efectos múltiples (IPREM), combinada o superpuesta con otros criterios, como ser miembro de familia numerosa, pensionista, persona con discapacidad (superior al 33 %) o víctima de violencia de género y del terrorismo.

6. OTRAS MEDIDAS PROPUESTAS DESDE OTROS NIVELES DE GOBIERNO Y DESDE LA SOCIEDAD CIVIL

El Ayuntamiento de Barcelona, en la etapa de la alcaldía de Ada Colau, puso en marcha un ambicioso plan para combatir la pobreza energética[30]. En el documento mencionado del Gobierno español se lo califica de «buenas prácticas» para abordar el problema de continua referencia, esto es: que podrían ser un buen modelo para todos los ayuntamientos.

Entre ellas estarían las destinadas a mejorar las condiciones de habitabilidad de las viviendas, con el añadido de las actuaciones complementarias de mejora energética de los domicilios. Se trata de un programa municipal que cubre el 100 % de los gastos de intervención hasta los 20 000 euros por vivienda, y del cual pueden beneficiarse viviendas en alquiler siempre que el propietario garantice la continuidad del contrato de arrendamiento sin aumento del precio del mismo, al menos, durante dos años.

También se debe mencionar la especial atención a la feminización de la pobreza que se incorporó a dicho plan, con una actuación concreta en materia de pobreza energética que se articula, por ejemplo, mediante ayudas económicas con perspectiva de género para la rehabilitación de

29. *Ibid.*, pp. 162-170.
30. *Ibid.*, pp. 135-136.

viviendas y edificios o, lo que en la práctica viene a ser casi lo mismo, para hogares monomarentales.

Por último, el consistorio barcelonés ha puesto en marcha toda una serie de Puntos de Asesoramiento Energético, repartidos por todos los distritos de la ciudad, para ofrecer información a toda la población sobre consumo energético: consejos para ahorrar energía y promover la autogeneración de electricidad mediante energías renovables[31].

Asimismo, el Ayuntamiento de Madrid ha llevado a cabo actuaciones que, sin la amplitud de las impulsadas por el de Barcelona, van en la misma dirección. Así, ha procedido a identificar las áreas más vulnerables de la ciudad y ha dirigido hacia ellas las ayudas en función de determinadas exigencias de eficiencia energética.

Por lo que se refiere a las organizaciones del tercer sector, el proyecto más avanzado y sistemático de lo que han propuesto en España diversas ONG para enfrentarse a la pobreza energética está recogido en la Ley catalana 24/2015, de 29 de julio de ese año, de medidas urgentes para afrontar la emergencia habitacional y la pobreza energética.

Se trata de una ley aprobada por unanimidad en el Parlamento de Cataluña en 2015 como resultado de una Iniciativa Legislativa Popular (ILP) impulsada por la Alianza contra la Pobreza Energética, la Plataforma de Afectados por la Hipoteca y el Observatorio DESC, entre otras entidades. Fue recurrida ante el Tribunal Constitucional por el Partido Popular, pero solamente 6 artículos quedaron anulados y el resto continuó vigente. Entre ellos el artículo 6, específicamente referido a la pobreza energética, y el apartado 10 del artículo 5, que está estrechamente vinculado al anterior. El tiempo transcurrido desde el inicio de su entrada en vigor ha mostrado que se trata de un instrumento legal muy útil para combatir el problema objeto de este escrito. Según los datos manejados por la Alianza contra la Pobreza Energética, desde 2015 hasta 2021 más de 100 000 familias se han beneficiado de él y se han evitado hasta 200 000 cortes de suministro[32]. En ese sentido, debería considerarse una guía para el resto de España.

Según el artículo 6 mencionado, «las administraciones públicas deben garantizar el derecho de acceso a los suministros básicos de agua potable, gas y electricidad a las personas y unidades familiares en situación de riesgo de exclusión residencial [...] mientras dure dicha situación». Y por

31. *Vid.* información en https://www.habitatge.barcelona/es/servicios-ayudas/derechos-energeticos/los-puntos-de-asesoramiento-energetico.

32. *Vid.* Rosa M. Bosch, «La ley contra la pobreza energética evita 200 000 cortes de suministro»: *Lavanguardia.com*, 1 de octubre de 2021.

personas o unidades familiares que se encuentran en situación de riesgo de exclusión residencial se debe entender, según el apartado 10 del artículo 5, aquellos que perciban unos ingresos inferiores a 2 veces el IRSC (Indicador de Renta de Suficiencia de Cataluña: 755,82 euros mensuales, 9069,83 euros anuales, en 2024) si se trata de personas que viven solas, o unos ingresos inferiores a 2,5 veces el IRSC si se trata de unidades de convivencia, o unos ingresos inferiores a 3 veces el IRSC en caso de personas con discapacidad o con gran dependencia.

En caso de que los ingresos sean superiores a 1,5 veces el IRSC es preceptivo que los servicios sociales, o los organismos de la Administración que se determinen por reglamento, elaboren un informe que acredite el riesgo de exclusión residencial. Asimismo, se indica que esas medidas de protección se aplicarán también a los hogares en que, pese a que la unidad familiar no cumpla los requisitos referidos, resida alguna persona afectada por dependencia energética, como sería el caso de las personas cuya supervivencia depende de alguna máquina asistida.

Como se puede ver, esta ley optó por tomar como referencia un ingreso mínimo estándar para hacer operativas las medidas prescritas. La Ley contiene más propuestas de interés.

Así, en su apartado 2, se prescribe, como plasmación de un necesario «principio de precaución», un protocolo obligado de comunicación y de intervención de los servicios sociales o administrativos para que estos concedan las ayudas necesarias con el fin de evitar los cortes de suministro en los casos de impago por carencia de recursos económicos.

Más interesante es el apartado 3, según el cual las administraciones públicas deben establecer los acuerdos o convenios necesarios con las compañías de suministro de agua potable, gas y electricidad para garantizar que estas concedan ayudas «a fondo perdido» a las personas y unidades familiares en situación de riesgo de exclusión residencial, o que les apliquen descuentos sustanciosos en el coste de los consumos mínimos.

En aplicación del susodicho «principio de precaución», también se establece que cuando la empresa suministradora tenga que realizar un corte de suministro, debe solicitar previamente un informe a los servicios sociales municipales o administrativos sobre si la persona o unidad familiar se encuentra en riesgo de exclusión residencial. En el supuesto de que cumpla dichos requisitos, entonces se le debe garantizar los suministros básicos de agua, gas y electricidad, así como proporcionar las ayudas necesarias para que pueda pagarlos, pero sin que tal cosa le genere deuda alguna. Por otro lado, se establece que la empresa suministradora debe informar de los derechos relativos a la pobreza energética reconocidos por dicha ley en cualquier aviso o comunicación sobre impago de facturas.

Por último, la Ley en su artículo 8 establece que el Gobierno de la Generalitat debe garantizar que, en los supuestos de vulnerabilidad referidos en los artículos 5 y 6, los gastos en vivienda y suministros básicos no conlleven más de un 30 % de los ingresos de la unidad familiar, siempre que los gastos de alquiler y de suministros sean inferiores a los topes máximos establecidos reglamentariamente en función de la zona geográfica de residencia.

A la Ley catalana 24/2015 la siguió en la Comunidad Valenciana la Ley 3/2017, de 3 de febrero, para paliar y reducir la pobreza energética (electricidad, agua y gas), la cual se centra en promover la mejora en la eficiencia energética de las viviendas y los edificios, y en proporcionar ayudas prestacionales a las familias que no pueden afrontar los pagos de sus facturas.

7. A MODO DE CONCLUSIÓN

El modelo de actuación propuesto en la «Estrategia nacional contra la pobreza energética 2019-2024» es asistencial o, por decirlo de otra manera, un modelo de curas paliativas; necesario, desde luego, pero insuficiente para abordar las causas profundas del problema. En ningún momento se plantea abiertamente limitar el poder de las empresas del sector para imponer sus condiciones a los usuarios. Y se trata de empresas que tradicionalmente han obtenido cuantiosos beneficios. Desde finales de los años noventa del siglo pasado, la privatización del sector condujo a una situación de oligopolio entre unas pocas empresas (Endesa, Iberdrola, Naturgy, Gas Natural Fenosa) que provocó un encarecimiento del precio de la energía. España es el quinto país europeo con la electricidad más cara, detrás de Dinamarca, Alemania, Bélgica e Irlanda[33].

Para enfrentarse de verdad al problema de la pobreza energética, hay que ir más allá de las políticas de «ayudas a los pobres» y tener el valor de desafiar el poder económico oligopólico en el sector de la energía. Claro está que esto hay que hacerlo dentro de los parámetros que permite la legalidad vigente, que haría muy difícil, por ejemplo, la nacionalización de todo el sector. Es cierto que dicha normativa incluye la Constitución española de 1978, en cuyo artículo 128 se dice que toda la riqueza

33. Cf. Pablo Sanz Bayón, «Pobreza energética en España: aproximación jurídica y económica a sus causas y causantes»: *Documentación social*, IV/3 (2019), p. 14.

del país, sea cual sea su titularidad, está subordinada al interés general, así como el artículo 33, en el que se reconoce la posibilidad de expropiación de las empresas, previo pago de una indemnización, por causa justificada de utilidad pública o interés social. Pero también hay que tener en cuenta la normativa sobre la competencia de la UE, la cual, partiendo de una defensa cerrada de la libre concurrencia, haría prácticamente imposible la adopción de dicha medida. Una muestra más, dicho sea de paso, del conflicto legal existente entre las constituciones de los Estados sociales de derecho, como dicen que lo son la mayoría de las constituciones de los Estados miembros de la UE, y la normativa de la UE que blinda la «economía social de mercado».

De ahí el interés de las propuestas formuladas por el profesor Pablo Sanz Bayón, las cuales pueden servir de guía acerca de la dirección en que se debería pensar si no se pretende romper con el orden legal establecido. Propone, por ejemplo, generalizar la garantía de suministro mínimo vital, establecer la prohibición de desconexión para las rentas bajas, eximirles del pago del IVA en sus facturas energéticas, constituir una empresa pública de electricidad, endurecer las sanciones a las empresas por incumplimiento en sus obligaciones para con los consumidores, o apostar por el fomento de un potente parque de viviendas públicas de alquiler social y con subvenciones energéticas para los colectivos especialmente vulnerables[34]

Todo eso habría que hacerlo mientras nos enfrentamos al gran reto del siglo XXI, que es adaptar las sociedades humanas al carácter finito del planeta. Reducir las expectativas de consumo y despilfarro es algo esencial, tanto como establecer prioridades pensando en el bien común, lo que significa pensar primero en las necesidades básicas de los más desfavorecidos. El tema de la igualdad será central en los próximos decenios. Las sociedades igualitarias estarán más cohesionadas y, por ello, serán más resilientes ante las muchas crisis del siglo XXI que las sociedades desiguales y jerárquicas, como lo son ahora las sociedades occidentales, y lo serán mucho más si la militarización y el ascenso de la extrema derecha se profundiza en el futuro. En ese sentido hay que reconocerle a Javier Milei, el presidente ultraliberal de Argentina, una gran coherencia en lo esencial de su proyecto político: privatizar todo lo privatizable y liberalizar la venta de armas, ya que, ciertamente, una cosa lleva a la otra.

34. *Ibid.*, pp. 17-21.

VIVIENDA, ESPECULACIÓN Y POBREZA: LAS INSUFICIENCIAS DEL MODELO DE VIVIENDA EN ESPAÑA A LA LUZ DE LOS ODS

Joan Ramos Toledano

1. INTRODUCCIÓN

Tener un lugar donde vivir, un hogar, es una necesidad fundamental del ser humano. Permite protegerse de las inclemencias climáticas y otros peligros, pero también es un espacio fundamental de desarrollo, descanso y socialización. La propia Declaración Universal de los Derechos Humanos establece, en su artículo 25, que toda persona tiene derecho a un nivel de vida que le asegure, así como a su familia, una vivienda. Como se verá, ello requiere de la intervención de los poderes públicos estatales, pues las dinámicas de mercado se han mostrado ineficientes a la hora de garantizar un derecho tan esencial como el disponer de un hogar.

En España parece existir una aceptación acrítica de la gestión del sector inmobiliario en base a dinámicas de oferta y demanda; así lo indican la escasa regulación del alquiler, la abrumadora falta de parque público de vivienda —tanto de alquiler como de compra—, la casi nula regulación de los precios de alquiler o la dependencia del sector bancario para adquirir una casa en propiedad. Es decir, se ha asumido e interiorizado que la vivienda es, de forma prioritaria, un objeto de comercio, inversión o especulación, despojado de la consideración vital humana de contar con un espacio para vivir dignamente. Las contrarreformas de los años ochenta y noventa del pasado siglo lograron desmovilizar otros puntos de vista más sociales respecto de la vivienda y, en España, el poder político fundamentó parte de sus éxitos económicos (y electorales) en un crecimiento desaforado de un mercado de la vivienda y la construcción que cabalgaba a lomos de la especulación.

En lo que sigue se tratará de abordar algunos aspectos que se consideran fundamentales en el ámbito de la vivienda en España. Así, se analizarán los antecedentes históricos que explican las políticas poco intervencionistas en esta materia, además del enfoque en la adquisición de la propiedad como prioritario, lo que genera una excesiva dependencia del sector bancario. También se abordará el fenómeno de la construcción intensiva en nuestro país, insostenible en lo ecológico, así como el análisis del alquiler como mecanismo alternativo a la compra de vivienda. Para comprobar las realidades en otros países, se realizará un breve estudio comparado respecto de las políticas públicas en materia de alquiler en países del entorno europeo o de la OCDE, que han centrado en el alquiler social gran parte de sus mecanismos para garantizar el acceso a la vivienda. Finalmente, y a la luz de los datos y análisis ofrecidos, se relacionará la problemática de la vivienda con los Objetivos de Desarrollo Sostenible.

2. ANTECEDENTES HISTÓRICOS: SISTEMA PROPIETARIO Y URBANIZACIÓN INTENSIVA

El modelo actual de vivienda en España es, sin lugar a dudas, un elemento fundamental en la aproximación al fenómeno de la exclusión social. No solo por su impacto en forma de personas en situación de sinhogarismo, o que perdieron sus viviendas durante la crisis de 2008 —manteniendo, en muchos casos, la deuda hipotecaria—. Y no solo por la dificultad que encuentran determinados estratos de población para acceder a viviendas dignas (basta ver, en este sentido, los lugares en los que viven muchas personas jóvenes, o trabajadoras; o las precarias viviendas de personas migradas, para quienes su situación económica y la desconfianza social dificultan en extremo acceder a una vivienda). Más allá de todo eso, ya de por sí dramático, la realidad del mercado de la vivienda en España es que supone una carga económica compleja de asumir para muchas personas y familias, tanto de rentas bajas como medias. En España, y a pesar del artículo 47 de su Constitución, la vivienda se configura como un espacio escasamente regulado por los poderes públicos. Desde hace tiempo, el ámbito inmobiliario ha sido, como se verá, un espacio de negocio y especulación, con una deficiente intervención estatal, prácticamente inalterado por la previsión normativa (también constitucional) de la función social de la propiedad. En otras palabras: en España es posible hablar del negocio de la vivienda, pero el *derecho* a la vivienda es una entelequia.

Este modelo social de vivienda encuentra su origen ya en los años de la dictadura española, en la que los poderes públicos impulsaron una cultura propietaria y un sector de la construcción que ha sido fundamental en los «éxitos económicos» de este país[1]. En los años previos al desarrollismo franquista de la década de los sesenta, el régimen de alquiler era mayoritario en España, y casi el único en las grandes urbes[2]. Sirvan de ejemplo las siguientes frases del ministro de Vivienda español entre 1956 y 1960, José Luis Arrese: «el Departamento construirá vivienda siempre que no lo haga la iniciativa privada»; «No queremos una España de proletarios, sino de propietarios»[3]. Como señalan Rodríguez y Espinoza, desde el franquismo «la construcción, la propiedad y las políticas de vivienda han ido alineadas en pos del crecimiento económico del país [...], un modelo que se convertiría en el máximo exponente de la especulación, la inestabilidad y el desenfreno»[4]. La nula propuesta pública de regulación del alquiler queda patente con los datos de esos años: entre 1950 y 1981 el parque de vivienda en propiedad pasó del 49 % al 73 %, a la vez que se mantenía el alquiler libre (es decir, sin intervención pública ni control de precios) como la única alternativa para las clases con menor poder adquisitivo[5].

2.1. *Dependencia bancaria*

Una de las principales consecuencias del modelo que se ha esbozado previamente —no solo en España, aunque de forma particular en nuestro país— es que las familias terminan apostando principalmente por la compra (adquisición en propiedad) de la vivienda. Las ayudas fiscales (tanto a empresas promotoras de construcción como a los propios sujetos que adquieren la vivienda) y la falta de alternativa habitacional viable (por ejemplo, con alquileres sociales) empujan a grandes sectores sociales a la compra. Parte de esta adquisición en propiedad responde, también, a estrategias especulativas. Ello es consecuente con la estrategia generalizada de las políticas públicas, que han adoptado un prisma principalmente propietario respecto de la vivienda, y la han considerado objeto de libre intercambio mercantil.

1. Raquel Rodríguez Alonso y Mario Espinoza Pino, *De la especulación al derecho a la vivienda. Más allá de las contradicciones del modelo inmobiliario español*, Traficantes de Sueños, Madrid, 2017, p. 19.
2. *Ibid.*
3. *ABC*, edición Sevilla, 9.02.1958, pp. 29-30, cit. en *De la especulación al derecho a la vivienda*, cit., p. 21.
4. *De la especulación al derecho a la vivienda*, p. 22.
5. *Ibid.*, p. 26.

La percepción de la vivienda como un objeto de cambio, obviando su profundo impacto en la estructuración de la ciudad o su carácter fundamental como bien esencial, implica la aceptación de las lógicas de la oferta y la demanda en la adquisición y venta de viviendas[6]. Solo de forma secundaria —y, en España, claramente insuficiente—, la vivienda ha sido considerada un elemento estratégico de intervención pública y un derecho. Este, si bien puede ser considerado *vacío de contenido*, pues no goza de exigibilidad jurídica ante los poderes públicos[7], no deja de estar constitucionalmente recogido.

Las dificultades para pagar los alquileres —un ámbito con escasa intervención público-estatal en España— empujan a la población a la adquisición de vivienda en propiedad. Ello implica, para gran parte de la ciudadanía, acudir al sector de la banca comercial para obtener financiación. No se trata de una opción, sino de una necesidad para una amplísima mayoría de personas que desean adquirir una vivienda. Ciudades como Barcelona tienen una media de precios del alquiler, en 2024, superior a los 1000 euros al mes, o 500 por una habitación en vivienda compartida. Ello en un país con una renta media de en torno a los 20 000 euros anuales y un salario mínimo inferior a los 15 000 euros anuales. Un cálculo rápido permite entender por qué las clases medias-bajas se han

6. Esta aproximación a la vivienda tiene consecuencias importantes, como se puede observar en el auge de los precios en ciudades como Madrid o Barcelona, o en el impacto de plataformas como Airbnb, que potencian una mirada especulativa de la vivienda.

7. El artículo 47 de la CE establece que «Todos los españoles tienen derecho a disfrutar de una vivienda digna y adecuada. Los poderes públicos promoverán las condiciones necesarias y establecerán las normas pertinentes para hacer efectivo este derecho, regulando la utilización del suelo de acuerdo con el interés general para impedir la especulación». Resultaría interesante reflexionar, aunque excede las posibilidades de este trabajo, acerca de por qué determinados artículos de la Constitución española, de claro tinte social, han sido ampliamente aceptados como «principios rectores» y no como derechos exigibles, lo que supone una clara merma de su contenido. Esta consideración reduce de forma importante el carácter social de nuestra carta magna, supeditando —si bien no de forma explícita— nada menos que un derecho constitucionalmente previsto a la gestión de un bien esencial como la vivienda según dinámicas de oferta y demanda. Ello implica aceptar que este derecho se encuentra «vacío de contenido», pues no establece ningún mecanismo para asegurar el cumplimiento de un *deber* al respecto por parte de los poderes públicos. En esta línea, Manuel Gabarre, *Tocar fondo. La mano invisible detrás de la subida del alquiler*, Traficantes de Sueños, Madrid, 2019, pp. 57 ss.; Andreu Merino, *La ciutat sene veïns. Víctimes i botxins a la Barcelona de l'especulació immobiliària*, Saldonar, Barcelona, 2021, pp. 82 ss. *Vid.*, también, el excelente trabajo de Juan-Ramón Capella: «Derechos, deberes: una cuestión del método de análisis», en J. A. Estévez Araújo (ed.), *El libro de los deberes. Las debilidades e insuficiencias de la estrategia de los derechos*, Trotta, Madrid, 2013, pp. 39-57.

visto obligadas a alejarse de las grandes urbes, cuyos alquileres pueden suponer fácilmente entre el 50% y el 60% de los ingresos brutos.

La percepción, tan popularmente extendida, de que alquilar es *tirar el dinero* tiene un poso de verdad: la compra —pese a las condiciones bancarias, los elevados intereses y el riesgo asociado (como quedó patente tras la crisis de 2008)— no deja de ser una inversión, sea especulativa o por necesidad. Y la cuota hipotecaria acostumbra a ser inferior al arriendo para viviendas de características similares[8]. El sector bancario, por su parte, impone unas condiciones eminentemente unilaterales —el margen de negociación es escaso— en una relación comercial desigual entre las partes, en la que el *derecho de consumo* no ha podido o querido regular para disminuir esa desigualdad. Además, se ha venido produciendo un endurecimiento de las condiciones financieras de los bancos, lo que ha dificultado el acceso a créditos hipotecarios para determinados segmentos de la población, a la vez que se han incrementado las adquisiciones de vivienda por parte de población extranjera; estas han pasado del 7% en 2007 al 19,3% en 2023[9].

2.2. *Modelo urbanístico: de lo intensivo a lo insostenible*

La senda especulativa en la construcción de vivienda en España ha tenido —y tiene— un evidente impacto en las posibilidades de acceso a la vivienda para muchas personas. También ha forzado su vinculación, en muchos casos, a créditos hipotecarios. Sin embargo, hay un ámbito que suele quedar en segundo plano ante la dramática situación social que implica el panorama habitacional español: el ecológico. Aunque parezca obvio, no hay que olvidar que las viviendas, como cualquier otro edificio, no se construyen sobre la nada. El *suelo*, ese espacio vital sobre el que erigimos las obras, forma parte de un entorno natural (parcialmente desnaturalizado tras siglos de crecimiento de las urbes). El impacto que generamos como especie (por ejemplo, con la construcción) afecta también a otras especies de fauna y flora, y a los delicados ecosistemas con los que convivimos[10].

8. La dinámica de compra y alquiler, de hecho, incentiva sin rubor alguno actividades como la compra de vivienda para su alquiler inmediato por un monto superior a la cuota hipotecaria. De esta forma el propietario, con una inversión inicial moderada, costea la vivienda con lo que recibe del alquiler. Este tipo de actividades está al alcance de personas que, por motivos varios (poder adquisitivo, herencias, rentas altas, rendimientos del capital) tienen sus necesidades habitacionales cubiertas.

9. «Informe Anual 2023 del Banco de España», Banco de España, Madrid, 2024, pp. 234-235, disponible en https://doi.org/10.53479/36512.

10. Un buen ejemplo de este impacto es apreciable en las dificultades para la ampliación del aeropuerto de Barcelona. Una de las propuestas al respecto implicaba eliminar la

Denominaciones jurídico-administrativas (en ocasiones arbitrarias) como las de «suelo rústico» o «suelo urbano» nos permiten delimitar ciertas áreas de forma útil a nivel de gestión municipal, pero contribuyen a desnaturalizar la realidad de nuestro entorno, y no toman en consideración el profundo —y en ocasiones terrible— impacto que nuestra vida cotidiana ejerce sobre el entorno natural que nos rodea. Preeminencia de intereses de agentes privados, asunción de lógicas mercantilistas o escasos e ineficaces mecanismos legales contra la especulación. Se trata de elementos que dificultan la atención hacia las necesidades del entorno natural o la planificación urbanística con lógicas de sostenibilidad medioambiental, a pesar de la intervención pública municipal en la planificación urbana[11].

Es, sin duda, un problema multifacético, y que engloba tanto las dinámicas hegemónicas de mercado (visión cortoplacista, intereses especulativos) como la falta de voluntad (y, probablemente, la incapacidad) de gestión local y municipal, aunque también autonómica. Puede hablarse, en este sentido, de una ausencia de *ethos* medioambiental multinivel —desde la gestión municipal hasta los intereses de empresas promotoras, pasando por los propios materiales utilizados— que nos aleja de modelos de ciudades sostenibles tanto para el entorno natural como para la propia salud[12] física y mental[13].

Esta actitud inconsciente y poco respetuosa con el entorno natural ha contribuido definitivamente a transformar de forma radical «el pai-

laguna de La Ricarda, un espacio natural clave para prevenir la salinización del delta del Llobregat y poder conservar algunas especies protegidas. La oposición de colectivos en defensa del medio ambiente ha permitido mantener paralizado el proyecto, sin que todavía se haya tomado ninguna decisión definitiva al respecto.

11. *De la especulación al derecho a la vivienda*, cit., pp. 36-42.

12. La relación entre la organización de las ciudades y la salud física y mental de la ciudadanía es un ámbito crecientemente estudiado y abordado, y ha sido motivo de preocupación para la Organización Mundial de la Salud. Además, diversos estudios multidisciplinares muestran la relación entre la vida urbana y los condicionantes sociales respecto a la esperanza de vida. *Vid.*, en relación con esto último, Miguel Ángel Navas Martín, «Influencia de las desigualdades sociales en salud en la mortalidad de la población rural y urbana en España, 2007-2013»: *Semergen*, 46/5 (2020), pp. 331-338; y Pamela Collins *et al.*, «Making cities mental health friendly for adolescents and young adults»: *Nature*, 627 (2024), pp. 137-148.

13. Todo ello a pesar de que «las áreas urbanas en España cuentan actualmente con suelo urbanizable suficiente para absorber el crecimiento de los próximos cuarenta y cinco años» (*De la especulación al derecho a la vivienda*, cit., pp. 40-41), por lo que podría establecerse una mayor protección de amplias zonas naturales que rodean las ciudades o que incluso forman parte de ellas. *Vid.*, al respecto, la exposición de motivos de la Ley 8/2013, de 26 de junio.

saje y la biodiversidad del suelo de todo el país»[14]. Además, este tipo de gestión urbanística genera ciertos «esparcimientos urbanos» (*urban sprawl*)[15] que, al no contar muchas veces con sistemas de transporte público eficaces, segrega los espacios en función de la renta, contribuyendo al estancamiento de las clases sociales más desfavorecidas y forzándolas a residir en lugares alejados de los equipamientos urbanos y servicios más importantes. También favorece la concentración de rentas bajas en edificios más antiguos o en peores condiciones, así como el uso intensivo de automóviles particulares; estos vehículos, además —precisamente debido a las rentas bajas— suelen ser mucho más contaminantes[16].

Relacionado con el modelo de crecimiento urbanístico está también el modelo de transporte, inseparable de aquel. La vastísima red de carreteras, autopistas y autovías españolas incita al uso de vehículos privados, lo que implica un alto impacto en términos de contaminación. Solo recientemente —y de manera deficitaria— se ha empezado a limitar el tránsito de automóviles particulares en algunas ciudades (como Madrid o Barcelona). Pero el impacto de la contaminación en nuestro entorno natural (y, por supuesto, en el planeta en general) supera con creces la capacidad de actuación de los ámbitos local, autonómico e incluso estatal. Las fronteras políticas son una mera delimitación artificial humana del espacio vital que habitamos, y los efectos de la contaminación no entienden de ciudades o países. Comprender e interiorizar este aspecto resulta fundamental para evitar caer en políticas simplistas e ineficaces que, lejos de cuestionar nuestro modelo productivo, de construcción o de transporte, trasladan las actividades más contaminantes a lugares alejados de las urbes, en un engañoso intento por invisibilizar un impacto ecológico para el que las fronteras político-administrativas no significan nada.

14. *De la especulación...*, cit., p. 71.

15. El concepto *urban sprawl* hace referencia al fenómeno por el cual las ciudades o sus barrios se propagan hacia zonas rurales de la periferia urbana. Ello condiciona aspectos como el tipo de vivienda construida (generalmente casas) y el medio de transporte utilizado, con un uso mucho más intensivo del automóvil que del transporte público urbano.

16. Por otro lado, el uso intensivo de vehículos particulares implica la necesidad de contar con un lugar en el que estacionarlos, que las saturadas urbes no pueden absorber. Ello incentiva un sector específico del ámbito inmobiliario, el de los aparcamientos —generalmente subterráneos—, que forman parte de un modelo una vez más especulativo.

3. VIVIENDA Y ALQUILER: MODELO PROPIETARIO, ESPECULACIÓN Y ANÁLISIS COMPARATIVO EUROPEO

Resulta bastante obvio que el modelo de acceso a la vivienda en España está enfocado hacia la adquisición en propiedad. Esta dinámica, que encuentra sus raíces en el desarrollismo franquista, se ha visto intensificada en las últimas décadas, en las que los procesos de globalización neoliberal y el paulatino desmantelamiento de las políticas asistencialistas han permitido e incentivado la explotación mercantilista —cuando no directamente especulativa— de ámbitos que tradicionalmente contaban con una fuerte intervención pública. Es el caso de la gestión del agua, los derechos a la salud o las pensiones y, por supuesto, la vivienda[17]. En este último caso, una alternativa viable a la adquisición de vivienda en propiedad —generalmente muy costosa en términos económicos— ha sido la del alquiler.

El modelo de adquisición por compra, que prometía una «sociedad de propietarios», quedó definitivamente en entredicho con la crisis económica de 2008. Aunque el modelo no haya cambiado sustancialmente, y se estén cometiendo errores y abusos similares, la experiencia del *crack* financiero vino a mostrar las carencias y falsedades de la decisión política de atribuir la regulación de la vivienda, como bien básico, a las dinámicas de mercado. También mostró dinámicas perversas y subterfugios especulativos que tuvieron consecuencias desastrosas y dramáticas para miles de familias[18].

Junto a este modelo de propiedad, otras ciudades y países han optado por una regulación del alquiler que ofrece solución habitacional a distintos grupos sociales que no están en disposición (o no tienen voluntad) de adquirir una vivienda en propiedad. Una alternativa que otrora fue viable en España, pero que, como se verá, resulta en la actualidad una quimera, o una opción nefasta para las rentas más bajas y los sectores de población más desfavorecidos.

En todo este ámbito de análisis, resulta de interés recordar la importancia de las SOCIMI (sociedades anónimas cotizadas de inversión inmo-

17. Sobre el proceso de globalización neoliberal y su impacto en el poder y el derecho, *vid.* J.-R. Capella, *Fruta Prohibida. Una aproximación histórico-teorética al estudio del derecho y del estado*, Trotta, Madrid, [5]2008, caps. 7 y 8.

18. La Plataforma de Afectados por la Hipoteca cifraba los desahucios fruto de la crisis inmobiliaria en más de un millón entre 2008 y 2020. Respecto del aumento de suicidios derivados de la recesión económica, *vid.*, Celso Iglesias-García *et al.*, «Suicidio, desempleo y recesión económica en España»: *Revista de Psiquiatría y Salud Mental*, 10/2 (2017), pp. 70-77.

biliaria). Este tipo de empresas han logrado en España condiciones tan ventajosas como no satisfacer el impuesto de sociedades. Ello implica que empresas cuya principal actividad es la inversión, directa o indirecta, en activos inmobiliarios estén exentas de contribuir fiscalmente como el resto de sociedades españolas. Al parecer, estas ventajosas condiciones fueron negociadas con el Gobierno español en 2012 por parte de la European Property Real State Association (EPRA), principal *lobby* de los intereses financieros en el mercado inmobiliario europeo[19]. Se aprecia, en el ámbito de las SOCIMI, una traslación de la inversión de este tipo de empresas desde sectores hipotecarios a sectores de alquiler. La rentabilidad de la inversión en alquiler, inferior al 5 % en 2013, fue superior al 6 % (en algunas ciudades, casi el 8 %) en 2019[20].

3.1. *La desregulación del alquiler: la propiedad como única alternativa para la clase trabajadora*

El mercado del alquiler de vivienda en España es un sector ampliamente desprotegido y con una deficiente regulación y control estatal, más allá de la ya añeja Ley de Arrendamientos Urbanos (LAU)[21]. Es decir, es un ámbito que, a pesar de afectar a un bien básico, fundamental e imprescindible como la vivienda, se encuentra considerablemente liberalizado, sometido a las dinámicas de la oferta y la demanda. Esta situación, junto con las especiales condiciones de las SOCIMI, ha provocado un viraje hacia el alquiler como estrategia de inversión y enriquecimiento de los fondos de inversión. La inseguridad respecto del mercado inmobiliario tras la crisis de 2008 ha impulsado el abordaje del mercado de alquiler, lo que permite explicar, junto con otros fenómenos relacionados, como la expansión de plataformas de alquiler turístico, el importante auge de los precios de los alquileres en España en apenas diez años[22]. A modo de ejemplo, en una ciudad como Viena, los habitantes destinan aproximadamente el 15 % de sus ingresos a la vivienda, mientras que en Barcelona los menores de 35 años destinan aproximadamente dos terceras par-

19. M. Gabarre, *Tocar fondo*, cit., pp. 12-13, y *La ciutat sense veïns*, cit., pp. 53 ss.

20. David López-Rodríguez y María de los Llanos Matea, «Evolución reciente del mercado del alquiler de vivienda en España»: *Boletín Económico*, n.º 3, Banco de España, Madrid, 2019, p. 9.

21. Esta norma, de 1994, ha sufrido reiteradas modificaciones a lo largo de los años. Sin embargo, apenas prevé una leve protección al arrendatario, estableciendo alguna cláusula de obligado cumplimiento como la relativa a la duración mínima del contrato de arriendo.

22. *Tocar fondo*, cit., pp. 27 ss.

tes[23]. Entre 2019 y 2023, los alquileres en Valencia han subido un 42,5 %, y en Barcelona un 24,6 %[24]. En el último año, la subida media ha sido de un 9,3 %, con números superiores, como el 22,1 % de Valencia, el 18,6 % de Alicante, 18,1 % de Barcelona y el 10,7 % de Madrid[25].

Como se puede apreciar, Barcelona es una de las ciudades más tensionadas en términos de dificultad de acceso a la vivienda y precios, si bien no es un fenómeno singular de la capital catalana. Madrid ha sido, tradicionalmente, una ciudad con altos precios de alquiler y una importante actividad especulativa respecto de la vivienda. Además, dado el papel estratégico del turismo en España, ciudades de menor tamaño se encuentran en situaciones similares, muy especialmente durante los meses más calurosos del año. Es el caso de Almería, Málaga, Valencia, Alicante, algunas ciudades de las islas Baleares, etc. Los propietarios de las viviendas que se utilizan para el alquiler son de diversa y variada tipología. Hay fondos de inversión (en ocasiones, fondos *buitre* como Blackstone, que controla más de 40 000 viviendas en todo el Estado), bancos (Caixabank controla 25 000 viviendas), grandes tenedores (con 10, 15 o 30 viviendas, por ejemplo) o familias y pequeños propietarios, que a lo sumo disponen de una o dos viviendas para alquilar[26].

Los datos muestran una importante heterogeneidad en el perfil de propietario que utiliza la vivienda para el alquiler; no es lo mismo tener cien viviendas en propiedad que una o dos. En este sentido, solo muy recientemente se está empezando a delinear lo que se considera un «rentista», concepto que hace alusión a personas que no son un fondo de inversión como Blackstone, pero tampoco una familia que posea un par de viviendas. El Sindicat de Llogaters, entidad que pretende denunciar y revertir la dinámica especulativa de la vivienda al considerarla un bien fundamental, entiende que el término *rentista* o gran tenedor es puramente político, en el sentido de que lo que subyace es un conflicto por la redistribución de la riqueza y las posibilidades de acceso a la vivienda. La especulación, y la subida de precios que conlleva, implica que muchos

23. *Ibid.*, p. 15.

24. *Cinco Días*, 15.09.2023, https://cincodias.elpais.com/economia/2023-09-15/evolucion-de-la-vivienda-de-la-pandemia-a-hoy-precios-casi-en-maximos-e-hipotecas-el-doble-de-caras.html#.

25. *Público.es*, 02.10.2023, https://www.publico.es/economia/precio-alquiler-sigue-subiendo-pese-ley-vivienda.html.

26. Sobre estos datos, *vid.* «Evolución reciente del mercado del alquiler...», cit.; *La ciutat sense veïns*, cit.; Observatori Metropolità de l'Habitatge de Bareclona, «Estructura i concentració de la propietat d'habitatge a la ciutat de Barcelona 2019-2020»: O-HBLAB, n.º 7, Barcelona, 2020, ap. 2.

arrendatarios destinen en torno al 40 % de la renta para el alquiler. Ello provoca o agrava situaciones de pobreza y exclusión social, y desde un punto de vista financiero supone una sobrecarga muy poco recomendable. Muy pocos bancos ofrecerían una hipoteca a una persona con una cuota que excediera ese porcentaje de su salario mensual. ¿Por qué, entonces, se normaliza esta situación en el alquiler? ¿Existen alternativas, exploradas en otras ciudades o países, que impliquen una intervención explícita por parte de los poderes públicos en un ámbito tan socialmente relevante como la vivienda?

3.2. *El alquiler como nuevo nicho de especulación*

Como se ha puesto de relieve, la política pública española respecto de la vivienda ha pivotado sobre dos ejes fundamentales: el primero, convertir España en «un país de propietarios». Esto ha tenido el claro efecto —más allá de las desastrosas consecuencias de la crisis financiera de 2008— de desatender las iniciativas de intervención pública respecto de los alquileres. El segundo eje ha sido la aceptación, gobierno tras gobierno (con alguna pequeña variación), de que el sector de la vivienda se rigiera de manera casi exclusiva por las dinámicas de mercado, asumiendo por tanto de forma implícita sus efectos perniciosos (o *externalidades negativas*, por utilizar el eufemismo economicista) sobre la población, especialmente sobre los sectores económicamente más desfavorecidos. Con la inevitable consecuencia de dejar en manos de ONG, asociaciones o entidades sociales (en ocasiones, con suerte, ayuntamientos) el auxilio a las personas que no pueden acceder a un bien tan necesario para el ser humano como una vivienda digna.

A pesar del dogma neoliberal, bien expresado por Margaret Thatcher en los años ochenta[27], la generalización de la vivienda en propiedad no es siempre, ni necesariamente, algo socialmente positivo. De ello dan cuenta los mencionados efectos de la crisis de 2008 —desahucios y suicidios incluidos—, cuyas consecuencias recayeron principalmente en las clases medias y bajas de España (amén de otros países). También lo ejemplifica la actual situación de la vivienda en España, con precios de alqui-

27. *Vid.* discurso de Margaret Thatcher en una conferencia del Partido Conservador, realizada el 10 de octubre de 1986 en Hampshire. El texto puede consultarse en la página web de la Fundación Margaret Thatcher. En este discurso, Thatcher indicaba que «la privatización está en camino», y denominaba a las «exitosas reformas» como «capitalismo popular». Se vanagloriaba, también, de la cantidad de viviendas adquiridas en propiedad por parte de la población británica, lo que convertía al país es una «democracia de propietarios».

ler inasumibles para millones de personas, la dependencia bancaria para la adquisición en propiedad o las dinámicas especulativas constantes en el mercado inmobiliario, con excepciones fiscales manifiestamente injustas como las que disfrutan las SOCIMI.

No obstante, otros países —y, especialmente, otras ciudades de Europa— han abordado esta compleja situación de manera mucho más satisfactoria a la hora de garantizar el acceso a una vivienda digna para personas con rentas bajas. Incentivar el alquiler en lugar de la compra o regular los precios de los arriendos han sido, en líneas generales, políticas mucho más desarrolladas en otras urbes europeas que en nuestro país. Las ciudades, por su gran concentración de trabajadores y trabajadoras, y la afluencia masiva de turistas —junto con la insoslayable influencia de plataformas de alquiler turístico como Airbnb—, han mostrado ser mucho más habitables con políticas e iniciativas alejadas del modelo español de regulación de la vivienda.

En 2017, un 22,9 % de la población española vivía en régimen de alquiler; en 2023, la cifra es del 18,7 %[28], frente al 30,7 % de media en la UE. Países como Alemania (48,6 %), Austria (45 %), Dinamarca (37,8 %), Francia (35,6 %) o Reino Unido (35 %) superaban con creces el porcentaje de España[29]. Y, aunque en nuestro país se ha incrementado la cantidad de personas que viven en alquiler, el precio del arriendo es principalmente de mercado, mientras que es claramente perceptible el descenso del ya escaso alquiler social (del 3,5 % en 2005 al 2,7 % en 2018)[30].

Respecto de los precios, la escasísima intervención pública de España en el sector del mercado del alquiler y el nulo control de precios ha comportado una importante volatilidad, traducida generalmente en un alza incontrolada de precios. Desde 2013, en el inicio de la recuperación económica tras el *crack* de 2008, se han producido crecimientos acumulados en torno al 50 % hasta 2019. Los datos publicados por el Banco de España, a través del informe de 2020 «La intervención pública en el mercado del alquiler de vivienda: una revisión de la experiencia internacional», muestran una extraordinaria divergencia en función de las ciudades analizadas. Sin embargo, entre 2013 y 2019 incluso capitales de provincia con precios generalmente más contenidos (Ciudad Real, Jaén, Cádiz, Soria, Badajoz, Lérida) vieron sus precios incrementados entre un 5 % y

28. «Informe Anual 2023 del Banco de España», cit., pp. 238-240.

29. «Evolución reciente del mercado de alquiler...», cit., p. 1.

30. *Ibid.* Estos datos, por otro lado, encajan con el incremento del destino de fondos de inversión en alquiler, tras la pérdida de confianza en el mercado inmobiliario hipotecario suscitada por la crisis de 2008. *Vid.*, a este respecto, *Tocar fondo*, cit., pp. 19-62.

un 15 % aproximadamente. El propio Banco de España cifra el incremento de precios de alquiler en España en casi el 30 % solo entre 2015 y 2022, frente a un 6 % en los precios de compraventa en el mismo periodo[31].

En el otro extremo encontramos ciudades que, por su importancia turística (Santa Cruz de Tenerife, Las Palmas de Gran Canaria, Palma de Mallorca) y su tamaño (Valencia, Madrid, Málaga, Barcelona), han sufrido incrementos de precios del alquiler de entre el 40 % y el 53 % en aproximadamente 5 años. Parte de estos incrementos se deben a la compra de vivienda por parte de extranjeros no residentes, cuyas adquisiciones se centran en lugares costeros (Comunidad Valenciana, islas Baleares y Canarias), y alcanzan el 25 % del total de compra en esas regiones[32]. Si se cotejan estos incrementos con los tímidos aumentos salariales, se puede apreciar una extraordinaria pérdida de poder adquisitivo de una parte importante de la población española, máxime cuando las ciudades con mayores subidas tienden a ser las más pobladas del país. Es perceptible, en este sentido, un flujo directo de rentas del trabajo hacia grandes propietarios de viviendas, en un enriquecimiento que pone en jaque un derecho humano básico como tener una vivienda digna. Como es habitual, la pérdida de poder adquisitivo tiene un efecto especialmente pernicioso en las rentas más bajas, empujando a muchas personas a situaciones de riesgo de pobreza o exclusión social.

El Banco de España reconoce que la masiva pérdida de empleos tras la crisis de 2008 y los bajos salarios inciden claramente en el incremento de personas que alquilan, dada la imposibilidad de acceder a una vivienda en propiedad[33]. A su vez, sin embargo, la mediana de gasto en alquiler se ha incrementado del 27,8 % en 2014 al 40 % en 2022, situándose entre las más altas de Europa. Por ejemplo, este porcentaje es del 14 % en Alemania y del 21 % en Francia. La media de la UE se sitúa en el 21 %, lejos de la cifra española[34]. Estos datos, de nuevo, refuerzan la idea del mercado de alquiler como un sector rentable para fondos de inversión, que ven la falta de control de precios en España como una oportunidad única para obtener altas rentabilidades con su dinero, y asumiendo un riesgo inferior al del sector hipotecario[35]. Complementariamente, el in-

31. «Informe Anual 2023 del Banco de España», cit., p. 240.
32. *Ibid.*, p. 247.
33. «Evolución reciente del mercado de alquiler...», cit., p. 11.
34. «Informe Anual 2023 del Banco de España», cit., pp. 269-270.
35. Las escasas acciones (por voluntad o por incapacidad) de los poderes públicos españoles para hacer frente a estas dinámicas, pese al efecto pernicioso sobre la población, son buen ejemplo de la pérdida de soberanía estatal en determinados ámbitos, así como del poder de empresas transnacionales del sector financiero, residuales antes de la denomina-

forme también menciona una caída significativa de las viviendas sociales (con precios controlados, inferiores a los de mercado), especialmente en la modalidad de alquiler[36].

El Banco de España atribuye también el notable incremento de los precios del alquiler al aumento de la demanda frente a la oferta, «creando de este modo una escasez relativa de vivienda que habría ocasionado subidas significativas de los precios del alquiler»[37]. Sin embargo, este argumento no se condice con los datos de viviendas vacías, que se cifran en casi 4 millones en España, y 2,5 millones de uso esporádico. En municipios considerados pequeños (menos de 10 000 habitantes), el Instituto Nacional de Estadística (INE) cifra en 45 % el porcentaje de viviendas vacías, mientras que en ciudades de más de 250 000 habitantes el porcentaje sería del 10,5 % (para un total de más de 400 000)[38].

Esta escasez, utilizada como argumento explicativo del aumento de precios —basado, a su vez, en una dinámica de oferta y demanda— es en gran parte artificial. Ello debido a que, como se ha visto, existe un enorme parque de vivienda vacía o infrautilizada. Es decir, solo un modelo abiertamente tolerante con la especulación, que permita no poner a disposición de la sociedad un bien fundamental y esencial como la vivienda —aunque ello implique la imposibilidad de acceso a este bien por parte de amplios sectores de la población— permite explicar esta escasez. No se trata de que *no existan viviendas disponibles* (y ya construidas), sino de que el marco legal permite la acumulación ingente de un bien esencial en pocas manos, y tolera dinámicas especulativas en detrimento de las posibilidades de acceso por parte de la ciudadanía. Todo ello necesita la connivencia, cuando no el apoyo directo, de los poderes públicos[39].

Este marco legal, de incitación a dinámicas especulativas más que a considerar la vivienda como un bien básico, resulta habitual en el ámbito

da «globalización neoliberal». Es el caso del éxito que el *lobby* inmobiliario tuvo en las negociaciones con el Gobierno de España para lograr que las SOCIMI no cotizaran como el resto de empresas españolas. *Vid.*, al respecto, Juan Hernández Zubizarreta, *Las empresas transnacionales frente a los derechos humanos: historia de una asimetría normativa*, Hegoa, Bilbao, 2009.

36. «La intervención pública en el mercado del alquiler...», cit., pp. 15-16.

37. *Ibid.*, p. 8.

38. Datos extraídos del Censo de Población y Viviendas 2021. Resultados sobre Hogares y Viviendas, elaborado por el INE y disponible en su página web. En la misma línea, *vid.* «Informe Anual 2023 del Banco de España», cit., que atribuye el enorme porcentaje de compraventa de vivienda usada (90 %) al *stock* acumulado en las décadas previas.

39. Merece la pena recordar que generar escasez artificial para incrementar los precios está prohibido respecto de otros bienes en el mercado porque implica falsear la competencia.

español. Tómese como ejemplo la reforma de la Ley de Arrendamientos Urbanos aprobada por el Congreso durante el gobierno de Mariano Rajoy en 2013[40]. Esta disminuyó los años de contrato de arrendamiento (obligatorios para el arrendador, opcionales para el arrendatario de forma unilateral) de 5 a 3 años. Las consecuencias son claras: no solo porque implicaba una falta de posibilidad de planificación vital para personas y familias, que no tenían asegurado su hogar por más de tres años, sino porque permitía a los arrendadores incrementar libremente el precio del arriendo tras ese periodo; los arrendatarios no tenían más opción que aceptar o buscarse otra vivienda. La normativa española, en ese sentido, es especialmente poco protectora de la parte arrendataria. Ciertamente, algunas capitales europeas gozan de un sistema flexible y dinámico de arriendos, con periodos incluso inferiores a los tres años de la reforma de la LAU de 2013. Pero, a su vez, también cuentan con un parque de viviendas públicas, socialmente protegidas o de precios por debajo de mercado que evitan situaciones dramáticas como la española. En definitiva, lejos de tratarse de una situación de escasez real de vivienda, lo que se puede apreciar es un marco normativo permisivo con la especulación con un bien esencial y una muy deficitaria intervención de los poderes públicos: una tormenta perfecta cuyas peores consecuencias sufren las clases sociales más desfavorecidas.

Otras capitales europeas, en contraste, han logrado reducir estos problemas de vivienda mediante diversos y variados mecanismos, aunque todos tienen algo en común: la intervención pública. Ello resulta de interés porque parece sugerir que, ante un bien como la vivienda, la regulación exclusiva de carácter mercantil conlleva efectos negativos y socialmente desastrosos, que los poderes públicos tratan de paliar con medidas de distinto cariz. Una de ellas, bien intuitiva, es el control de precios de alquileres residenciales[41]. Como bien señalan López-Rodríguez y de los Llanos Matea, esta medida tiene la innegable ventaja de que

40. Ley 4/2013, de 4 de junio, de medidas de flexibilización y fomento del mercado de alquiler de viviendas, que modificó diversos artículos de la Ley de Arrendamientos Urbanos de 1994, entre ellos el artículo 9, relativo a la duración mínima obligatoria de los contratos. Actualmente, y a través de otra reforma, la duración del contrato vuelve a ser de 5 años, siempre que el arrendatario así lo decida.

41. En relación con el control de precios, esta medida ha sido exigida en reiteradas ocasiones por algún partido de la izquierda del arco parlamentario español (Podemos, Sumar), que el partido principal del Gobierno en los últimos años (PSOE) ha vetado sistemáticamente. Solo de forma reciente se ha logrado, con una norma aprobada por el Parlament de Catalunya, establecer un límite a los alquileres en determinadas zonas tensionadas de esta comunidad autónoma, que cuenta con índices de precios elevadísimos.

supone un coste considerablemente bajo para los presupuestos estatales, pues lo que se reduce es el margen de beneficio de los propietarios, sin asumirlo el Estado, y en beneficio de los arrendatarios[42]. Es, en este sentido, una medida *social* de calado, pues exige más a quienes pueden permitírselo (que, además, son una minoría) en beneficio de una mayor posibilidad de acceso a la vivienda por parte de grandes sectores de población.

A diferencia de lo que pudiera parecer, por la actitud escandalizada que ha generado esta propuesta, no se trata de nada novedoso. El control de precios de alquiler ha sido ampliamente utilizado incluso en países de intenso bagaje liberal como Estados Unidos, principalmente a raíz de los periodos posteriores a las dos guerras mundiales o «ante subidas abruptas de los precios del alquiler de vivienda en grandes ciudades»[43]. Tampoco en España es una medida inédita; nuestro país congeló rentas de alquiler y estableció el carácter indefinido de los contratos en la LAU de 1946 —probablemente por los desastrosos efectos del golpe militar y la terrible guerra civil posterior—. De hecho, ya en 1920 las rentas del alquiler habían sido congeladas[44]. Este tipo de controles y mecanismos fueron desapareciendo a partir de los años ochenta del siglo pasado, en el contexto del proceso liberalizador y de desregulación económica generalizado[45]. No obstante, en diversas ciudades o regiones del entorno europeo (consideradas especialmente tensionadas), persisten mecanismos de control de precios del alquiler o de su incremento anual, como ocurre en Países Bajos, Dinamarca, Austria, Luxemburgo, Suecia o Alemania.

3.3. *Mucho que aprender: regulación de la vivienda en las grandes capitales europeas*

Alemania cuenta con un importante marco normativo que le permite establecer mecanismos para frenar o reducir las dinámicas de incremento de precios de los arriendos, como el denominado *Mietendeckel* (literalmente «tope de alquiler») o el *Mietspiegel* («espejo de alquiler»). Este último se utiliza como referencia para la actualización de las rentas de

42. «La intervención pública en el mercado del alquiler...», cit., p. 11.

43. *Ibid.* Evidentemente, España no está en una situación de postguerra, pero sí se puede argumentar que se han producido subidas abruptas de los precios de alquiler de vivienda que permitirían justificar, de forma equiparable a otros Estados, la limitación pública de los precios del arriendo en zonas especialmente tensionadas y sometidas a la especulación inmobiliaria.

44. *Ibid.*, n. 2.

45. *Ibid.*, p. 13.

alquiler de la vivienda. En Estados Unidos, algunas ciudades limitan la actualización anual de la renta con algún tipo de referencia al índice de precios al consumo (IPC), de forma similar a lo que ocurre en España. Francia activó en 2012 un mecanismo específico que impide el establecimiento de un precio libre cuando finaliza el contrato de arriendo y cambia el inquilino[46], y aprobó en 2014 una ley que permite fijar límites al precio del alquiler en ciudades tensionadas (Ley ALUR: Accès au Logement et un Urbanisme Rénové).

Estas medidas han sido ampliamente utilizadas en diversos países, pero existen otros mecanismos útiles para regular los precios del alquiler. Es el caso del *sistema por puntos*; elementos como el tamaño o entorno de la vivienda fijan un baremo para el precio final. Es utilizado, por ejemplo, en Países Bajos. Más significativo es el caso de Suecia, donde existe una negociación colectiva entre representantes de los inquilinos, empresas municipales de vivienda y representantes de los propietarios[47]. Estas variadas medidas muestran que, incluso en un contexto de intensa liberalización de amplios sectores, es posible y socialmente beneficioso intervenir por parte de las administraciones públicas para garantizar un derecho como el del acceso a la vivienda, sin que ello suponga un freno irremediable al mercado de vivienda ni la ausencia de beneficios para personas y empresas propietarias de inmuebles residenciales. Al contrario, se trata de medidas que, a imagen y semejanza de lo que históricamente ha ocurrido con el derecho laboral, asumen la desigual condición de poder en las negociaciones y los beneficios de regular este ámbito por lo fundamental que resulta para garantizar unas condiciones dignas de vida en las ciudades.

El propio documento del Banco de España[48] hace referencia a algunos de los efectos negativos fruto de la regulación de los precios. Habla, por ejemplo, de segmentación social (clases sociales determinadas que se ven forzadas a residir en zonas donde los alquileres están controlados), disminución de la oferta, o incrementos de los precios de la vivienda sin alquiler regulado, que compensarían así la disminución del beneficio en los alquileres regulados. Estos efectos permiten apreciar la dificultad o

46. Una medida similar se está empezando a incorporar en Cataluña desde marzo de 2024. El Gobierno catalán ha aprobado unos índices de precios para determinadas zonas (denominadas «tensionadas») y en base a las características del inmueble, lo que pretende impedir que los arrendadores incrementen el precio más allá de esos baremos, además de fijar un precio de referencia (de obligado cumplimiento para el arrendador) dirigido a nuevos inquilinos.

47. *Ibid.*, p. 20.

48. «La intervención pública en el mercado del alquiler...», cit.

los problemas derivados de la adopción de medidas de claro corte social, más propias de un Estado intervencionista y asistencial, en un entorno de elevada liberalización mercantil y aceptación de la especulación en un ámbito tan sensible y fundamental como la vivienda. Es decir, estos efectos negativos que menciona el Informe (previsiblemente menos sensibles desde un punto de vista que la imposibilidad de acceder a una vivienda) pueden ser vistos como contradicciones de dos modelos aparentemente antagónicos: uno, de intervención social pública que considera la vivienda como un derecho y necesidad básica; el otro, de libre mercado, con un *ethos* lucrativo en el que la vivienda no es sino un bien que, visto de forma desvinculada respecto de su importancia e impacto social, debe producir la mayor cantidad de beneficio económico posible. O lo que es lo mismo, ser tratada como una inversión.

Las medidas de control de precios que se han abordado en este texto se encuadran en el denominado *social housing*, que no implica necesariamente la construcción de vivienda por parte del sector público. No obstante, la construcción de viviendas sociales resulta también un mecanismo útil, ampliamente utilizado en países de la OCDE. Generalmente, los alquileres de vivienda pública se sitúan por debajo de los de libre mercado, en baremos que van desde el 80 % del precio libre (Austria, Finlandia), el 60 % (Francia, Reino Unido) o el 40 % (Luxemburgo). La cantidad de vivienda pública para alquiler varía ostensiblemente entre países: en España es apenas el 2,5 %, frente al 15 % de Francia, el 16 % de Reino Unido, el 24 % en Austria, el 22 % en Dinamarca o el 34 % de Países Bajos[49].

Aunque útil, la política de construcción de vivienda para alquiler plantea un problema de fondo que recorre todo el análisis realizado hasta el momento: la consideración de la vivienda como un bien intensamente sometido a dinámicas de mercado, de oferta y demanda, y solo secundariamente como un derecho (cuando la situación se torna socialmente insostenible). Los datos de viviendas vacías apoyan este tipo de análisis: un país como España, con casi 4 millones de viviendas vacías, incurre en altos costes públicos para construir (poca) vivienda social[50], porque la concepción de este bien como un objeto de cambio prima sobre su consideración como bien esencial o como necesidad.

Esta forma de entender la vivienda no es, evidentemente, consustancial a cualquier sociedad humana, sino fruto de la dinámica de funciona-

49. *Vid.*, a este respecto, *ibid.* y OCDE, *Affordable Housing Database*, 2022.

50. Los últimos datos disponibles muestran que España es el cuarto país de la UE con menos vivienda social, solo por delante de República Checa, Lituania y Estonia. *Vid.*, al respecto, OCDE, *Affordable Housing Database*, 2024.

miento y la asignación de recursos de la sociedad capitalista contemporánea. En la mayoría de países europeos, y aunque con importantes retrocesos en las últimas décadas, la sanidad pública es considerada un derecho, garantizada por tanto en mayor o menor medida por los poderes públicos, independientemente del nivel de renta de cada persona. En cambio, en países como Estados Unidos o Chile, la sanidad es un negocio como cualquier otro, y solo secundariamente un ámbito de intervención pública para paliar las terribles consecuencias de no poder pagar la atención médica, existiendo además una enorme diferencia en la calidad y alcance de la atención sanitaria que proporciona o financia el Estado y la que se obtiene de empresas privadas. De igual forma, la consideración de la vivienda como negocio, y solo secundariamente como derecho, es una cuestión de estructura y decisión políticas o, si se quiere, de diseño social de las necesidades y preferencias de la población. Máxime cuando, como se ha dicho, la Constitución española reconoce el derecho a una vivienda digna y la función social de la propiedad privada, lo que debería permitir un abordaje muy distinto de este ámbito.

4. LA VIVIENDA EN ESPAÑA A LA LUZ DE LOS OBJETIVOS DE DESARROLLO SOSTENIBLE

Los Objetivos de Desarrollo Sostenible (ODS) son una serie de puntos centrales cuya principal misión es la erradicación de la pobreza, objetivo que se acompaña de estrategias para fomentar el crecimiento económico, así como otros elementos vinculados a necesidades sociales (educación, sanidad, protección social, empleo, protección del medio ambiente). Fueron aprobados por todos los países de la ONU en 2015 como parte de la Agenda 2030 para el Desarrollo Sostenible, con el objetivo de cumplirlos en ese año[51]. Sin embargo, la propia ONU admite en su página web que, pese a ciertos avances, estamos lejos de lograr lo que se propuso en 2015[52].

En los distintos ODS se puede apreciar un trasfondo común relacionado con el concepto de dignidad. Tras la erradicación de la pobreza, la protección social, la salud y bienestar o el trabajo decente puede percibirse una apuesta por unas condiciones de vida y desarrollo dignas. Es

51. Existe abundante información al respecto en www.un.org, que detalla los 17 objetivos aprobados de forma unánime en 2015.

52. *Vid.*, al respecto, Naciones Unidas, *Informe de los Objetivos de Desarrollo Sostenible*, 2019, en https://unstats.un.org/sdgs/report/2019/The-Sustainable-Development-Goals-Report-2019_Spanish.pdf.

cierto que el concepto de dignidad es difuso y mutable, pues cada sociedad y contexto histórico le han dado un contenido distinto. Pero, precisamente por ello, todas las sociedades humanas tienen un concepto abstracto —independientemente del vocablo— que remite a lo que se consideran condiciones de vida dignas.

La capacidad o posibilidad de acceder a una vivienda digna resulta transversal a muchos de los ODS. En algunos, de forma intuitiva, como el ODS 1 (fin de la pobreza), el ODS 3 (salud y bienestar) o el ODS 10 (reducción de las desigualdades). Pero también es íntimamente relacionable con otros objetivos, como el ODS 6 (garantizar la disponibilidad y gestión sostenible del agua para todo el mundo) o el ODS 11 (lograr que las ciudades y asentamientos humanos sean inclusivos, seguros, resilientes y sostenibles). Así lo considera el Informe de Naciones Unidas de 2019 sobre los Objetivos de Desarrollo Sostenible al mencionar específicamente respecto del ODS 11 que «la vivienda adecuada es un derecho humano», y relacionar el incremento de la población, la urbanización y la creciente cantidad de habitantes en barrios marginales con el ritmo de construcción de viviendas nuevas y asequibles[53].

Los ODS, además, recogen una concepción del ser humano como sujeto profundamente interdependiente y para el que las relaciones sociales —también en términos de desarrollo económico— resultan esenciales[54]. En este sentido, los ODS parten de un prisma desde el que los seres humanos se necesitan mutuamente, y en el que la colaboración y el altruismo son parte consustancial de la especie. Destacan, en este ámbito, la economía del bienestar y los cambios en la concepción del desarrollo. Estos han sido profundamente influidos por las aportaciones de Amartya Sen ya desde los años noventa. A su vez, las aportaciones de Sen han resultado cruciales para la concepción de los ODS y la Agenda 2030[55].

Estévez Araújo analiza, en este libro, algunos de los fundamentos filosóficos y antropológicos de Sen respecto de su investigación en torno a las capacidades, el desarrollo y el bienestar humano. La visión de Sen sobre la libertad dista mucho de la propuesta tradicional liberal; en Sen, la libertad implica «tener las oportunidades y la capacidad real para tomar decisiones y perseguir los propios objetivos», lo cual necesariamente

53. *Ibid.*, p. 44.

54. *Vid.*, al respecto, el desarrollo de J. A. Estévez Araújo en «El enfoque de las capacidades...», *supra*.

55. Rafael Grasa, «La evolución de los estudios y la práctica del desarrollo(s), la sostenibilidad y la agenda 2030: cambio de perspectiva en el Antropoceno»: *Revista de Análisis Jurídico-Político*, 3/6 (2021), pp. 11-30.

«comprende los bienes materiales con los que hacer efectivas» esas opciones. En este contexto, el acceso a la vivienda, vinculado ineludiblemente a las condiciones de pobreza y exclusión social, resulta fundamental respecto de los ODS de la Agenda 2030. La aceptación de la primacía de una lógica individualista, mercantil e intrínsecamente alienada de la corresponsabilidad social en cuanto a las condiciones materiales de la dignidad humana resulta a todas luces incompatible con los ODS planteados (y asumidos por España) en el seno de la ONU. Las políticas de vivienda, con su impacto en varios de los ODS, deben ser incorporadas por los poderes públicos como requisito para lograr los objetivos de la Agenda 2030. La insuficiente gestión política (en el sentido de la gestión de la *polis*, de los asuntos comunes) eficaz al respecto y la confianza ciega en la capacidad autorreguladora de los mercados parecen ser incompatibles con la garantía de una vida digna para todas las personas.

5. NOTAS FINALES

El acceso a la vivienda, en España, está lejos de ser un derecho garantizado, ni formal ni materialmente. Como se ha dicho, a nivel formal el artículo 47 de la Constitución española reconoce el derecho a una vivienda digna. No obstante, jurídicamente este artículo se considera un «principio rector», que «informa» la actuación de los poderes públicos, pero no supone un derecho exigible, por lo que se encuentra vacío de contenido[56]. A nivel material, la política pública española respecto de la vivienda es escasa, en especial en comparación con otros países del entorno europeo. Ello tiene importantes consecuencias para las clases sociales más desfavorecidas (expulsión de determinados espacios, gentrificación, uso intensivo de automóvil privado, desahucios y dificultad para acceder a una vivienda digna), especialmente en ciudades con gran afluencia de turistas; zonas muy tensionadas en el ámbito de la vivienda.

Ante la falta de respuesta generalizada de las administraciones públicas a estos problemas y la tímida intervención del Estado —que, como se ha visto, y a diferencia de otros países europeos, acepta (cuando no incentiva) un mercado inmobiliario fundamentalmente liberalizado—, el drama de la vivienda se ha convertido en un aspecto importante en la actuación de entidades sociales en diversas ciudades. Este problema, sin

56. Los derechos reconocidos formalmente, si no implican un deber exigible y coercitivo frente a terceros, son derechos vacíos, sin efectos. *Vid.*, sobre esta importante cuestión, J.-R. Capella, «Derechos, deberes...», cit. en n. 1, pp. 39-60.

embargo, no puede ni debe verse como un elemento aislado, pues forma parte de un amplio abanico de situaciones o condiciones que pueden empujar a muchas personas hacia la pobreza o la exclusión social (algo que, precisamente, tratan de abordar los ODS). Estas condiciones, además, están interrelacionadas entre sí: la falta de una solución habitacional lleva a algunas personas a optar por la ocupación de viviendas, o a vivir en lugares sin condiciones dignas de habitabilidad (cuando no directamente en la calle). Ello afecta a sus posibilidades para conectarse de forma estable con la red de suministros básicos (electricidad, agua, gas). Las personas migradas, por su parte (y debido a sus variadas situaciones administrativas), encuentran todavía más dificultades para acceder o pagar dichos suministros. De igual forma, muchas familias sufren pobreza energética, lo que implica que no cuentan con recursos suficientes para pagar los suministros o mantener condiciones mínimas de habitabilidad en sus hogares, por ejemplo, respecto a la temperatura. Aunque estén en situación de arriendo o sean propietarias, ello puede afectar gravemente a las condiciones de su vivienda. La pobreza y la exclusión social pueden afectar de diversas formas, y presentar diferentes facetas; en muchos casos, el acceso a la vivienda y las condiciones de esta juegan un papel fundamental en la calidad de vida y las condiciones de salud física y mental de las personas[57].

Tras la crisis económica de 2008, millones de personas en España perdieron su trabajo, su hogar o, en algunos casos, ambas cosas. Ello mientras la sociedad veía, con cierta impotencia, como el Gobierno español inyectaba miles de millones de euros para evitar la quiebra de algunas entidades bancarias. Salvar a los bancos porque son demasiado importantes para caer (coloquialmente, *too big to fail*) pero no a las personas es, aunque suene a eslogan, el resultado de una brutalidad político-económica que condena a muchas familias a una vida de endeudamiento y miseria. En el fondo de todo lo que aquí se ha analizado hay un problema de redistribución de la producción social, de la riqueza; los ODS, con toda probabilidad, no van a solventar el problema de fondo, pero pueden resultar de utilidad para poner de relieve las contradicciones de un sistema perverso y generador de pobreza y desigualdad social. Y, sobre todo, y más importante, pueden resultar de utilidad para alumbrar alternativas menos deshumanizadoras.

57. *Vid.*, al respecto, Agència de Salut Pública de Barcelona; Consorci Sanitari de Barcelona; Plataforma de Afectados por la Hipoteca; Observatori DESC, «Emergència habitacional, pobresa energètica i salut. Informe sobre la inseguretat residencial a Barcelona 2017-2020», Barcelona, 2020, disponible en: https://www.observatoridesc.org.

ANÁLISIS DEL IMPACTO DEL SALARIO MÍNIMO COMO INSTRUMENTO DE REDUCCIÓN DE LA POBREZA LABORAL

Juan A. Alujas Ruiz

1. INTRODUCCIÓN

La Directiva Europea 2022/2041 de 19 de octubre de 2022, sobre unos salarios mínimos adecuados en la UE, marca un cambio de rumbo en la política de gobernanza europea. Representa un giro con respecto a la ortodoxia liberal, por el cual el incremento de los salarios ha dejado de verse como un obstáculo para el crecimiento económico y la creación de empleo. Por el contrario, ha pasado a entenderse como uno de los elementos clave para un desarrollo económico sostenible e inclusivo.

Así pues, el enfoque centrado en lograr que los salarios mínimos legales sean adecuados y en mantener el poder adquisitivo de los trabajadores, apoyado en la participación de los interlocutores sociales, es diferente del enfoque adoptado después de la crisis financiera de 2008. En esta, el objetivo de alinear los salarios con la evolución de la productividad, impulsado por la descentralización de la negociación colectiva, derivó en recortes salariales en muchos países.

La Directiva sobre salarios mínimos adecuados en la UE es actualmente el proyecto político central que apunta a fortalecer la dimensión social de la integración europea mediante una reorientación fundamental de su política laboral[1]. Cabe señalar que la mencionada Directiva ha sido cuidadosamente redactada para respetar los principios de atribución y subsidiariedad al no prever ningún tipo de obligación de los Estados

1. Thorsten Schulten y Torsten Müller, «A paradigm shift towards Social Europe? The proposed Directive on adequate minimum wages in the European Union»: *Italian Labour Law e-Journal*, 14/1 (2021), p. 13.

miembros de introducir un salario mínimo. Por tanto, esta redacción conlleva el riesgo de que la Directiva sea menos eficaz en la lucha contra la pobreza en el trabajo a nivel de la UE[2].

La presencia de mecanismos institucionales que fijan un umbral mínimo para la distribución salarial puede reducir la incidencia del empleo de bajos salarios. Al respecto, la eficacia del salario mínimo depende tanto de su nivel como de su cobertura efectiva. Sin embargo, no se debe ignorar que, si el salario mínimo es demasiado elevado, puede tener efectos de desplazamiento en el empleo, expulsando a algunos trabajadores del mercado laboral[3].

Tal como se recoge en el Pilar Europeo de Derechos Sociales, el desempleo genera pobreza, pero también las bajas retribuciones de las personas ocupadas. De ahí, la exigencia de garantizar un salario mínimo adecuado que permita satisfacer las necesidades de las personas trabajadoras y sus familias, y que salvaguarde el acceso al empleo y los incentivos para la búsqueda del mismo.

Para lograr salarios mínimos adecuados, se necesitan normas, procedimientos y prácticas eficaces para establecer y actualizar dichos salarios. Esto incluye acordar criterios claros para su fijación y actualización periódica, a la vez que se garantiza la participación efectiva de los interlocutores sociales. Por otro lado, un aumento del salario mínimo también elevará el nivel salarial que el trabajador requiere para participar en el mercado laboral, lo que conducirá a aumentos de los salarios bajos algo más allá del salario mínimo. Además, aumentar los salarios mínimos puede incrementar los incentivos para trabajar en el caso de los inactivos[4].

Cada país decidirá el nivel adecuado y evaluará si el salario mínimo puede garantizar un nivel de vida digno, teniendo en cuenta las condiciones socioeconómicas, la evolución de la productividad a largo plazo y el poder adquisitivo del salario mínimo. Se propone que los Estados miembros determinen dicho nivel utilizando valores de referencia como el 60 % del salario mediano nacional o el 50 % del salario medio[5]. Como conse-

2. Luca Ratti y Antonio García-Muñoz, «EU law, In-Work Poverty, and vulnerable workers»: *European Law Open*, 1/3 (2022), p. 745.

3. Claudio Lucifora y Wiemer Salverda, «Low Pay», en W. Salverda, B. Nolan y T. M. Smeeding (eds.), *The Oxford Handbook of Economic Inequality*, Oxford University Press, Oxford, 2009, p. 280.

4. Comisión Europea, *Labour market and wage developments in Europe: annual review 2022*, Oficina de Publicaciones de la Unión Europea, Luxemburgo, 2022, p. 67.

5. No obstante, Pepa Burriel Rodríguez-Diosdado remarca que se considerará incumplimiento de la Carta Social Europea si ese salario mínimo en cada país no se sitúa entre el 50 y el 60 % del salario medio nacional neto (Íd., «El salario mínimo interprofesional

cuencia de que las mujeres están sobrerrepresentadas entre los que ganan un salario mínimo, su mejora también debería ayudar a reducir la brecha salarial de género[6].

Resulta irreal pensar que es posible establecer un salario mínimo europeo. El objetivo no es la homogeneización de los niveles de salario mínimo, ni siquiera la generalización de la imposición de este por los gobiernos, sino la garantía de un mínimo nivel de ingresos como contraprestación del trabajo[7].

En la práctica, los países pueden mantener a grandes rasgos los modelos y sistemas de salarios mínimos que tuvieran previamente. La mayoría de Estados miembros tienen actualmente salarios mínimos legales que cubren a casi todos los trabajadores. Pero ni siquiera aquellos Estados que carecen de un salario mínimo legal están obligados a instaurarlo, siempre que la función que le es propia venga siendo cumplida adecuadamente por la negociación colectiva[8].

En la UE hay cinco países que carecen de un salario mínimo por ley y en los que el salario mínimo ya está protegido exclusivamente a través de convenios colectivos (Austria, Italia, Dinamarca, Finlandia y Suecia), por lo que no estarán obligados a introducir estas normas ni a aplicar dichos convenios de manera universal[9].

Los resultados de los estudios realizados por el Banco de España y la Autoridad Independiente de Responsabilidad Fiscal (AIREF) señalan con todas las cautelas, debido a la dificultad de aislar la estimación del impacto de los numerosos acontecimientos que simultáneamente afectan a la creación de empleo, un efecto bajo en términos relativos y absolutos en comparación con el volumen de personas beneficiadas por la subida del salario mínimo[10]. En este sentido, un estudio de la OCDE afirma que

en España y la Carta Social Europea: el desacuerdo permanente»: *Lex Social. Revista de Derechos Sociales*, 12/1 [2022], p. 519).

6. Eurofound, *Living and working in Europe 2022*, Oficina de Publicaciones de la Unión Europea, Luxemburgo, 2023, p. 18.

7. Pablo Gimeno, «Los salarios mínimos en la España y la Europa que vienen. Algunas reflexiones interdisciplinares»: *Labos. Revista de Derecho del Trabajo y Protección Social*, 3/2 (2022), p. 192.

8. Diego Álvarez, «Salarios mínimos en la Unión Europea: propuesta de Directiva e implicaciones para España»: *Revista del Ministerio de Trabajo y Economía Social*, 151 (2021), p. 54.

9. Pilar Callau, «Alcance e implicaciones de la Directiva 2022/2041, de 19 de octubre, sobre salarios mínimos adecuados en la Unión Europea»: *Revista General de Derecho del Trabajo y de la Seguridad Social*, 65 (2023), p. 364.

10. Comisión Asesora para el Análisis del SMI, *II Informe de la Comisión Asesora para el Análisis del SMI*, Ministerio de Trabajo y Asuntos Sociales, Madrid, 2022, p. 21.

la subida de 2019 en España ha tenido un impacto considerable en los salarios más bajos y un efecto pequeño en el empleo. El aumento de la renta mensual media de las personas afectadas fue de un 5,8 %, mientras el empleo se contrajo un 0,6 %, equivalente a unos 7400 puestos de trabajo a tiempo completo[11].

Los defensores del salario mínimo plantean que no se ha demostrado que dicha medida represente el único obstáculo a la eficiencia económica ni que con su supresión se alcanzará el objetivo de un mercado de trabajo equilibrado. En mercados laborales imperfectos, la intervención no tiene por qué producir un efecto negativo, sino incluso todo lo contrario[12].

Además, existen distintas razones que podrían ayudar a explicar por qué la reducción de la ocupación que suele atribuirse al incremento del salario mínimo sería en todo caso moderada o, incluso, no llegaría a producirse. Podrían resumirse en las siguientes: 1) una reducida transmisión del incremento del salario mínimo a los costes empresariales; 2) un reducido cambio en la demanda de trabajo, sea porque la proporción de trabajadores que cobran el salario mínimo en la empresa es baja, sea porque la empresa transfiera costes a precios; 3) una compensación de la subida salarial con una reducción de los márgenes empresariales, y 4) un aumento de la oferta de trabajo alentada por el incremento salarial[13].

2. LA IMPORTANCIA DEL SALARIO MÍNIMO EN UN CONTEXTO DE INFLACIÓN ELEVADA

La inflación empezó a convertirse en un motivo de grave preocupación a finales de 2021 y principios de 2022, pero, lejos de disminuir, se aceleró a lo largo de 2022 y solo mostró cierta moderación en los últimos meses de 2023. En este contexto, vale la pena centrarnos en cómo los regímenes de fijación de salarios mínimos en los Estados miembros de la UE están equipados para hacer frente a la inflación. A este respecto, los Estados miembros pueden clasificarse en tres grandes grupos[14]:

11. Alexander Hijzen, Mateo Montenegro y Ana Sofía Pessoa, «Minimum wages in a dual labour market: Evidence from the 2019 minimum wage hike in Spain»: *OECD Social, Employment and Migration WP*, 298 (2023), p. 32.

12. Luis Gómez y Daniel Pérez del Prado, «El impacto de la subida del SMI sobre la desigualdad salarial»: *Revista de Derecho de la Seguridad Social. Laborum*, 36 (2023), p. 276.

13. Cristina Barceló *et al.*, *Los efectos del Salario Mínimo Interprofesional en el empleo: nueva evidencia para España*, Documentos Ocasionales, n.º 2113, Banco de España, 2021, p. 9.

14. Eurofound, *Minimum wages in 2023: Annual review, Minimum wages in the EU series*, Oficina de Publicaciones de la Unión Europea, Luxemburgo, 2023, p. 33.

a) La legislación específica menciona explícitamente la inflación o los niveles de precios en ocho Estados miembros (Bélgica, Francia, Grecia, Luxemburgo, Malta, Polonia, Eslovenia y España).

b) De manera similar, hay cinco países donde las leyes que rigen el salario mínimo no utilizan explícitamente el término inflación, pero mencionan de forma implícita su efecto al referirse a expresiones como el coste o el nivel de vida, o el poder adquisitivo (Bulgaria, Croacia, Chipre, Irlanda y Portugal).

c) Hay nueve países que no hacen referencia a la inflación en la regulación de los salarios mínimos. Esto puede deberse a que dichas leyes no incluyen explícitamente la inflación o a que el salario mínimo se negocia entre los interlocutores sociales sin legislación gubernamental (Chequia, Estonia, Alemania, Hungría, Letonia, Lituania, Países Bajos, Rumanía y Eslovaquia).

La inflación ha alcanzado niveles no vistos en las últimas cuatro décadas en los países europeos, afectando desproporcionadamente a los hogares más vulnerables y de bajos ingresos. Los salarios mínimos pueden convertirse en una herramienta aún más importante para proteger el nivel de vida de los trabajadores con salarios bajos, manteniendo al mismo tiempo controladas la inflación y las finanzas públicas. Con este fin, la Directiva de la UE sobre salarios mínimos adecuados establece que la actualización oportuna de los salarios mínimos legales (cuando existan) debería, entre otras consideraciones, tener en cuenta la evolución del coste de la vida[15].

Más allá del aumento del salario mínimo, es necesario movilizar otras herramientas para proteger los ingresos de los hogares vulnerables, desde negociaciones con los interlocutores sociales hasta bonificaciones energéticas específicas y temporales, prestaciones laborales y otras transferencias sociales.

Casi todos los países europeos han aumentado los salarios mínimos en los últimos años, registrándose los aumentos más sustanciales en los países con las tasas de inflación más elevadas. No obstante, los aumentos a menudo no compensaron la subida de la inflación, lo que provocó una caída de los salarios mínimos reales. Si los precios de los bienes y servicios suben con posterioridad al aumento del salario mínimo, los trabajadores ven disminuir el poder adquisitivo de su salario, a menos que haya más actualizaciones para mantenerlo. A tal efecto, los gobiernos europeos han respondido elevando los salarios mínimos de los trabajadores

15. Comisión Europea, *Labour market and wage developments in Europe: annual review 2023*, Oficina de Publicaciones de la Unión Europea, Luxemburgo, 2023, p. 53.

peor pagados, en ocasiones con actualizaciones discrecionales, como en Alemania y Países Bajos[16].

En la mayoría de los países, la evolución de los precios se tiene en cuenta cuando los gobiernos, los agentes sociales o las comisiones independientes deciden sobre el aumento del salario mínimo, que en la mayoría de los casos se revisa y fija una vez al año. Pero son los mecanismos de indexación automática los que salvaguardan el poder adquisitivo de quienes ganan un salario mínimo y pueden ayudar a reducir la desigualdad en el trabajo (o al menos limitar su aumento).

Existe la preocupación de que una indexación automática del salario mínimo a los precios pueda desencadenar una espiral salario-precio en el contexto actual de alta inflación e incertidumbre. En efecto, un aumento del salario mínimo va más allá de los beneficiarios directos y puede afectar a aquellos trabajadores que están por encima del salario mínimo, ya que este último se utiliza, formal o informalmente, como punto de referencia en la negociación colectiva, así como para ciertas prestaciones sociales.

Sin embargo, la contribución de los salarios mínimos al crecimiento salarial agregado parece bastante limitada y, dada la proporción relativamente baja de trabajadores con salario mínimo, incluso aumentos considerables del salario mínimo tienen un impacto limitado en la inflación[17].

En cualquier caso, en el contexto actual, es importante garantizar ajustes periódicos de los salarios mínimos legales para mantener su utilidad como instrumento de política económica y proteger, al menos parcialmente, a los trabajadores más vulnerables ante el aumento de los precios.

3. EVOLUCIÓN DE LOS SALARIOS MÍNIMOS

El salario mínimo en España pasó de los 735,9 euros en los que estaba a finales de 2018 hasta los 1134 que alcanzó a principios de 2024 (*Gráfico 1*). Los sucesivos incrementos han sido objeto de crítica por muchos economistas, advirtiendo de una profunda destrucción de empleo provocada por estas alzas. La positiva evolución del empleo en los últimos años, a pesar del encadenamiento de impactos negativos, lleva a descartar completamente el apocalipsis laboral que se predice ante cada subida

16. *Ibid.*, p. 43.
17. OCDE, «Minimum wages in times of rising inflation», OECD policy briefs, 2022, p. 8.

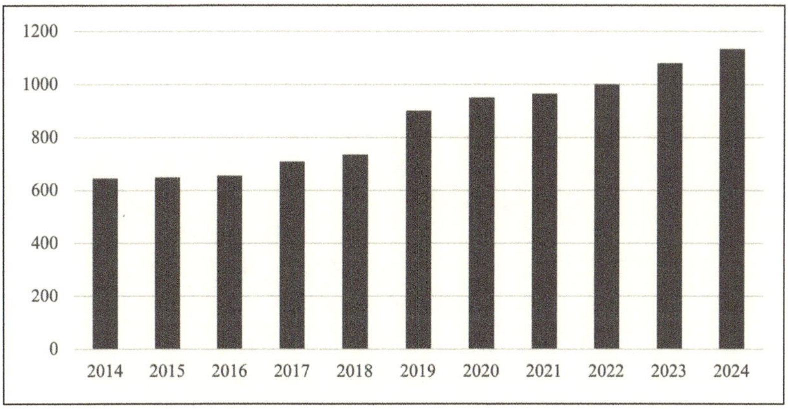

Gráfico 1. EVOLUCIÓN DEL SALARIO MÍNIMO EN ESPAÑA (EUROS MENSUALES)

Fuente: Ministerio de Trabajo y Economía Social.

del salario mínimo interprofesional (SMI) que se aprueba. La subida del SMI reduce el espacio competitivo de aquellos proyectos empresariales que no son capaces de generar el suficiente valor añadido y ofrecer unos salarios dignos y suficientes, y amplía el espacio de acción de las empresas que sí generan mayor valor añadido.

Tras las últimas subidas, el SMI se acerca al 60 % del salario medio, lo que nos sitúa entre los países europeos con un salario mínimo relativo más alto. La mejor estrategia es acordar una senda gradual para el SMI con los interlocutores sociales que permita mantener su poder adquisitivo y evaluar sus impactos en el mercado laboral. Se trata de mantener ese nivel mediante actualizaciones ordinarias anuales que no requieran de actualizaciones extraordinarias tras varios años sin revisarlo.

Durante las negociaciones para el aumento de 2023, el Gobierno apoyó la recuperación total del poder adquisitivo de los grupos de menores ingresos mediante el establecimiento de un aumento del salario mínimo por encima de la tasa de inflación. Después de registrar pérdidas de poder adquisitivo en 2021 y especialmente en 2022, el SMI en términos reales subió un 4,6 % en 2023 y un 2,1 % en 2024 (*Gráfico 2*). Entre 2018 y 2023 el poder de compra del salario mínimo en España aumentó un 27,9 %, aunque fue insuficiente para compensar la subida del IPC de los alimentos y de la energía.

En 2024 el salario mínimo más elevado estaba en Luxemburgo con 2571 euros. Lo seguían Irlanda (2146 euros), Países Bajos (2070 euros) y Alemania (2054 euros). También se situaban en la parte alta de la lista

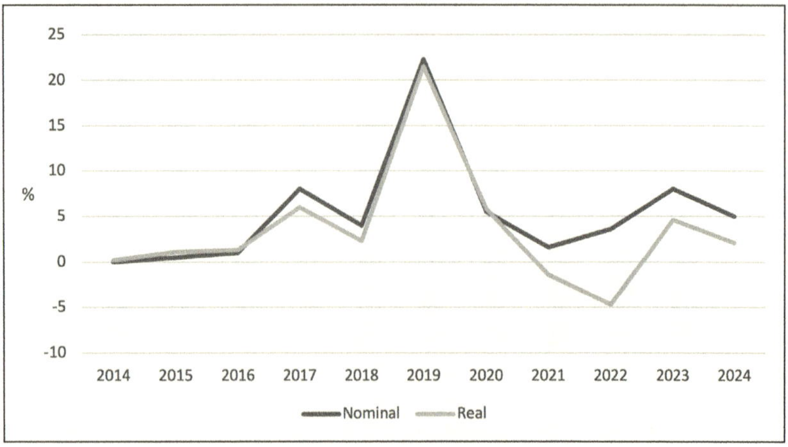

Gráfico 2. VARIACIÓN DEL SALARIO MÍNIMO EN ESPAÑA

Fuente: Ministerio de Trabajo y Economía Social, INE y elaboración propia.

Bélgica (1994 euros) y Francia (1767 euros). Inmediatamente después ya estarían Eslovenia y España, en séptimo y octavo lugar, respectivamente. Por el contrario, los salarios mínimos más bajos se registraban en Bulgaria (477 euros), Rumanía (663 euros), Hungría (697 euros) y Letonia (700 euros). Se puede establecer claramente una división entre los países que entraron en la UE a partir de 2004 y el resto, situándose España en este último grupo, aunque todavía a una gran distancia de los países con salarios mínimos más elevados (*Gráfico 3*).

Entre 2022 y 2024 todos los países de la UE con salarios mínimos legales aumentaron su cuantía, no solo para reaccionar ante la inflación, sino en algunos casos también, de manera más general, para respaldar su adecuación, especialmente cuando los salarios mínimos eran demasiado bajos en comparación con otros salarios.

Los mayores aumentos nominales del salario mínimo entre 2018 y 2024 se dieron en Bulgaria, Croacia y Polonia (entre el 80 % y el 90 %) y especialmente en Lituania, con una subida del 131 %. España registró un aumento del 54 %, similar a los registrados en Chequia, Eslovaquia y Hungría. Por tanto, los países con un nivel de salario mínimo más bajo se anotaron aumentos nominales sustanciales. Por el contrario, los países con los salarios mínimos más altos registraron subidas más modestas, que fueron desde el 17,9 % en Francia, el 27,6 % en Bélgica, el 28,6 % en Luxemburgo, el 31,2 % en Países Bajos, el 33 % en Irlanda, hasta el 37,1 % en Alemania (*Gráfico 4*).

En general, los aumentos más significativos se registraron en los países con las tasas de inflación más altas. Aun así, los aumentos de los salarios mínimos no compensaron plenamente la elevada inflación. En 2022, los salarios mínimos en términos reales disminuyeron en todos los países, a excepción de Croacia y Hungría, donde se mantuvieron sin apenas variaciones. En cambio, en 2023 la recuperación del poder adquisitivo

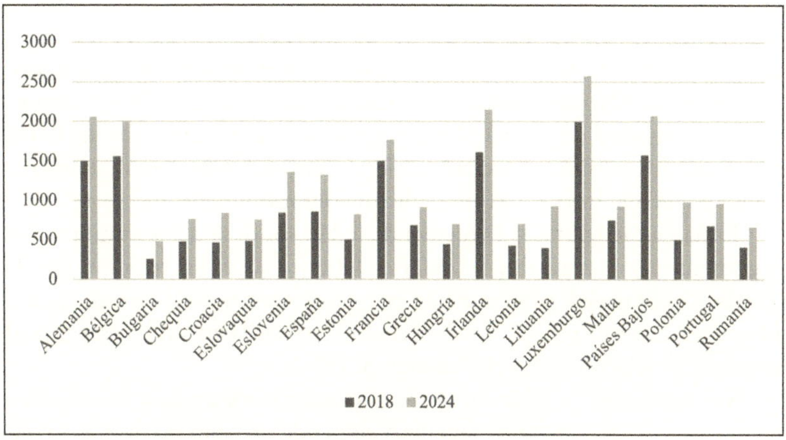

Gráfico 3. Salarios mínimos en la Unión Europea

Fuente: Eurofound.

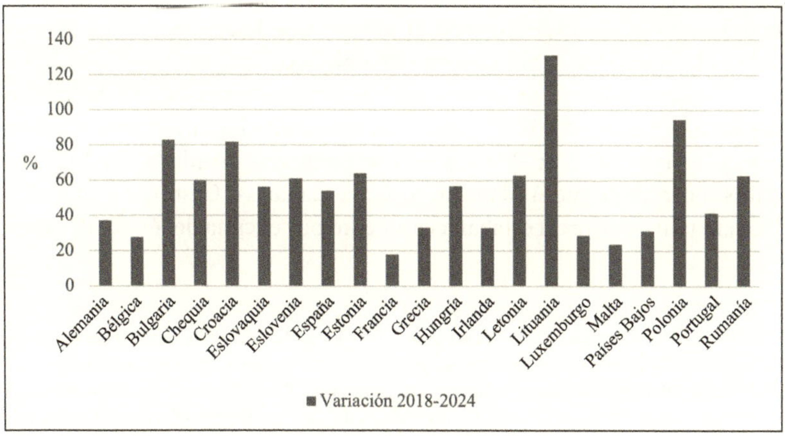

Gráfico 4. Variación del salario mínimo en la Unión Europea

Fuente: Eurofound y elaboración propia.

de los salarios mínimos fue ya generalizada debido a unas actualizaciones por encima del nivel de inflación. Dichos salarios crecieron más del 5 % en términos nominales en todos los Estados miembros donde existen dichos salarios y más del 10 % en la mayoría de estos países. Entre 2018 y 2024 los salarios mínimos reales aumentaron en todos los países a excepción de Hungría (–4,9 %) y Francia (–1,2 %).

El aumento en la relación entre el salario mínimo legal y el salario medio en la mayoría de los Estados miembros de la UE en los últimos años refleja el énfasis político puesto en el área de los salarios mínimos, que generalmente han aumentado más generosamente que los salarios medios. El cambio de postura entre las instituciones de la UE y la importancia otorgada a este tema, ilustrada por la reciente Directiva de la UE sobre salarios mínimos adecuados, ciertamente también han desempeñado un papel a la hora de explicar dicho comportamiento[18].

En la ya mencionada Directiva de la UE sobre salarios mínimos dos argumentos son cruciales. El salario debe ser justo en relación con la distribución salarial, pero también proporcionar un nivel de vida digno. El primer criterio refleja la relación con otros salarios, mientras que el segundo se relaciona con el estándar de vida.

Sin embargo, la relación entre los salarios mínimos y los salarios medios y medianos[19] no es sencilla y depende en gran medida del conjunto de datos elegido para calcular la magnitud del salario medio o mediano. En este sentido, de acuerdo con la recomendación de la Carta Social Europea de que los países deberían aspirar a que el salario mínimo alcanzara el 60 % del salario medio para 2023, el Gobierno español nombró un comité de expertos con el objetivo de hacer recomendaciones sobre el camino hacia el logro de este objetivo.

El salario mínimo en España pasó de representar el 44,2 % del salario medio al 59,2 % en 2023[20]. Todas las comunidades autónomas estaban por debajo del 50 % en 2018, a excepción de Extremadura. En 2023 los datos mostraban que Andalucía, Aragón, Canarias, Castilla-La Mancha, Extremadura y Murcia estaban claramente por encima del 60 %. Por con-

18. Eurofound, *Minimum wages in 2023*, cit., p. 48.

19. El salario medio es el importe promedio del sueldo que perciben los trabajadores en un determinado territorio durante un periodo de tiempo concreto y se calcula dividiendo la masa salarial total entre el número de asalariados. Por otra parte, el salario mediano es el valor que, ordenando a todos los individuos de menor a mayor salario, deja a una mitad de los mismos por debajo de dicho valor y a la otra mitad por encima.

20. El salario medio corresponde al decil del salario principal de la encuesta de población activa (EPA), cuyo último dato publicado se refiere a 2022.

tra, en Baleares, Cataluña, Madrid, Navarra y País Vasco el salario mínimo se situaba entre el 50 % y el 55 % del salario medio (*Gráfico 5*).

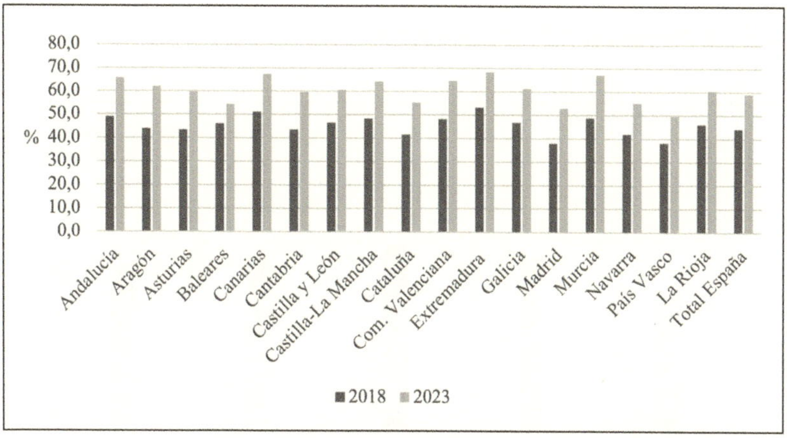

Gráfico 5. SALARIO MÍNIMO COMO PROPORCIÓN DEL SALARIO MEDIO (ÍNDICE DE KAITZ)

Fuente: Ministerio de Trabajo y Economía Social, INE y elaboración propia.

Si los salarios mínimos aumentan más que los salarios medio y mediano, es de esperar que una proporción cada vez mayor de empleados quede dentro del rango de salarios mínimos. Esto explicaría por qué muchos países han registrado aumentos en su proporción de trabajadores con salario mínimo y por qué los mayores aumentos se han producido precisamente en algunos de los países caracterizados por subidas notables del salario mínimo durante el periodo analizado (por ejemplo, Bulgaria, Rumanía, Chequia, Eslovenia, Polonia). Otros casos apuntan en la misma dirección, como los aumentos en la proporción de quienes ganan el salario mínimo en España y Portugal[21].

En el caso español el porcentaje de trabajadores con ganancias de hasta el SMI pasó del 14,1 % al 17,5 % entre 2018 y 2022, según la última Encuesta de Estructura Salarial del INE. Dicho aumento se concentró sobre todo en las mujeres, que alcanzaron el 24,3 % en 2022 con una subida de 4 puntos porcentuales. Este hecho está en consonancia con su

21. Eurofound, *Minimum wage developments in the last decade, low-paid employees and minimum wage earners*, Oficina de Publicaciones de la Unión Europea, Luxemburgo, 2021, p. 20.

mayor peso en los salarios más bajos (*Gráfico* 6). Si solo tenemos en cuenta la jornada a tiempo completo, el porcentaje es lógicamente mucho menor. No obstante, el incremento ha sido notable, al pasar del 0,8 % al 3,3 %, destacando de nuevo las mujeres, que en 2022 alcanzan el 4,3 % frente al 2,6 % en los hombres (*Gráfico* 7).

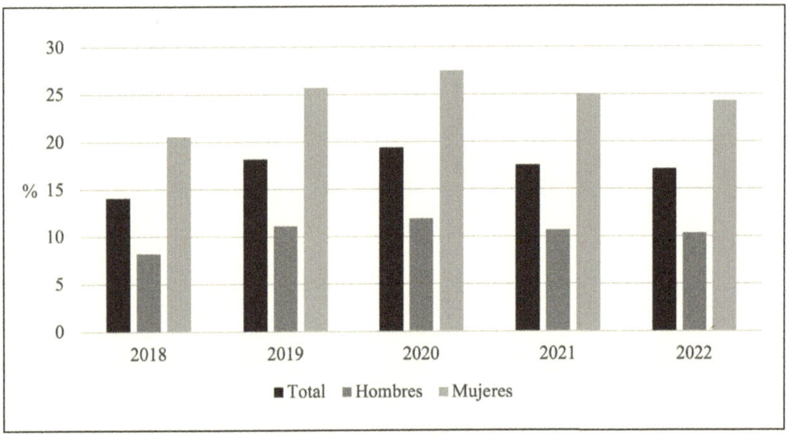

Gráfico 6. PORCENTAJE DE TRABAJADORES CON GANANCIAS DE HASTA EL SMI

Fuente: INE. Encuesta de Estructura Salarial.

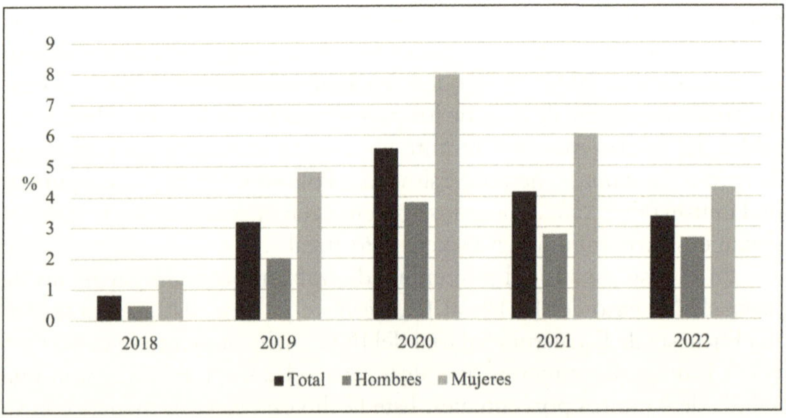

Gráfico 7. PORCENTAJE DE TRABAJADORES CON GANANCIAS DE HASTA EL SMI (JORNADA A TIEMPO COMPLETO)

Fuente: INE. Encuesta de Estructura Salarial.

4. FORMAS ATÍPICAS DE EMPLEO Y DESIGUALDAD DE INGRESOS

El Estado de bienestar fue diseñado sobre el supuesto de un empleo estándar estable, es decir, un contrato de trabajo indefinido a tiempo completo de un trabajador con un único empleador. Sin embargo, una proporción significativa de personas se encuentran en diversas formas de empleo atípico, y estos se han vuelto más diversos y además se superponen. Cada vez es más difícil clasificar nuevos empleos en términos legales, lo que genera el riesgo de una inadecuada protección social. Por otro lado, el advenimiento de la economía digital ha traído consigo toda una gama de nuevos modelos económicos, tales como la economía colaborativa y la economía de plataforma.

La vulnerabilidad y la exclusión social se vinculaban a las dificultades de acceso y a la pérdida del empleo, ya que tener un puesto de trabajo se interpretaba como una garantía de integración social y de un nivel de ingresos suficiente para llevar una vida en condiciones mínimas de dignidad[22]. Hoy en día el mero hecho de trabajar no garantiza por sí solo una vida decente ni mayores niveles de protección ante la exclusión social. Las formas atípicas de empleo tienen también un impacto negativo, generando precariedad y desigualdad social[23]. Por tanto, el aumento de la importancia de dichas formas de empleo ha creado nuevos riesgos de pobreza entre la población ocupada.

El trabajo atípico no es nuevo. Desde la década de 1980, la desregulación de la legislación laboral, las presiones competitivas y la descentralización de las negociaciones han conducido a formas más flexibles de empleo. Pueden surgir situaciones de empleo atípicas que conllevan una menor seguridad laboral, como el trabajo a tiempo parcial, el trabajo temporal, el trabajo ocasional y estacional, y los trabajadores autónomos, particularmente los que no eligen trabajar por cuenta propia.

El trabajo atípico se asocia con inseguridad y salarios bajos, mientras que el trabajo estándar a tiempo completo está asociado con la regulación laboral y la protección social. Esto a pesar de las mejoras en la regu-

22. En este sentido, tal y como se refleja en la respuesta recibida en correo de 2 de mayo de 2023 del Jefe de Servicio de Programas contra la Exclusión Social (Subdirección General de Programas Sociales, D. G. de Diversidad Familiar y Servicios Sociales, MDDSS), la Estrategia de Prevención y Lucha contra la Pobreza 2019-2023 incorpora como una de las líneas de actuación incrementar el salario mínimo interprofesional para asegurar rentas del trabajo suficientes.

23. Amparo Merino, «La vulnerabilidad social desde la perspectiva del empleo y la protección social»: *Empleo y protección social*, Ministerio de Trabajo y Economía Social, col. Informes y Estudios, Serie Empleo, 65 (2023), pp. 29-30.

lación del trabajo a tiempo parcial y los contratos temporales en los últimos años. En los países con altas tasas de trabajo temporal también es más difícil pasar de contratos de duración determinada a contratos indefinidos[24], con una tasa de transición inferior al 20 %.

El trabajo a tiempo parcial, si es voluntario, permite a las personas lograr un mejor equilibrio entre su vida profesional y privada o entre el trabajo y el estudio, así como gestionar las transiciones a lo largo de la vida, en particular, del trabajo a la jubilación. En cambio, el trabajo a tiempo parcial involuntario es más problemático, ya que obliga a las personas a trabajar menos horas por la falta de empleos a tiempo completo.

Otra forma atípica de trabajo es tener múltiples empleos: las personas trabajan en dos o más trabajos a tiempo parcial, o combinan el trabajo por cuenta propia con el empleo asalariado. El problema aparece cuando eso se debe a una necesidad económica, ya que el primer trabajo está mal pagado o tiene un número insuficiente de horas de trabajo.

Los avances tecnológicos, en particular la digitalización, han dado lugar a nuevas formas de trabajo. El trabajo en plataformas se organiza mediante empresas basadas en Internet que actúan como intermediarias entre trabajadores o autónomos y terceros clientes. El trabajo puede realizarse en una ubicación física específica o en línea. Las plataformas han contribuido a hacer el trabajo más fluido y los mercados laborales más informales (y a menudo más precarios), desdibujando aún más la distinción entre empleo dependiente y autoempleo, y limitando el acceso a la protección social.

Los trabajadores con empleos de duración determinada tienen un mayor riesgo de pobreza general que aquellos con empleos permanentes. Esto sugiere que los empleos de duración determinada podrían ser menos eficaces para reducir el riesgo de pobreza en la transición del desempleo al empleo[25].

Existe una correlación entre el aumento de las formas atípicas de empleo y la mayor proporción de trabajadores en riesgo de pobreza laboral. Los trabajadores afectados por la pobreza laboral a menudo desempeñan empleos con condiciones laborales inaceptables o, en el caso de

24. Comisión Europea, *The future of social protection and of the welfare state in the EU*, Directorate Social Rights and Inclusion, Oficina de Publicaciones de la UE, Luxemburgo, 2023, p. 21.

25. Michael Gebel y Stefanie Gundert, «Changes in Income Poverty Risks at the Transition from Unemployment to Employment: Comparing the Short-Term and Medium-Term Effects of Fixed-Term and Permanent Jobs»: *Social Indicators Research*, 167 (2023), p. 508.

los trabajadores a tiempo parcial, en especial de forma involuntaria, tienen un mayor riesgo de pobreza cuando se combinan diferentes factores de riesgo, incluidos salarios bajos y empleos inestables[26].

Los salarios mínimos legales se aplican solo a los trabajadores asalariados. El surgimiento de nuevas formas de trabajo, en algunos casos mal remuneradas, está obligando a los responsables de las políticas a reflexionar sobre cómo extender la protección contra los bajos salarios a los que trabajan formalmente por cuenta propia, pero que se encuentran en una relación de poder desequilibrada[27].

En definitiva, las formas atípicas de empleo son un elemento fundamental a la hora de explicar la desigualdad de ingresos en el mercado de trabajo. A tal efecto, el salario mínimo puede jugar un papel clave en la mejora de la remuneración de las personas que tienen un empleo precario e inseguro, reduciendo así las diferencias salariales.

5. EL SALARIO MÍNIMO COMO INSTRUMENTO PARA LA REDUCCIÓN DE LA POBREZA LABORAL

La introducción del salario mínimo persigue proteger a los trabajadores frente a los salarios bajos. Esta política presenta dos ventajas esenciales en comparación con otros instrumentos económicos: a menudo es relativamente fácil de aplicar, y su aplicación no requiere un esfuerzo fiscal inmediato. Por consiguiente, el salario mínimo se ha convertido en una política de referencia, tanto desde el punto de vista de la demanda social como de la viabilidad política[28].

En rentas bajas en las que estén sin cubrir las necesidades principales, cada euro adicional que se ingrese se destinará a satisfacerlas. En ese contexto, la redistribución de los incrementos salariales en favor de las personas de rentas más bajas como consecuencia del salario mínimo supondrá un mayor consumo y, por tanto, una mayor demanda de bienes y servicios[29].

Una fuente de desigualdad salarial puede estar relacionada con la heterogeneidad de los contratos laborales existentes en un mercado laboral y, en particular, con la dualidad entre trabajadores temporales y

26. «EU law, In-Work Poverty, and vulnerable workers», cit., 2022, p. 737.

27. «Minimum wages in times...», cit., p. 10.

28. Pablo Fernández-Baldor, «The Short-Term Impact of the Minimum Wage on Employment: Evidence from Spain», Documento de Trabajo 10/2022, Instituto Universitario de Análisis Económico y Social, Alcalá de Henares, 2022, p. 2.

29. «Los salarios mínimos en la España...», cit., p. 187.

permanentes[30]. En este sentido, el porcentaje de trabajadores que gana el salario mínimo es mayor entre los ocupados a tiempo parcial, los asalariados temporales y aquellos que tienen un bajo nivel educativo[31].

La mayoría de los estudios sobre desigualdad de ingresos se centran en la desigualdad entre todos los hogares de un país. El examen de las características demográficas de las personas que reciben salarios iguales o inferiores al salario mínimo puede arrojar luz sobre el potencial de la política de salario mínimo para reducir las brechas existentes entre grupos y contribuir así a una reducción de las desigualdades horizontales[32].

La evolución de los salarios mínimos legales en comparación con los salarios medios sugiere una compresión salarial en la parte inferior de la distribución salarial, lo que reduciría la desigualdad salarial y la pobreza de los ocupados. En muchos Estados miembros, el crecimiento del salario mínimo entre 2022 y 2023 superó el crecimiento de los salarios medios. Este es especialmente el caso de Bélgica, Alemania, España, Letonia, los Países Bajos y Eslovenia. Como resultado de los efectos indirectos sobre salarios cercanos al salario mínimo, en estos países se espera una brecha relativa cada vez más estrecha entre los tramos inferiores de los salarios y el salario medio[33]

En el caso español, los datos muestran que el crecimiento salarial se aceleró a partir de 2019, y mucho más entre los segmentos peor pagados de la fuerza laboral, disminuyendo dicho crecimiento gradualmente a medida que se avanza en la distribución salarial. En la *Tabla 1* se observa que el incremento del salario en el decil 1 entre 2018 y 2022 es mucho mayor que el aumento del salario medio y del salario del decil 10, aumentando más en las mujeres que en los hombres.

Por tanto, la subida del SMI del 2019 se asocia con una disminución de la desigualdad de ingresos, especialmente de los colectivos particularmente afectados por el SMI, así como con un efecto negativo limitado en el empleo[34].

Las mujeres se ven afectadas en mayor medida que los hombres por un aumento del SMI, pues es mayor la proporción de ellas que percibe rentas bajas por su empleo. Esto se traduce en una reducción de la brecha

30. Andrea Albanese y Giovanni Gallo, *Buy Flexible, Pay More: The Role of Temporary Contracts on Wage Inequality*, IZA Discussion Paper n.º 13008, 2020, p. 6.

31. *Living and working...*, cit., 2023, p. 18.

32. OIT, *Informe Mundial sobre Salarios 2020-2021: Los salarios y el salario mínimo en tiempos de la COVID-19*, OIT, Ginebra, p. 130.

33. *Labour market...*, cit., 2023, p. 45.

34. Sara de la Rica *et al.*, *El impacto de la subida del Salario Mínimo Interprofesional en la desigualdad y el empleo*, ISEAK, Informe 2021/6, 2021, p. 58.

	Medio	*Decil 1*	*Decil 10*
Ambos Sexos			
2022	2,0%	9,3%	-1,4%
2021	2,4%	9,4%	2,6%
2020	2,8%	-2,1%	5,0%
2019	1,9%	10,9%	-1,5%
2018-2022	9,5%	29,9%	4,5%
Hombres			
2022	1,2%	9,4%	-1,4%
2021	3,0%	7,9%	1,8%
2020	1,7%	0,0%	4,5%
2019	0,6%	8,8%	-1,4%
2018-2022	6,6%	28,4%	3,5%
Mujeres			
2022	3,1%	9,4%	-1,6%
2021	1,7%	10,0%	3,7%
2020	4,4%	-2,8%	6,2%
2019	3,8%	11,7%	-1,6%
2018-2022	13,7%	30,6%	6,7%

Tabla 1. VARIACIÓN DEL SALARIO SEGÚN LA DISTRIBUCIÓN SALARIAL

Fuente: Decil de salarios del empleo principal (EPA) y elaboración propia.

salarial, que pasó del 21% en 2018 al 15,7% en 2022 según el decil de salarios del empleo principal de la EPA.

Si consideramos los indicadores de desigualdad entre deciles de renta se constata que la proporción del decil 1 sobre el salario medio aumenta entre 2018 y 2022, pasando del 24,7% al 29,3%, con un aumento algo mayor en los hombres. La relación entre el salario del decil 1 y el salario del decil 10 también mejora al pasar del 10% al 12,4%. A la inversa, la relación disminuye pasando de 10 a 8,1 veces más. En ambos indicadores no hay prácticamente diferencias entre hombres y mujeres (*Tabla 2*). Por tanto, dichos indicadores muestran una reducción de la desigualdad salarial en el periodo analizado.

La pobreza puede deberse a una baja intensidad laboral y al desempleo de los hogares, pero la pobreza de los ocupados también parece

	Decil 10/Salario medio	*Decil 1/Decil 10*	*Decil 10/Decil 1*
Ambos sexos			
2022	29,3%	12,4%	8,1
2021	27,3%	11,2%	8,9
2020	25,6%	10,5%	9,5
2019	26,9%	11,3%	8,9
2018	24,7%	10,0%	10,0
Hombres			
2022	28,3%	12,9%	7,8
2021	26,1%	11,6%	8,6
2020	25,0%	11,0%	9,1
2019	25,4%	11,4%	8,7
2018	23,5%	10,4%	9,6
Mujeres			
2022	31,7%	12,4%	8,0
2021	29,8%	11,2%	8,9
2020	27,6%	10,5%	9,5
2019	29,6%	11,5%	8,7
2018	27,6%	10,1%	9,9

Tabla 2. INDICADORES DE LA DESIGUALDAD ENTRE PERCENTILES DE RENTA

Fuente: Decil de salarios del empleo principal (EPA) y elaboración propia.

fuertemente asociada con salarios bajos, particularmente en hogares con niños. Los salarios bajos también están fuertemente asociados con la inseguridad financiera, es decir, la incapacidad general de los hogares o individuos para hacer frente a *shocks* económicos, como el desempleo, gastos inesperados o altos niveles de inflación[35].

La cuestión de la pobreza de los ocupados pone de relieve la importancia de movilizar una serie de medidas como las políticas activas de

35. *The future of social protection...*, cit., p. 19.

mercado de trabajo para impulsar el empleo y la capacidad de generar ingresos, los salarios mínimos y las políticas sociales/familiares[36].

Se debe asegurar una red de seguridad social robusta y efectiva que respalde a los hogares y colectivos que no pueden obtener ingresos suficientes a través del mercado de trabajo, ya sea debido a circunstancias económicas adversas o a limitaciones personales[37].

La evidencia empírica internacional concluye que, en general, los aumentos del salario mínimo incrementan las rentas de las familias en la cola baja de la distribución y reducen la desigualdad salarial y, en menor medida, la pobreza. En este sentido, el trabajo de Granell *et al.* estima que el nuevo SMI habría cumplido su objetivo, consiguiendo comprimir especialmente los ingresos de los primeros dos deciles de la distribución. En relación con otro de los principales objetivos del aumento del salario mínimo, la reducción de la pobreza económica de los hogares residentes en España, los resultados a los que hace referencia el informe de la Comisión Asesora para el análisis del SMI apuntan a que tanto la incidencia como la intensidad de la pobreza se habrían reducido[38]

La tasa de riesgo de pobreza con umbral fijo[39] en el año 2008 se reduce claramente entre 2018 y 2022, en que pasa del 25,5 % al 20,5 %, siendo más notable la reducción en aquellos colectivos más beneficiados por el salario mínimo, como las mujeres, los jóvenes y los que tienen un bajo nivel de estudios (*Tabla 3*).

La fijación de salarios mínimos constituye un elemento de singular trascendencia en relación con los objetivos de combatir las desigualdades, la pobreza y la exclusión, atendiendo particularmente a las situaciones de vulnerabilidad económica y a la realidad de los denominados «trabajadores pobres»[40].

36. Rod Hick e Ive Marx, *Poor Workers in Rich Democracies: On the Nature of In-Work Poverty and Its Relationship to Labour Market Policies*, IZA Discussion Paper, n.º 15163, 2022, p. 12.

37. Fundación FOESSA, «Ingresos y gastos: una ecuación que condiciona nuestra calidad de vida», col. Análisis y Perspectivas, Madrid, 2023, p. 65.

38. *II Informe de la Comisión Asesora para el Análisis del SMI*, cit., pp. 29-30.

39. Este indicador se define como el porcentaje de población cuya renta disponible equivalente está por debajo del umbral de riesgo de pobreza, considerando de manera fija la renta mediana equivalente del año 2008 y ajustando este umbral según el nivel de inflación para los diferentes años.

40. «Salarios mínimos...», cit., p. 35. Cabe indicar que los trabajadores pobres se definen como aquellas personas que están empleadas con una renta disponible equivalente por debajo de la línea de riesgo de pobreza, que consiste en el 60 % de la renta mediana equivalente de la renta disponible.

	2018	*2019*	*2020*	*2021*	*2022*
Total	25,5	24,9	21,8	22,8	20,5
Hombres	24,4	23,8	20,9	22,2	19,8
Mujeres	26,7	25,8	22,6	23,4	21,1
De 16 a 24 años	34,2	31,4	27,1	27,1	24,5
De 25 a 34 años	25,3	26,0	18,7	22,4	17,5
De 35 a 49 años	23,8	22,6	20,1	22,1	19,8
De 50 a 64 años	23,0	21,8	20,0	20,0	17,5
De 65 y más años	23,4	22,0	19,6	19,2	18,7
Nivel 0-2	33,9	31,6	28,0	29,6	26,3
Nivel 3-4	23,8	22,0	20,7	21,5	19,6
Nivel 5-8	10,6	12,1	10,3	11,0	10,0

Tabla 3. TASA DE RIESGO DE POBREZA CON UMBRAL FIJO EN EL AÑO 2008 (%)
Fuente: INE. Encuesta de condiciones de vida.

No obstante, el impacto general de los aumentos del salario mínimo en la reducción agregada de la pobreza sería pequeño (apenas un punto porcentual). Esto se debe principalmente a que la mayoría de las personas pobres son desempleadas o inactivas, y por lo tanto no se benefician del aumento del salario mínimo.

Si consideramos el porcentaje de trabajadores pobres también podemos observar una reducción entre 2018 y 2022, mayor en las mujeres que en los hombres[41]. Por otro lado, destaca la caída de dicha proporción en los menores de 25 años y en los que tienen un bajo nivel de estu-

41. Se produce la paradoja de que mientras las mujeres se encuentran en una posición más desfavorable que los hombres en el mercado laboral, como muestra la existencia de la brecha salarial de género, no existe un mayor riesgo de pobreza laboral para las mujeres. Esta paradoja tiene su origen en una aproximación a la pobreza individual basada en el ingreso de los hogares en un contexto de desigualdad de género, suponiendo que los recursos del hogar familiar se confunden y distribuyen de tal manera que el bienestar de todos los miembros es equivalente. Como resultado, la desventaja que las mujeres experimentan en el mercado laboral no se traduce en pobreza de manera tan frecuente como cabría esperar (Sophie Ponthieux, «Gender and in-work poverty», en H. Lohmann e I. Marx [eds.], *Handbook on In-Work Poverty*, Edward Elgar Publishing, Cheltenham, 2019, p. 70).

dios (nivel 0-2). El porcentaje de trabajadores pobres también disminuye entre los trabajadores con contrato a jornada parcial, pero sobre todo con contrato temporal (*Tabla 4*).

	2018	*2019*	*2020*	*2021*	*2022*
Total	13,0	12,8	11,8	12,7	11,8
Hombres	13,5	13,5	12,5	14,0	12,8
Mujeres	12,3	11,8	10,9	11,3	10,6
Edad					
16-24 años	16,3	20,2	15,7	16,2	13,4
25-54 años	13,5	13,2	12,1	13,4	12,3
55-64 años	9,8	9,1	9,5	9,2	9,3
Nivel estudios					
Nivel 0-2	21,7	20,4	18,8	21,5	19,4
Nivel 3-4	14,4	13,4	13,5	15,4	14,5
Nivel 5-8	6,0	7,0	6,6	6,3	6,1
Tipo de contrato					
Temporal	21,3	22,0	18,4	21,6	18,2
Tiempo parcial	22,5	22,1	19,0	21,4	21,2

Tabla 4. PORCENTAJE DE TRABAJADORES POBRES

Fuente: Eurostat.

En definitiva, la fijación y garantía de un salario mínimo adecuado es imprescindible para contribuir a sostener el poder adquisitivo, a reforzar los incentivos al trabajo, a reducir la brecha salarial de género y finalmente, a limitar la caída de los ingresos durante las recesiones económicas[42].

Pero también se debe abordar la desigualdad y la pobreza severa de aquellas personas que no pueden acceder al mercado laboral —y por tanto quedan fuera de la cobertura del SMI— mediante herramientas como la renta básica universal[43].

42. Milena Bogoni, «La regulación europea del salario mínimo en la directiva (UE) 2022/2041 de 19 de octubre»: *Temas Laborales*, 166 (2023), p. 185.

43. Rafael Granell, Amadeo Fuenmayor y Teresa Savall, «El salario mínimo, una medida a favor del pacto social: los efectos del salario mínimo sobre el bienestar social, la pobreza y la desigualdad», Desigualdad y Pacto Social, Fundación La Caixa, 2022, p. 20.

Los gobiernos pueden estar interesados en considerar los aumentos del salario mínimo como un elemento de los paquetes de reducción de la pobreza, ya que su coste presupuestario directo puede ser mucho menor que el de medidas alternativas, como las transferencias gubernamentales[44].

6. CONCLUSIONES

Los trabajadores que no pueden satisfacer las necesidades vitales básicas con el salario que reciben son un indicativo de que el trabajo ya no representa una salida a la pobreza como lo fue en el pasado. Los que ganan un salario mínimo normalmente se ven más afectados por los cambios en el ciclo económico, por lo que un aumento de aquel contribuye a mejorar su situación material y la de los hogares en los que viven.

El salario mínimo aumentó entre 2018 y 2024 en todos los países de la UE, especialmente en aquellos con un nivel de partida más bajo y con tasas de inflación más elevadas. España registró un aumento del 54 %, aunque muy lejos de Lituania, líder en las subidas con un 131 %.

La distribución salarial muestra que, gracias a las subidas del salario mínimo, los trabajadores con salarios más bajos mantuvieron su poder adquisitivo en los últimos años, mientras que aquellos con salarios más elevados perdieron capacidad de compra. Si bien la lectura es más compleja, pues son precisamente los hogares con ingresos más bajos los que dedican un mayor porcentaje de su renta al consumo de bienes básicos, como la energía y la alimentación. En estos, los precios subieron muy por encima de la inflación media, lo que implica que la subida del SMI no ha sido suficiente hasta ahora para mantener realmente el nivel de vida de los trabajadores más vulnerables.

Las últimas subidas del SMI lo han acercado al 60 % del salario medio, lo que nos sitúa entre los países europeos con un salario mínimo relativo más alto. No obstante, el salario medio varía significativamente a nivel regional, lo que hace que establecer un mismo salario mínimo para todo el país pueda generar desequilibrios, especialmente en zonas donde la remuneración media es más baja. En consecuencia, cabría plantearse si es conveniente adaptar el salario mínimo a las condiciones económicas específicas de cada territorio, abordando las diferencias en el coste de vida y la remuneración media, y evitando posibles efectos negativos sobre el empleo en las regiones con niveles más bajos de productividad.

44. OCDE, «Minimum wages after the crisis: Making them pay», en *Directorate for Employment, Labour and Social Affaires*, 2015, p. 5.

Las mujeres se han beneficiado en mayor medida que los hombres por el aumento del SMI, pues es mayor la proporción de ellas que percibe rentas bajas por su empleo. Como consecuencia, se ha reducido la brecha salarial de género, que pasó del 21% en 2018 al 15,7% en 2022.

La tasa de riesgo de pobreza se ha reducido en aquellos colectivos más beneficiados por el salario mínimo, como las mujeres, los jóvenes y los que tienen un bajo nivel de estudios. No obstante, el impacto general de los aumentos del salario mínimo en la reducción agregada de la pobreza sería pequeño. Esto se debe principalmente a que la mayoría de las personas pobres son desempleadas o inactivas, y por lo tanto no se benefician del aumento del salario mínimo.

Por consiguiente, los salarios mínimos por sí solos no son suficientes para acabar con la pobreza laboral. Los ingresos del trabajo pueden complementarse con transferencias sociales (ayudas a la vivienda, asignaciones por hijos, prestaciones compatibles con el trabajo, etc.), algunas de ellas sujetas a verificación de recursos, otras universales. Es la combinación de estos diferentes elementos del ingreso lo que permitiría a muchos trabajadores y sus hogares escapar de la pobreza.

CUANDO LA REALIDAD SUPERA LA VIRTUALIDAD: BRECHAS NORMATIVAS EN LA ASIGNACIÓN DE AYUDAS SOCIALES MEDIANTE SISTEMAS ALGORÍTMICOS

Javiera Farías Pereira

1. INTRODUCCIÓN

En el presente capítulo se pretende examinar las consecuencias derivadas del uso de la tecnología en la asignación de ayudas contra la pobreza, con particular atención al acceso a los derechos. En primer lugar, se describirá el contexto en el que se han desarrollado estas herramientas. En segundo lugar, se examinará la forma en la que estas herramientas operan y los problemas que pueden derivarse del uso de la tecnología: discriminación algorítmica, falta de transparencia y ausencia de control. Por último, se analizará qué rol le cabe al derecho en este marco de transformaciones, para lo cual se tomará como caso de estudio una herramienta utilizada en España para la asignación del bono social de electricidad: el sistema BOSCO. Lo que se busca es identificar las posibles brechas o lagunas en la normativa vigente que han podido elevar barreras en el acceso a esta prestación.

En los tiempos que corren a nadie sorprende el hecho de que, para realizar cualquier tipo de solicitud a las administraciones públicas, debamos contar con algún elemento tecnológico que nos permita establecer este contacto. Desde la gestión más simple, como solicitar cita para una atención, hasta solicitudes más complejas, como pedir una ayuda social, requieren contar con al menos un teléfono móvil o un ordenador para acceder al trámite. Vivimos una época en que las aplicaciones y las plantillas en línea han desplazado a los ya antiguos formularios de papel.

En Cataluña, por ejemplo, se han implementado diversas herramientas. El Ayuntamiento de Barcelona ha comenzado a utilizar el sistema DPR 8, abreviatura de «Demandas, Problemas, Recursos», para apoyar el trabajo del funcionariado de servicios sociales en relación con los servicios o recursos que una determinada persona puede solicitar[1]. Otra novedad es el uso de una aplicación para la atención de jóvenes tutelados y extutelados (de entre 16 y 23 años), denominada Flapp!. Se trata de un portal en el que los jóvenes pueden almacenar sus documentos de identidad, realizar trámites administrativos y tomar contacto con los educadores a través de un chat, que además les envía recomendaciones de actividades personalizadas. Es un proyecto que se ha diseñado de manera participativa entre adolescentes y jóvenes, educadores del sistema de atención y protección, y expertos y académicos[2].

En Gerona, por su parte, se implementó el sistema GESS de gestión de expedientes de servicios sociales, que utiliza algoritmos para interpretar datos y obtener información[3], mientras en Gavà está en uso el sistema Gavius, un asistente virtual que informa a las personas de las ayudas sociales a las que tienen acceso y permite automatizar su solicitud y otorgamiento, lo que incluye también un reconocimiento biométrico de las personas solicitantes[4].

Y aunque puede parecer que se trata de una realidad cada vez más naturalizada, especialmente luego de que la pandemia de la covid-19 obligara a digitalizar muchas interacciones sociales que antes se realizaban cara a cara, su implementación no es casual ni ha estado exenta de dificultades y cuestionamientos. En España, un ejemplo de ello fue lo problemática que resultó la solicitud del Ingreso Mínimo Vital, por la necesidad de tramitarla a través de un formulario digital que obligaba a las personas solicitantes a contar con ordenadores con acceso a Internet. Una vez superada esta barrera, el siguiente paso era lograr entender el aplicativo, la información requerida y cómo aportarla correctamente.

Los sistemas tecnológicos que las administraciones públicas han comenzado a implementar en su gestión forman parte de lo que se denomina «Estado del bienestar digital» (*Digital welfare state*). Se trata de «sistemas de asistencia y protección social [que] se basan cada vez más en datos y tecnologías digitales que se utilizan para automatizar, predecir, identificar, vigilar, singularizar y castigar»[5]. Son herramientas que se inspi-

1. Toni Codina, «Per què la intel·ligència artificial transformarà els serveis socials»: *Revista de Treball Social*, 219 (2019), p. 92.
2. *Ibid.* e Institut Municipal de Serveis Socials de l'Ajuntament de Barcelona, FLAPP! [s.f.], en https://isocial.cat/app-per-a-adolescents-i-joves-emigrats-sols/.
3. «Per què la intel·ligència artificial...», cit., p. 93.
4. *Ibid.*, pp. 93-94.
5. Philip Alston, «La extrema pobreza y los derechos humanos. Informe del reportero especial de la extrema pobreza y los derechos humanos», A/74/493, 11.10.2019, p. 4.

ran en los principios del sistema de bienestar sobre gestión de la pobreza, pero que han evolucionado gracias al avance tecnológico y a la posibilidad de recolectar y procesar grandes cantidades de datos de la población[6]. Esta evolución ha provocado un fenómeno que avanza en direcciones opuestas. Por un lado, el acceso y el procesamiento de toda esta información ha provocado una gran visibilidad de las personas, incrementando la vigilancia gubernamental sobre ellas. En sentido contrario, la tecnología ha contribuido a que la forma en la que los gobiernos operan en este ámbito sea cada vez menos transparente, erosionando la idea de que el Estado debe rendir cuentas a la ciudadanía[7].

La transformación digital de los servicios sociales podría resultar deseable, en la medida que mejorase la eficacia de su gestión en términos de orientación de la oferta y su recepción por quienes realmente los necesitan, de detección del fraude y, en último término, de gasto adecuado del presupuesto público. Esta es la promesa de la digitalización. Sin embargo, un aspecto muy cuestionado de estos sistemas es el relativo a los objetivos no declarados con su uso y las ideas que los sostienen. Los sistemas digitalizados han permitido vigilar, investigar, y controlar la vida y el comportamiento de las personas pobres, pues se implementan a través de una rígida normativa acerca del uso de las prestaciones para cuyo control se accede a las esferas más personales e íntimas de la vida de las personas usuarias, de modo que los incumplimientos se sancionan duramente. Se establece así un estándar moral sobre cómo debe comportarse una persona beneficiaria de la asistencia social y quienes se desvían de esto se estima que no merecen recibir estas ayudas, por lo que quedan excluidos[8].

Así pues, cabría pensar que, frente a los clásicos debates en torno a la pobreza —la forma de definirla, la manera de medirla, o la decisión respecto del diseño, evaluación e implementación de las acciones para enfrentarla[9]—, el uso de estas tecnologías pone sobre la mesa una nueva cuestión: la tensión entre quienes desean erradicar la pobreza y quienes buscan gestionarla para disciplinar, controlar y castigar a los pobres[10].

6. Lina Dencik, «The Datafied Welfare State: A Perspective from the UK», en A. Hepp, J. Jarke, y L. Kramp (eds.), *New Perspectives in Critical Data Studies. The Ambivalences of Data Power*, Palgrave Macmillan, Londres, 2022, pp. 145-146.

7. Sobre las luces y sombras de estos sistemas, *vid.* «La extrema pobreza y los derechos humanos», cit., p. 5.

8. Virginia Eubanks, *La automatización de la desigualdad*, Capitán Swing, Madrid, 2019, p. 29.

9. Martha Davis, Morten Kjaerum y Amanda Lyons, *Research handbook on human rights and poverty*, Edward Elgar Publishing, Cheltenham, 2021, p. xxix.

10. *La automatización de la desigualdad*..., cit., p. 30.

Frente a estas transformaciones, el derecho —y el aparato jurídico e institucional que lo aplica— resulta directamente interpelado. Principalmente se cuestiona su capacidad para hacer frente a los nuevos desafíos y para proteger a la ciudadanía, asegurando el resguardo de sus derechos.

2. EL ROL DE LA INTELIGENCIA ARTIFICIAL EN LA SOLICITUD DE AYUDAS SOCIALES: EL «ESTADO DEL BIENESTAR DIGITAL»

El Estado del bienestar surgió como un mecanismo para enfrentar la desigualdad y la pobreza causadas por el proceso de industrialización y la recesión económica global tras la Segunda Guerra Mundial, en lo que representó un consenso en la necesidad de enfrentar las consecuencias humanas de una falta de regulación en la economía[11]. La continuidad de este consenso se vio amenazada por el avance neoliberal de los años setenta y sus políticas de austeridad, hasta que la pandemia de la covid-19 —gestionada con una gran intervención estatal en la economía y en la provisión de recursos para la supervivencia— le devolvió protagonismo, aunque esta vez con nuevas formas[12].

En esta nueva etapa, dos son las principales características que ha adoptado lo que queda del Estado del bienestar. La primera es el amplio uso de herramientas tecnológicas para la provisión, gestión y control de las prestaciones sociales, herramientas que se sustentan en una masiva recolección de datos de la población[13]. La segunda es la creciente participación del sector privado, tanto en el diseño de los sistemas como en la gestión de las ayudas[14]. En España, la gestión del bono social de electricidad es un buen ejemplo de esto. Se trata de un beneficio que permite un descuento en la factura mensual de electricidad y que, pese a su naturaleza pública, debe ser solicitado ante la respectiva empresa comercializadora de electricidad[15].

Estos sistemas digitales conforman, como ya se mencionó, lo que se ha denominado «Estado del bienestar digital». Los procesos de digitali-

11. «The Datafied Welfare State», cit., p. 145.
12. *Ibid.*, pp. 145-146.
13. *Ibid.*, p. 146.
14. «La extrema pobreza y los derechos humanos», cit., p. 22.
15. Ministerio para la Transición Ecológica y el Reto Demográfico, «¿Cómo solicitar el bono social?» [s.f.], en https://www.miteco.gob.es/es/energia/energia-electrica/bono-social/como-solicitarlo.html.

zación se han implementado en estos ámbitos: en materia de verificación de identidad, en la evaluación del cumplimiento de requisitos para recibir prestaciones —así como en su cálculo y pago—, en la prevención y detección de fraudes, en el cálculo y predicción de riesgos y, por último, en la comunicación entre los beneficiarios y las autoridades encargadas de gestionar las prestaciones[16]. En Cataluña, por ejemplo, el Ayuntamiento de Barcelona utiliza sistemas algorítmicos para sugerir los recursos disponibles a las personas que acuden a consultar, de acuerdo con sus características y necesidades específicas[17].

En la implementación del Estado del bienestar digital están presentes y se enfrentan principalmente dos orientaciones: la del Estado como proveedor de cuidados y la del Estado como vigilante. Por un lado, la cantidad de datos personales que los Estados acumulan les permite una mejor implementación de las ayudas sociales, personalizada y orientada a las necesidades específicas de la ciudadanía, pero también los habilita para ejercer un mayor control de su uso y establecer un estado de vigilancia constante que facilita la represión y el castigo de aquellas conductas que se consideraran inapropiadas (como, por ejemplo, desviarse del objetivo para el cual fueron pensadas estas ayudas, o que no sean recibidas por los beneficiarios a los que van destinadas), y que en última instancia afectarían el erario público. Estas lógicas de control se manifiestan en cómo los sistemas implementados potencian ciertos tipos de conducta y desincentivan o reprimen otras[18].

Es así como, a pesar de su uso extensivo, o tal vez justamente por este motivo, diversas voces han manifestado las tensiones que estas herramientas generan en cuanto a protección de los derechos de las personas. Una de ellas ha sido la del relator especial sobre la extrema pobreza y los derechos humanos de las Naciones Unidas, Philip Alston, quien ha denunciado las amenazas que estas herramientas pueden suponer para el derecho a la privacidad y para el derecho a un trato digno[19].

Alston plantea que el uso masivo de datos amenaza el derecho a la privacidad y a la vida íntima, ya que pasar por encima de esto podría estar constituyendo un requisito no declarado para acceder a las prestaciones sociales. En este sentido, hay estudios sobre cómo las personas

16. «La extrema pobreza y los derechos humanos», cit., pp. 6-13.

17. Àngels Barbarà, *Inteligencia Artificial: Decisiones Automatizadas en Cataluña*, Autoritat Catalana de Protecció de Dades [s.f.], p. 53.

18. *Vid.* Irina Zakharova, Juliane Jarke y Anne Kaun, «Tensions in digital welfare states: Three perspectives on care and control»: *Journal of Sociology* (2024), p. 2.

19. «La extrema pobreza y los derechos humanos», cit., pp. 18-20.

beneficiarias suelen verse obligadas a usar sistemas digitales (*digital resignation*) para obtener un servicio social a cambio de la entrega de una gran cantidad de datos, por temor a las consecuencias personales y sociales de renunciar a ello. La presión para utilizar estas herramientas (*coerced digital participation*) provendría principalmente de la asimilación de los usuarios/as más activos/as con las aplicaciones —y por tanto que entregan más datos— con un modelo ideal de conducta (un buen padre, en el ámbito educativo; o buen paciente, en cuestiones de salud). La imposibilidad por la población —e incluso en algunos casos por los propios Estados— de resistirse al uso de herramientas digitales las estaría dejando a merced de las decisiones de quienes tienen el control de estas herramientas[20].

El uso obligatorio de las herramientas digitales para acceder a las prestaciones sociales puede suponer una amenaza al derecho a un trato digno. Esta amenaza se ve intensificada cuando el procedimiento que seguir es demasiado rígido y formalizado. Los sistemas utilizados, por una parte, simplifican la recepción de los antecedentes necesarios para postular, pero, por la otra parte, complejizan y deshumanizan la comunicación de la decisión, sin que existan instancias o mecanismos claros para reclamar o solicitar aclaraciones[21]. A ello se suman otros problemas derivados del uso de estos sistemas: que no suelen tener capacidad para responder oportunamente a problemas graves o cotidianos; que pueden exponer a las personas beneficiarias a situaciones degradantes; y, en general, que la falta de contacto humano impacta negativamente en quienes están en situaciones especialmente vulnerables, y dificulta, cuando no elimina, cualquier posibilidad de compasión.

Un ejemplo de lo anterior se ha dado con la entrega de tarjetas de débito o de pago electrónico en Reino Unido[22]. Al utilizarlas, se identifica fácilmente a las personas como usuarias de la asistencia social, lo que causa vergüenza y refuerza la exclusión que ya pueden sufrir por otros motivos. Al mismo tiempo, las tarjetas permiten altos grados de vigilancia y supervisión por parte de los gobiernos y de las empresas que gestionan estos servicios. A lo que se añade que, en la búsqueda de fraudes, se produce un gran riesgo de que se singularice y acose a las personas beneficiarias, cuando en muchos casos lo identificado como fraude

20. *Vid.* Christopher Bagger, «Digital resignation and the datafied welfare state»: *Big Data and Society*, 10/ 2 (2023), pp. 2-4.

21. «La extrema pobreza y los derechos humanos», cit., pp. 18-19.

22. *Ibid.*, p. 10.

por estas herramientas son solo errores debidos a la falta de comprensión del sistema[23].

El relator especial también se ha referido al peligro de que se confundan y difuminen los límites entre la vigilancia pública y la privada, con la consiguiente colisión de intereses[24]. Esto es especialmente problemático cuando quienes se encuentran más intensamente sometidos a la recopilación de sus datos (y por tanto a los sistemas de vigilancia), en aspectos como el acceso a prestaciones sociales, son los colectivos en mayor situación de precariedad, que requieren de ayudas del Estado para su subsistencia básica. Esto los hace más propensos a un control intensivo y a su catalogación como sospechosos[25].

Para la investigadora Cathy O'Neil, estos sistemas forman parte de lo que denomina «armas de destrucción matemática». Se trata de tecnologías que se caracterizan por ser poco transparentes —por lo que no están sujetas a revisión ni son objetadas—, por no explicar sus resultados y por crear una determinada realidad, que constituyen como verdad, aunque resulte equivocada. Afectarían en mayor medida a las personas pobres y su uso resultaría muy económico para el Estado[26].

Por otra parte, los sistemas de apoyo a la toma de decisiones plantean desafíos por el riesgo de que la ideología representada en el sistema se transmita a la decisión. Estos sistemas son diseñados por seres humanos que en este proceso incorporan su propia visión del mundo[27]. Ello ocurre, por ejemplo, al definir qué datos se utilizarán, qué criterios se seguirán para procesar esos datos, o qué valores se priorizarán en la adopción del resultado final, de manera que estas herramientas dejan fuera toda aquella información no relevante para el modelo y crean una idea de la realidad basada en los objetivos del sistema, donde el cómo y el para qué son definidos discrecionalmente por sus creadores. El resultado es que estos modelos no serían más que «opiniones integradas en las matemáticas»[28]. Así, cuando el agente que decide sobre una prestación prescinde de su propio criterio y se ajusta exclusivamente a la respuesta de la herramienta, los fundamentos de la toma de decisión y los valores que la inspiran se incorporarán directamente al ámbito decisional, es

23. *Ibid.*, p. 20.
24. *Ibid.*
25. *La automatización de la desigualdad...*, cit., p. 19.
26. Cathy O'Neil, *Armas de destrucción matemática. Cómo el Big Data aumenta la desigualdad y amenaza la democracia*, Capitán Swing, Madrid, 2017, pp. 16-21.
27. Rob Kitchin, «Thinking critically about and researching algorithms»: *Information, Communication and Society*, 20/1 (2017), p. 18.
28. *Armas de destrucción matemática...*, cit., p. 31.

decir, que se corresponderán con los de quienes crearon el sistema, y no con los de los funcionarios que lo utilizan[29].

Como se puede apreciar, las transformaciones y los problemas que plantea el Estado del bienestar digital son de diversa índole, y pueden ser abordados desde múltiples perspectivas. En lo que sigue se pondrá el foco en los problemas que se relacionan directamente con la incorporación de sistemas algorítmicos de apoyo a la toma de decisiones de la Administración pública.

3. LOS ALGORITMOS EN LA CONCESIÓN DE PRESTACIONES SOCIALES

Diversas organizaciones de la sociedad civil, tanto en España como en el resto del mundo[30], han denunciado los problemas asociados a la incorporación de sistemas algorítmicos en la toma de decisiones de la Administración pública. Dentro de los aspectos más conflictivos de estas herramientas se encuentra el de los resultados discriminatorios que pueden generar y/o reproducir; en relación con estos, preocupa especialmente la discriminación algorítmica, la falta de transparencia de los modelos y la ausencia de mecanismos de control por parte de la ciudadanía o de otros órganos del Estado respecto a las decisiones adoptadas en este marco.

3.1. *Discriminación algorítmica*

El concepto de discriminación algorítmica describe la combinación de problemas previamente existentes (como la desigualdad entre distintos grupos, el uso de prejuicios y estereotipos en la toma de decisiones, y la existencia de una estructura social jerárquica) con nuevos problemas derivados del uso de la tecnología[31]. Aunque los sesgos en la toma de decisiones que luego resultan discriminatorias se pueden encontrar tanto en las decisiones humanas como en las adoptadas por máquinas o basadas en ellas, en este último caso el problema se amplifica debido al mayor

29. A. Madrid Pérez, «Uso de sistemas predictivos automatizables en la actividad decisional de las autoridades públicas: aportaciones para un análisis iusfilosófico sobre la digitalización del proceso decisional»: *Anuario de Filosofía del Derecho*, 40 (2024), p. 230.

30. Entre las primeras, Algorace, Algorights, Fundación Éticas, Wikiesfera y la Acción por la Justicia Algorítmica. Entre las segundas, Datagénero, Design Justice y Data Justice Lab.

31. Dolores Morondo, Josu Eguiluz y Tanya Álvarez, «La discriminación algorítmica en España: límites y potencial del marco legal»: *Digital Future Society* (2022), p. 5.

alcance que tienen estas herramientas, lo que puede tanto perpetuar el sesgo como intensificarlo[32].

La discriminación algorítmica se concreta en los problemas de sesgo o error procedentes de la calidad de los datos o del diseño del sistema. Los datos pueden ser «incompletos, sesgados, incorrectos u obsoletos», lo que explica que el efecto discriminatorio de los sistemas algorítmicos sobre grupos protegidos por motivos de género, raza o etnia, o edad, se suela deber a que los datos que alimentan el algoritmo ya reflejan estas desigualdades. Por otra parte, en la creación de la herramienta se incorporan las representaciones de la realidad de quienes participan en su diseño, que pueden reflejar, de forma voluntaria o no, sus propios sesgos y prejuicios[33].

Pese a que existe claridad respecto a las posibles fuentes de las discriminaciones, en la práctica son diversos los problemas para detectar la existencia de sesgos y discriminación, y en qué etapa del proceso de toma de decisión se producen. En general, la mayor dificultad surge por el desconocimiento sobre cómo opera el algoritmo, ya porque la protección de la propiedad intelectual de su código fuente impide su publicidad, ya por la propia complejidad de su funcionamiento[34]. Otra complicación deriva de que muchas de estas herramientas realizan correlaciones estadísticas entre los datos disponibles que les permiten obtener nueva información. Los datos que permiten inferir otros se denominan *proxies*. El problema con esto es que, aun cuando se prohíba el uso de variables que puedan conducir a resultados sesgados (como la raza, la clase o el género), las correlaciones entre elementos aparentemente neutros pueden acabar supliendo esta ausencia[35] y generar una discriminación mucho más invisibilizada[36]. El código postal, por ejemplo, opera como uno de los *proxies* más relevantes, ya que la determinación del barrio en el que vive una persona conduce a su perfil socioeconómico y su raza. La discriminación, entonces, se produce cuando se atribuyen determinadas características a las personas (como ser insolventes, irresponsables o de bajos ingresos) por el solo hecho de vivir en un barrio específico y, en base a esa asunción, se toman decisiones que afectan sus derechos básicos.

32. Mark Coeckelbergh, *Ética de la inteligencia artificial*, Cátedra, Madrid 2021, p. 107.
33. *Vid.* «La discriminación algorítmica en España...», cit., pp. 10-14.
34. *Ibid.*, p. 11.
35. *Armas de destrucción matemática*, cit. pp. 27-28.
36. *Ética de la inteligencia artificial*, cit., p. 111.

Para el derecho español, uno de los principales desafíos que se plantean en el ámbito de la prevención y actuación contra la discriminación es el encaje entre lo que se entiende por discriminación algorítmica y el concepto jurídico de discriminación. Ambas ideas abarcan esferas distintas, por lo que el concepto jurídico no alcanza a cubrir la diversidad de casos de discriminación algorítmica que se puedan presentar. Sin embargo, parece ser que, dentro de las categorías jurídicas disponibles, la de discriminación indirecta sería la más adecuada para hacer frente a la discriminación algorítmica, ya que permite sortear la necesidad de conocer el funcionamiento del algoritmo y los criterios en función de los cuales adopta su decisión: solo se requiere mirar al resultado y determinar si genera una situación de desigualdad[37].

Esta solución también arrastra dificultades. La primera tiene que ver con la interseccionalidad y granularidad de la discriminación: al considerarse tantos criterios o categorías para adoptar la decisión, es difícil identificar y caracterizar al grupo que sufre la discriminación[38]. Por otra parte, en ocasiones —como ocurre en los procesos de selección de personal—, los sistemas simplemente carecen de información sobre determinadas personas a las que excluyen, sin que estas puedan llegarse a conocer para compartir sus experiencias discriminatorias. Una tercera limitación tiene que ver con la apariencia de objetividad de estos sistemas basada en la declaración de que sus algoritmos persiguen un fin legítimo, lo que *a priori* descartaría cualquier discriminación[39].

Con todo, la dimensión tecnológica de la discriminación algorítmica es solo uno de los ámbitos en los que se produce la desigualdad. Esta, en realidad, se desprende de una situación anterior que los algoritmos simplemente recrean y amplifican[40]. Las lógicas que informan estos sistemas responden a dinámicas históricas de discriminación que etiquetan, marginan y castigan a personas pertenecientes a determinadas comunidades[41], por lo

37. «La discriminación algorítmica en España...», cit., pp. 14-16.

38. *Ibid.*, p. 18.

39. Ana Valdivia y Javier Sánchez, «Una introducción a la IA y la discriminación algorítmica para movimientos sociales», *Informe AlgoRace*, 2022, p. 44, disponible en: https://zenodo.org/records/14755027.

40. Agathe Balayn y Seda Gürses, «Beyond Debiasing Regulating AI and its inequalities», *Report European Digital Rights*, 2021, p. 9, en https://edri.org/wp-content/uploads/2021/09/EDRi_Beyond-Debiasing-Report_Online.pdf.

41. Como ejemplo de esto: Aitor Jiménez y Ainhoa Nadia Douhaibi, «The Islamophobic Consensus», en Z. Bednarz y M. Zalnieriute (eds.), *Money, Power, and AI. Automated Banks and Automated States*, Cambridge University Press, Cambridge, 2023; Ana Valdivia y Martina Tazzioli, «Datafication Genealogies beyond Algorithmic Fairness: Mak-

que cabe preguntarse si resuelven el problema del sesgo humano o si solo lo ocultan[42].

En la génesis del problema se encuentra el hecho de que los algoritmos son creados por seres humanos que, en este proceso creativo, transmiten sus creencias y las reproducen con todas sus limitaciones. Esto implica no solo transmitir experiencias vitales forjadas en un contexto político e histórico concreto, sino el riesgo de no considerar las consecuencias de la aplicación de los algoritmos diseñados sobre realidades distintas[43].

En suma, reducir el problema a una cuestión de sesgos en la tecnología deja de lado las dimensiones políticas, económicas y sociales de la discriminación algorítmica y limita las posibles respuestas al ámbito tecnológico, manteniendo el poder de revertir esta situación en manos de las grandes corporaciones que lo dominan[44].

3.2. *Falta de transparencia*

La transparencia se refiere al hecho de entender cómo funciona el sistema y cómo obtiene sus resultados[45], para lo cual se requiere, en primer lugar, tener la posibilidad de acceder a esta información y, en segundo lugar, comprenderla[46]. Si las personas desconocen los procesos seguidos por una herramienta tecnológica para llegar a un resultado que fundamenta decisiones respecto de sus derechos, no podrán oponerse a dicha decisión en caso de considerarla equivocada o injusta[47].

En este sentido, la transparencia se erige como el mínimo imprescindible para el resguardo de otras garantías jurídicas —y de legitimidad de los propios sistemas[48]— esenciales, como el debido proceso, la rendición de cuentas y la fiscalización del funcionamiento de la herramienta[49]. La falta de transparencia puede tener orígenes diversos. Puede deberse a

ing Up Racialised Subjects»: *ACM International Conference Proceeding Series*, 2023, https://doi.org/10.1145/3593013.3594047.

42. *Armas de destrucción matemática*, cit., p. 36.
43. «Una introducción a la IA...», cit., pp. 46-48.
44. «Beyond Debiasing Regulating...», cit., p. 9.
45. *Ética de la inteligencia artificial*, cit., p. 102.
46. Brent Mittelstadt *et al.*, «The ethics of algorithms: Mapping the debate»: *Big Data and Society* (2016), p. 6.
47. «La discriminación algorítmica en España», cit., p. 18.
48. Harry Surden, «Values Embedded in Legal Artificial Intelligence»: *Law Legal Studies Research Paper*, 41/1 (2023), p. 4.
49. Lorenzo Cotino Hueso, «Qué concreta transparencia e información de algoritmos e inteligencia artificial es la debida»: *Revista Española de La Transparencia*, 16 (2023), pp. 20-21.

una decisión expresa de quienes diseñan el sistema, que optan por no dar a conocer su código fuente y, en general, las características de funcionamiento con objeto de resguardar secretos comerciales y obtener ventajas frente a los competidores, o para asegurar el correcto funcionamiento de la herramienta. Otra fuente de opacidad sucede cuando es imposible entender cómo funciona el algoritmo por la complejidad del sistema, que en muchas ocasiones exige conocimientos especializados. Un tercer motivo, interno al sistema, se produce cuando su complejidad es tal que resulta prácticamente imposible llegar a conocer su funcionamiento, incluso para personas expertas. Esto ocurre, por ejemplo, cuando existen algoritmos de aprendizaje automático[50].

Un incentivo para que los modelos sean oscuros es pensar que si las personas no saben cómo funcionan será más difícil que intenten engañar al sistema y, al mismo tiempo, objetar la puntuación recibida. Esto explica, en parte, por qué una de las principales características de las «armas de destrucción matemática» que describe Cathy O'Neil es su falta de transparencia. Sin embargo, debido a la falta de revisión, estas herramientas pueden crear «bucles de retroalimentación» de resultados que desajustan la realidad, y las decisiones basadas en ellos resultar seriamente dañinas para las personas[51]. Es el caso del sistema Robodebt, en Australia, una herramienta inicialmente diseñada para la determinación y recuperación de pagos estatales injustificados[52]. Al seguir el criterio arrojado por el sistema, la Administración terminó acusando injustificadamente a beneficiarios de ayudas sociales por un uso fraudulento de estas, con su consiguiente retirada y la exigencia de devolución, en un plazo de semanas, de la deuda generada. Las personas acusadas, que ya se encontraban en situaciones de pobreza o estrechez económica, tuvieron que recurrir a estrategias extremas para saldar la deuda, como vender sus coches o pedir créditos, y en algunos casos la desesperación fue tal que incluso acabaron quitándose la vida[53].

3.3. *Ausencia de mecanismos de control*

De la transparencia y de la capacidad de entender cómo funciona la herramienta se desprende la idea de *trazabilidad*, esto es, la posibilidad de

50. Sobre estos motivos, *vid.* Jenna Burrell, «How the machine 'thinks': Understanding opacity in machine learning algorithms»: *Big Data and Society*, 3/1 (2016), pp. 3-5.

51. *Armas de destrucción matemática*, cit., pp. 17 y 21.

52. Royal Commissions, «Robodebt Scheme» [s.f.], en https://www.royalcommission.gov.au/robodebt.

53. BBC, *Robodebt: Illegal Australian welfare hunt drove people to despair*, 07.07.2023, en https://www.bbc.com/news/world-australia-66130105.

rastrear el funcionamiento del sistema y de quienes intervienen en él para atribuir responsabilidad por sus resultados[54]. Sin embargo, en la mayoría de los casos, como resulta muy complejo determinar el daño generado por los sistemas algorítmicos y la causa de este, es difícil determinar quién es su responsable[55].

En la actualidad no existe información adecuada acerca de cuáles son y cómo funcionan los algoritmos utilizados en la Administración pública española, y no hay estudios o auditorías externas suficientes que evalúen sus efectos[56]. A su vez, a la hora de asignar responsabilidades se presenta la dificultad práctica de los muchos sujetos que intervienen: los diseñadores del *software* (cuando funciona de forma autónoma), los desarrolladores, la empresa que lo vende y el cliente que lo compra e implementa[57].

Esta dificultad para atribuir responsabilidades también genera problemas para la fiscalización de derechos como el del debido proceso. Esto se vincula directamente con el hecho de no saber cómo funciona el algoritmo ni qué etapas sigue para llegar al resultado, pues esto impide conocer, y por tanto evaluar, si la decisión se encuentra suficientemente motivada y cuál fue el razonamiento seguido por el sistema[58].

4. DESAFÍOS PARA EL DERECHO CONTEMPORÁNEO

Como señala Philip Alston en su informe, los debates éticos sobre los derechos humanos suelen darse en niveles muy abstractos y con poca aplicabilidad práctica en el terreno jurídico. Abundan en ellos las incoherencias conceptuales y no ayudan a clarificar los conflictos que se dan entre las normas. Alston se fija, en este sentido, en la proliferación de códigos éticos y normas no vinculantes con referencias a los derechos humanos, más funcionales a pretensiones de legitimidad que a una protección efectiva[59]. Por lo que hace a los sistemas de inteligencia artificial en España, las múltiples guías éticas para su diseño y fiscalización no contienen una regulación concreta: únicamente indicaciones abstractas

54. Lucía Ortiz de Zárate, «Explicabilidad (de la inteligencia artificial)»: *Eunomía. Revista En Cultura de La Legalidad*, 22 (2022), p. 334.

55. «The ethics of algorithms...», p. 5.

56. «Una introducción a la IA y la discriminación algorítmica», cit., p. 36.

57. «La discriminación algorítmica en España», cit., p. 19.

58. Juli Ponce, «Inteligencia artificial, decisiones administrativas discrecionales totalmente automatizadas y alcance del control judicial: ¿indiferencia, insuficiencia o deferencia?»: *Revista de Derecho Público: Teoría y Método* (2024), p. 13.

59. «La extrema pobreza y los derechos humanos», cit., pp. 14-15.

sobre transparencia y prevención de la discriminación. Además, la mayoría de ellas no son vinculantes[60].

Para algunos autores, un requisito esencial para la regulación del uso de algoritmos, especialmente de aquellos con funciones predictivas, es la aplicación de los principios básicos del debido proceso, tanto en el uso de la herramienta como en las decisiones que se tomen a partir de ella. Entienden, por tanto, que deben satisfacerse estándares mínimos de transparencia, precisión, rendición de cuentas, participación y equidad[61].

Otro aspecto clave es definir el rol y la responsabilidad en lo público de los sujetos privados que intervienen en estos procesos. A raíz de su creciente participación en el diseño e implementación de herramientas algorítmicas, es preciso establecer una regulación que contemple mecanismos de transparencia y de rendición de cuentas en cuanto a su impacto en los derechos humanos. Hasta ahora, la falta de una regulación precisa habría permitido a las empresas del sector actuar libremente, mientras que una normativa al respecto daría oportunidad de intervenir a las personas afectadas, repercutiendo en la transparencia de estos sistemas y, por tanto, en su legitimidad y aceptabilidad[62].

Autores como Boix argumentan que los algoritmos utilizados por la Administración pública cumplen la misma función que los reglamentos, pues establecen procedimientos y normas de conducta para sus regulados. En este sentido, deberían estar sujetos a los mismos deberes de transparencia y publicidad que el resto de las normas jurídicas, además de estar regulados su creación y sus mecanismos de revisión[63]. Como veremos más adelante, se trata de una tesis que aparece en la disputa judicial por el sistema BOSCO (destinado a evaluar los requisitos para obtener el bono eléctrico en España); tesis que, sin embargo, aún no suscriben los tribunales.

Esta propuesta tampoco ha encontrado reflejo en la legislación europea, pues el Reglamento de Inteligencia Artificial, también denominado «Ley de Inteligencia Artificial», estipula en su artículo 11[64] que los algo-

60. «Una introducción a la IA y la discriminación algorítmica», cit., p. 38.

61. Danielle Citron y Frank Pasquale, «The Scored Society: Due Process for Automated Predictions»: *Washington Law Review*, 89 (2014), pp. 20-21.

62. «La extrema pobreza y los derechos humanos», cit., pp. 16 y 22-23.

63. Andrés Boix, «Los algoritmos son reglamentos»: *Revista de Derecho Público: Teoría y Método* (2020).

64. Este artículo establece: «La documentación técnica de un sistema de IA de alto riesgo se elaborará antes de su introducción en el mercado o puesta en servicio, y se mantendrá actualizada. La documentación técnica se redactará de modo que demuestre que el

ritmos utilizados para el apoyo de decisiones administrativas son solo documentación técnica, que debe estar regulada cuando se trata de sistemas de alto riesgo, pero sin someterse a estándares normativos de transparencia y explicabilidad ni a un régimen sancionador por su omisión. A tenor de esta regulación, quedan dudas respecto de su capacidad de establecer garantías concretas para el respeto de los derechos de igualdad y no discriminación[65].

La necesidad de mejorar el control sobre el uso de los sistemas algorítmicos guarda relación con el derecho a la buena administración. Ponce argumenta que este derecho —reconocido expresamente en el artículo 41 de la Carta de Derechos Fundamentales de la UE e implícitamente en la Constitución española y demás normativa interna— establece para la Administración la obligación de actuar con diligencia debida y debido cuidado. Este deber de conducta se aplica a la discrecionalidad administrativa, esto es, a la toma de decisiones en que los agentes cuentan con cierto margen de apreciación. De lo que se desprende, en materia algorítmica, la necesidad de considerar su impacto sobre las decisiones administrativas, una por una, frente al efecto uniformizador de los casos resueltos por los sistemas de inteligencia artificial[66].

5. LA JUDICIALIZACIÓN DE LA ENTREGA DE AYUDAS SOCIALES

Considerando los problemas que el uso de la tecnología genera en la provisión de las ayudas sociales, debido tanto a injusticias en la asignación de estas como a la dificultad existente para reclamar las decisiones de la Administración tomadas con apoyo en estas herramientas, las personas afectadas han comenzado a organizarse.

Ya sea de forma individual o agrupados en entidades civiles, muchos de quienes han sufrido los embates de estas herramientas tecnológicas han decidido reclamar ante los órganos judiciales para restablecer el ejer-

sistema de IA de alto riesgo cumple los requisitos establecidos en la presente sección y proporcione de manera clara y completa a las autoridades nacionales competentes y los organismos notificados la información necesaria para evaluar la conformidad del sistema de IA con dichos requisitos. Contendrá, como mínimo, los elementos contemplados en el anexo IV» (Reglamento [UE]2024/1689 del Parlamento Europeo y del Consejo de 13 de junio de 2024, DOUE, n.º 1689, 12.7.2024.

65. María José Añón, «Desigualdades algorítmicas: conductas de alto riesgo para los Derechos Humanos»: *Derechos y libertades. Revista de Filosofía del Derecho y Derechos Humanos*, 47 (2022), pp. 27 y 29-30.

66. «Inteligencia artificial, decisiones administrativas discrecionales...», cit., pp. 16-25.

cicio de sus derechos. Un caso emblemático en este sentido es la demanda presentada en Países Bajos contra el Sistema SyRI, que dio lugar a una jurisprudencia que sentó un precedente para el resto de los Estados en cuanto al resguardo de las garantías básicas de la ciudadanía en el uso de estas herramientas. A nivel del Estado español, la demanda presentada por la Fundación Civio en contra del sistema BOSCO es también un ejemplo de esta estrategia.

En ambas disputas judiciales se recurre a la normativa vigente para reclamar contra los errores cometidos por los sistemas algorítmicos en la provisión de ayudas sociales. Con esto se pone en jaque la capacidad del derecho para adaptarse a una realidad emergente como es el uso de algoritmos, probablemente muy diferente a la que existía al dictarse la legislación que se invoca en uno y otro caso. El resultado de esta adaptación es muy distinto en ambas experiencias. En el caso neerlandés, la interpretación del tribunal respecto al derecho invocado se realiza con la amplitud necesaria para incorporar los hechos denunciados y, con ello, proteger las garantías que los denunciantes reclaman vulneradas. En el caso español, en cambio, los tribunales hacen una interpretación rígida de la legislación aplicable —en particular en lo que respecta a la comprensión del derecho de propiedad intelectual— que impide satisfacer la demanda de transparencia en el funcionamiento del sistema BOSCO y, con ello, entender cómo y por qué vulnera los derechos de personas que han solicitado el bono de electricidad.

A continuación se describirán ambos casos con el fin de establecer sus diferencias, aunque con un foco especial en la reclamación contra el sistema BOSCO. Ello permite indagar en las limitaciones y lagunas de la normativa española en relación con la aplicación de la inteligencia artificial y los sistemas algorítmicos en la provisión de ayudas sociales.

5.1. *Sistemas utilizados para la concesión de ayudas sociales: el Sistema SyRI de Países Bajos*

En 2014 entró en vigor en Países Bajos el «Sistema de Indicación de Riesgos» (SyRI, por sus siglas en inglés), un *software* cuyo objetivo era predecir el riesgo de fraudes en la asignación de beneficios sociales y en el pago de impuestos[67]. El sistema era gestionado por el Ministerio de Asuntos Sociales y Empleo, que ejecutaba el análisis de los casos sospechosos derivados por las agencias estatales autorizadas a pedirlo. Una vez

67. Pablo Arandia, «Transparencia algorítmica en el sector público»: *Govern Obert*, 9 (2023), p. 27.

efectuado el análisis, el Ministerio entregaba los resultados a la agencia solicitante. Esta agencia debía investigar nuevamente a la persona de forma individualizada y confirmar la existencia de fraude[68]. Es decir, se realizaba una doble confirmación, pero también una doble investigación de quien levantara sospechas.

En su funcionamiento, SyRI tenía acceso a una enorme cantidad de datos personales. Estos datos se encontraban seudonimizados[69], lo que significa que eran anónimos para quienes los consultaran, pero permanecían vinculados a la persona. Esto permitía cruzar información de una misma persona y revelar su identidad en caso de que se detectara algún riesgo[70].

Con el tiempo se pasó del optimismo inicial depositado en esta herramienta al rechazo al irse haciendo notorio que el algoritmo señalaba principalmente a personas pertenecientes a los sectores más pobres y marginados del país. Estas personas eran sometidas a severas investigaciones, que incluían redadas en los barrios[71] y registros en los hogares[72].

Frente a esta situación, un grupo de organizaciones sociales y personas individuales demandaron al Estado neerlandés por vulnerar los derechos de sus ciudadanos. El Tribunal del Distrito de La Haya declaró que la regulación aplicable a SyRI violaba el artículo 8 del Convenio Europeo de Derechos Humanos, sobre el derecho al respeto de la vida privada y familiar, del domicilio y de la correspondencia, por lo que dicha regulación era ilegal y, por tanto, sin efecto vinculante[73]. Esta sentencia fue elogiada por el relator especial para la pobreza de las Na-

68. Algorithm Watch, «How Dutch activists got an invasive fraud detection algorithm banned», disponible en https://algorithmwatch.org/en/syri-netherlands-algorithm/.

69. La seudonimización es definida en la normativa europea como «el tratamiento de datos personales de manera tal que ya no puedan atribuirse a un interesado sin utilizar información adicional, siempre que dicha información adicional figure por separado y esté sujeta a medidas técnicas y organizativas destinadas a garantizar que los datos personales no se atribuyan a una persona física identificada o identificable» (art. 4.5 del Reglamento UE 2016/679 relativo a la protección de las personas físicas en lo que respecta al tratamiento de datos personales y a la libre circulación de estos datos).

70. «How Dutch activist...», cit.

71. «Piden al Gobierno neerlandés que cierre el sistema de perfiles de riesgo»: *Liberties*, 7.08.2018, https://www.liberties.eu/es/stories/estado-neerlandes-debe-parar-sistema-de-perfiles-de-riesgo-syri/15341.

72. «Tecnología contra los pobres: cómo Países Bajos señala a los barrios humildes»: *El Confidencial*, 17.04.2023, https://www.elconfidencial.com/tecnologia/2023-04-17/tecnologia-contra-los-pobres-como-paises-bajos-usa-big-data-para-senalar-a-los-humildes_3611181/.

73. Sentencia del 5 de febrero de 2020 de The Hague District Course, *Federatie Nederlandse Vakbeweging versus The State of the Netherlands*, ECLI:NL:RBDHA:2020:865, disponible en https://bit.ly/2SpN2O4.

ciones Unidas, por ser la primera vez que un tribunal reconocía la amenaza que puede significar el uso de estas herramientas para el respeto de los derechos humanos de los ciudadanos[74]. Esta decisión también sentaba un precedente para el tratamiento de estos temas en el resto del mundo, en base a la falta de respeto del principio de proporcionalidad en la ponderación entre el derecho a la privacidad de las personas sometidas al escrutinio del sistema y el interés social de protección de los ingresos estatales. La falta de transparencia del sistema impedía evaluar si la afectación al derecho a la privacidad era adecuada, necesaria y proporcional.

5.2. *BOSCO, el* software *que define el acceso al bono social de electricidad*

El Bono Social de Electricidad es una ayuda dispuesta por el Estado español que permite optar a una subvención en el pago de la factura de la luz para familias que no puedan costearla. Desde el año 2017 se introdujo un sistema algorítmico (la plataforma BOSCO) que entraba en juego en el momento de introducir la solicitud telemática, acompañada de la documentación. La plataforma es gestionada por las distribuidoras eléctricas, que resuelven la solicitud de acuerdo con el resultado entregado por el sistema[75].

Poco tiempo después de implementarse la plataforma, la Fundación Civio[76] creó un simulador, puesto a disposición de la ciudadanía en su página web, para determinar la pertinencia de las ayudas. Lo que comenzó a ocurrir es que muchas de las personas que lo utilizaron constataron cómo, a pesar de que el simulador indicaba que tenían acceso a las ayudas, estas les eran denegadas por las compañías eléctricas[77].

En enero del 2019, de un total de alrededor de 5,5 millones de potenciales beneficiarios del bono, de los cuales el Gobierno estimaba que lo recibirían 2,5 millones, solo 1,1 millones lo obtuvo. De acuerdo con

74. Oficina del Alto Comisionado de las Naciones Unidas para los Derechos Humanos, «Landmark ruling by Dutch court stops government attempts to spy on the poor - UN expert», 5.02.2020, disponible en: https://www.ohchr.org.

75. «Transparencia algorítmica...», cit., p. 23.

76. La Fundación Civio es una entidad independiente y sin ánimo de lucro que realiza periodismo con la misión de «lograr transparencia de verdad en los asuntos públicos y dotar a toda la sociedad de la información que necesita para exigir transparencia, responsabilidad y eficacia a las administraciones. Para defender mejor sus derechos e intereses. Y para actuar en consecuencia» (https://civio.es/nosotros/).

77. «Transparencia algorítmica...», cit., p. 24.

las investigaciones realizadas por Civio, los principales motivos del error del *software*, que podría explicar un número tan bajo de beneficiarios, eran dos. El primero, que la aplicación no evaluaba conjuntamente las causas de procedencia, por lo que al no cumplirse los requisitos de la primera (ser pensionista y no contar con otros ingresos), denegaba automáticamente la solicitud, aunque el o la solicitante se encontrara en una situación distinta que le permitiera acceder al bono (como tener rentas inferiores a 500 euros mensuales). El segundo motivo de error era la denegación automática del bono a quienes lo solicitaban por familia numerosa sin autorizar la verificación de rentas, aun cuando en este caso la renta no fuese un requisito para acceder a la ayuda[78].

A partir de esta constatación se inició una larga batalla judicial para denunciar los errores del sistema[79]. Todo comenzó con una solicitud de transparencia al Ministerio de Transición Energética requiriendo información sobre el funcionamiento de la herramienta, en concreto las especificaciones técnicas, los resultados de las pruebas de comprobación y el código fuente. Ante la falta de pronunciamiento, el caso fue elevado al Consejo para la Transparencia —organismo autónomo que tiene entre sus funciones salvaguardar el acceso a la información pública—. En la respuesta del Gobierno este argumentó que se trataba de información cuya divulgación podría poner en peligro la seguridad del programa, ya que lo dejaría expuesto a ataques y vulneraciones. Además, alegó que podría implicar la exposición de datos personales sensibles de terceras personas y que se trataba de información protegida por el derecho de propiedad intelectual.

El Consejo para la Transparencia, siguiendo la jurisprudencia de diversos tribunales (entre ellos, los juzgados de lo contencioso administrativo, la Audiencia Nacional y el Tribunal Supremo), esgrimió que el derecho de acceso a la información permite a los ciudadanos participar en la toma de decisiones y fiscalizar la labor de los gobiernos, por lo que las limitaciones a este derecho deben interpretarse de forma restrictiva. También que quien alega estas limitaciones debe fundamentarlas y probarlas, y que el Gobierno se limitó a señalar el riesgo para la integridad del sistema, pero sin argumentar ni acreditar tal circunstancia. Por ello, el órgano determinó que no existían suficientes motivos para limitar el acceso a la información. Sin embargo, sí reconoció la existencia de un

78. Eva Belmonte, «La aplicación del bono social del Gobierno niega la ayuda a personas que tienen derecho a ella», 16.05.2019, disponible en: https://civio.es.

79. Civio, «Que las ayudas públicas lleguen a quienes más las necesitan» [s.f.], en https://civio.es/acceso-a-bono-social/.

derecho de propiedad intelectual sobre el código fuente —siguiendo la doctrina de asimilarlo a una obra literaria—, aunque sin incluir en su radio las especificaciones técnicas ni las pruebas de comprobación por entender que no dan información relevante sobre el funcionamiento del sistema. En cuanto a las pruebas, señaló que pueden ser perfectamente divulgadas sin dar a conocer los datos que se han usado para el entrenamiento del sistema.

Así pues, la resolución del Consejo para la Transparencia ordenó la entrega de todos esos contenidos salvo el código fuente, lo que motivó un recurso de la Fundación Civio ante los juzgados de lo contencioso-administrativo por entender que a través de los sistemas informáticos se estaban creando nuevas normas sin competencia para ello. Es decir, que estos sistemas estarían agregando o modificando requisitos no previstos legalmente para acceder a las prestaciones, de manera que el código fuente, en la práctica, estaría creando derechos y obligaciones para la ciudadanía. El error del programa BOSCO, según Civio, consistiría en denegar automáticamente la solicitud de personas que según la normativa tienen acceso a la prestación, por añadir el requisito de la comprobación del cálculo de la renta.

La fundación demandante se oponía también a la tesis según la cual el código fuente quedaba protegido por la propiedad intelectual, al argumentar que pertenece a la Administración pública y no a terceros. Desde el momento en que es utilizado para fundamentar decisiones, no existiría ninguna norma que habilite su ocultación.

En su contestación, el Ministerio para la Transición Ecológica reiteró los argumentos expuestos ante el Consejo para la Transparencia. Insistió en que la aplicación informática se utiliza en el marco de un procedimiento en el cual la decisión final es tomada por un órgano administrativo, mediante una resolución debidamente fundada en las normas que regulan la entrega del bono social. Recalcó también que al código fuente le es aplicable el derecho de propiedad intelectual y que darle publicidad entraría en colisión con razones de interés general.

Finalmente, el tribunal resolvió desestimar la demanda presentada por la Fundación Civio en el sentido pretendido por el Ministerio. En primer lugar, porque el sistema BOSCO se inserta dentro de un procedimiento administrativo que termina con la resolución, recurrible, de un órgano competente. A su parecer, la información facilitada sobre el análisis funcional y los casos de prueba es suficiente para entender el funcionamiento del sistema y descartar la existencia de errores en dicho procedimiento.

En segundo lugar, el tribunal rechazó el argumento relativo a la propiedad intelectual del código fuente. Además de no existir ninguna norma que obligue a la Administración a hacerlo público, si así se hiciera se pondría en peligro el funcionamiento del sistema y se posibilitaría el acceso a bases de datos con información sensible de personas, así como a otra información peligrosa para la seguridad pública y la seguridad nacional.

Esta demanda fue apelada por la Fundación Civio, basándose en dos aspectos: la no aplicabilidad del derecho de propiedad intelectual al código fuente y entender que la Administración debe limitarse al control del correcto funcionamiento del sistema, sin intervenir sustancialmente en la decisión sobre la concesión del bono. Este recurso aún se encuentra pendiente de resolución.

6. REFLEXIONES Y CONCLUSIONES

Lo expuesto evidencia que las nuevas tecnologías no son neutras e inocuas, sino que se implementan en contextos determinados, con características y objetivos específicos. En el caso de las herramientas tecnológicas aplicadas a las ayudas sociales, ello ocurre bajo el manto de lo que se ha denominado «Estado del bienestar digital». Sin embargo, las consecuencias de la implementación de estas herramientas pueden ser muy nocivas y llegar a afectar profundamente los derechos fundamentales de las personas beneficiarias de estas ayudas. Por otra parte, una de las asignaturas pendientes para un Estado social es utilizarlas para favorecer el acceso a los sistemas de protección social, ampliando la posibilidad de que todas las personas con derecho puedan acceder a ellos.

Las batallas judiciales libradas tanto en Países Bajos como en España nos muestran lo arbitrarias y dañinas que pueden resultar las herramientas tecnológicas para el otorgamiento de ayudas sociales o, en otras palabras, *herramientas para la gestión de la pobreza*. Asimismo, ponen de manifiesto el papel del derecho en la implementación de estos sistemas. Mientras que en el caso de los Países Bajos la regulación existente, o su interpretación por la judicatura, sirvió para proteger los derechos vulnerados por la utilización de una herramienta tecnológica, en España se ha utilizado como argumento para blindarla del escrutinio ciudadano.

La sorpresa que generó la sentencia dictada por el tribunal neerlandés respecto del sistema SyRI es una manifestación de lo excepcionales que son hasta ahora esas decisiones. Lamentablemente, parece que la regla general a nivel mundial, y también en el caso de España, es que el derecho confirma las injusticias generadas por las nuevas tecnologías, posiblemente porque su diseño y el uso que se les da se produce en un contexto preconstituido jurídica y políticamente. La expresión de esto es doble: principalmente, en las omisiones en la regulación, que no establece suficientes garantías para las personas obligadas a interactuar con esos mecanismos; pero también en las interpretaciones restrictivas de dicha regulación que impiden la debida protección de los derechos de la ciudadanía.

Concretamente, la disputa judicial en relación con el *software* BOSCO muestra la falta de consenso en torno a la definición de la naturaleza jurídica del algoritmo. Esto tiene como consecuencia la falta de claridad respecto a qué estándar seguir en torno a la publicidad de su funcionamiento y los resultados que adopta. Al mismo tiempo, no existe un criterio para evaluar la influencia del organismo público en el proceso de toma de decisiones, lo cual permite que los tribunales determinen la legalidad de un procedimiento administrativo en términos formales, cuando la decisión final es tomada por el órgano competente, sin entrar en el fondo de cómo se llega realmente a esa decisión. La consecuencia de todo lo anterior es la imposibilidad, en los procesos de revisión, de objetar el razonamiento realmente seguido para llegar a la decisión, amparado en un algoritmo cuyo funcionamiento permanece oculto.

A lo anterior se suma el límite representando por el derecho a la propiedad intelectual, que protege el código fuente de los algoritmos. Tal derecho se aplica en base a una interpretación extensiva de la norma y por medio de analogías con otras producciones intelectuales, extrapolando las consecuencias de una regulación que no fue pensada para su implementación en algoritmos ni, por tanto, pudo considerar las peligrosas consecuencias que su falta de publicidad puede comportar para los valores democráticos.

Ante este panorama, son diversas las propuestas que se plantean para robustecer la protección jurídica actual de los derechos fundamentales concernidos, en este caso los de las personas beneficiarias de las ayudas proveídas por el Estado a través de sistemas digitales. Una de ellas es atribuir naturaleza jurídica a los algoritmos de manera que queden afectados por el control reglamentario. En este sentido, no parece exagerado que, tal como la jurisprudencia se viene sirviendo de analogías para resguardar extensivamente el derecho a la propiedad intelectual, se pueda emplear el mismo mecanismo para aplicar la normativa derivada del principio de legalidad.

Sin embargo, en este trabajo también hemos visto como la digitalización de los servicios sociales está penetrada por una determinada concepción de la pobreza y del rol del Estado como proveedor de las necesidades básicas de sus ciudadanos. Como advierte Eubanks:

> Las tecnologías de gestión de la pobreza no son neutrales. Están moldeadas por algo que tiene un gran predicamento en Estados Unidos: el temor a la inseguridad económica y la aporofobia, lo que, a su vez, da forma a las políticas y la experiencia de la pobreza[80].

Por ello, la revisión y transformación de la normativa aplicable a estos sistemas es un paso necesario, pero no suficiente. Es preciso ir más allá y cuestionarse las orientaciones que poseen estos sistemas y a qué motivaciones responden, es decir, adoptar una actitud crítica que pasa también por desacralizar la tecnología y volver a poner a los seres humanos en el centro, preguntándonos en qué labores son sustancialmente imprescindibles, aun cuando en apariencia parezca que las máquinas pueden reemplazarles.

80. *La automatización de la desigualdad...*, cit., p. 21.

ÍNDICE DE NOMBRES

ÍNDICE GENERAL